जटिल ~~सजिलो~~ काम पहिले गरौं

जटिल ~~सजिलो~~ काम पहिले गरौं

गरी टोपल्ने बानी त्यागेर
जटिल काम गर्नमा कसरी महारथ हासिल गर्ने?

मूलः स्कट एलन

अनुवाद : केशव राज पांडे

Paperback: 978-936205420-3
Hardback: 978-936205184-4
eBook: 978-936205078-6

Any references to historical events, real people, or real places are used fictitiously. Names, characters, and places are products of the author's imagination.

Printed by:

Sanage Publishing House LLP
Mumbai, India

sanagepublishing@gmail.com

अनुक्रमणिका

सफलताको डर नै ढिलोहुनुको कारण हो।

सफलताको डरद्वारा नै मान्छे गरी टोपल्ने गर्ने गर्दछन्, कारण उनीहरू जान्दछन् उनी अघि बढनुको परिणाम स्वरूप सफलता अवश्ये पनि हात लाग्ने छ अनि सफलताले आफूसँग थुप्रै जिम्मेवारी लिएर आउँने छ। यसको सट्टा उनकालागि कामलाई पन्साउँदै 'गरौंला भिन्नै दिन'का दर्शनमा काम गर्न अधिक सजिलो छ।

—डेनिस वेटली

परिचयः
किन हामी जटिल काम पछि गर्ने गर्दछौं?

"निकम्मा मान्छे केवल बसेर नै प्रेरणाको प्रतीक्षा गर्दछन्, त्यही हामी बीचकै कतिपय मान्छे उठ्छन् र आफ्नो काममा लाग्दछन्।"

—स्टीफेन किङ्ग

के तपाईं यसकारण अव्यवस्थित हालतमा बाचि रहनुभएको छ? किनभने तपाईंसँधै महत्वपूर्ण कामलाई अन्तिम मिनेटमा गर्दछु भनेर कामलाई टारि रहनुहुन्छ। के तपाईं आफ्नो घर बाहिर आफ्नो कर्मक्षेत्र, दुवै ठाउँमा सबैथोक अव्यवस्थित अनुभव गर्नुहुन्छ? के तपाईं आफ्ना अधुरा कार्य योजनाहरूका कारण अपराधबोध, चिन्ता, मानसिक असन्तुष्टि र निराशाको भाव अनुभव गर्नुहुन्छ?

यदि यिनमा कुनै पनि प्रश्नको जवाब 'हो' अथवा 'अ' हो भने काममा ढिलोपन देखाउने यो बानी आँधी सरह बन्ने छ र तपाईं यो आँधीको चपेटमा फस्नुहुने छ। यो स्थितिले तपाईंको मन, जीवन र तपाईंको कामलाई सखाप पारेको छ।

कामलाई पन्साउने अथवा टार्ने बानी वा अल्छी हुनाको कारण, तपाईंको सिस्टम र संगठनको स्तर अरु स्तर अव्यवस्थित बनाउँछ। यसले कुनै फरकपार्ने छैन कि तपाईंले कतिचोटी आफूसँग बाचा गर्नुभएको छ, "बिर्सिने कामलाई पहिले गर्नुपर्दछ" भनेर तर, तपाईं त्यो कामलाई अलग्गै पन्साएर त्यसको ठाउँमा थोरै उपयोगी, सजिलो अथवा अधिक रोचक काम गर्नु थाल्नुहुन्छ।

यदि तपाईं काम टार्ने बानीद्वारा ग्रसित हुनुहुन्छभने, तपाईं जहाँ गए पनि, चाहे त्यो तपाईंको कोठो होस् आलमारी होस् अथवा दफ्तर होस्, तपाईं अव्यवस्थाको पासोले बाँधिनुहुन्छ।

जब तपाईं जान्नुहुन्छ कि यसबारेमा तपाईंले केही गर्नुपर्ने हुन्छ, तर जब तपाईं केही गर्नभनि अघि बढ्ने चेष्टा गर्नुहुन्छ, तब तपाईंलाई भारी अनुभव हुनका साथ मन चञ्चल हुन्छ।

कठिन कार्यलाई पन्साउने तपाईंको यो बानी यहाँसम्म स्वाभाविक भएको छ कि तपाई आफै केही नराम्रो काममा फँसेझैं अनुभव गर्नुहुन्छ मानौं कोही आशक्त मान्छेको लतझैं। त्यसवखत सबैभन्दा पहिले तपाईंले त्यो बानीलाई त्याग गर्नुपर्ने अहम् कार्यहुन्छ अनि फेरि त्यो कार्यगर्ने अर्थात् त्यो बानीलाई छाड्न संघर्ष गरिरहनु पर्दछ, जस्तै एउटा नराम्रो कार्यमा आशक्तभएको व्यक्तिले त्यसको चङ्गुबाट मुक्तहुन संघर्ष गर्दो हो।

कुनै कार्य सम्पूर्ण गर्नुपर्ने छ, तर त्यो कार्य रोचक छैनभने तपाईं यो बुजाउनलाई थरीथरीका बहाना बनाएर तपाईं किन यो काम गर्न चाहनुहुन्न भन्दै भन्नुहुन्छ- "अहिले म सारै व्यस्त छु" अथवा "यदि मैले नगरेमा कसै अर्काले गर्दछ।"

यसको फलस्वरूप तपाईंको कार्य र प्रोजेक्ट/योजनामा "पछि गरौंला"को मार्का लाग्रेछ, अनि तपाईंको "कहिले नगर्ने" सूचीरो शीर्षमा आएर समाप्तहुन्छ।

प्रत्येकचोटी तपाईंलाई तीनै बस्तुहरूको स्मरण गराइन्छ जुन काम तपाईंले अहिले गर्नुपर्दछ तर मनको चञ्चलताले तपाईंलाई घिस्याएर लक्ष्यबाट टाढापार्दै लैजान्छ। बिस्तारोसँग जटिल कामलाई स्थगितपार्ने बानी एउटा दर्बिलो चक्र बन्दछ। अधिकांश अरु बानीझैं वर्षौंदेखि निरन्तर रूपले लागेको अभ्यासका कारण काम टार्ने बानी पनि तपाईंको जीवनको एउटा प्रमुख बानी बन्दछ। जसलाई तपाईं 'ना /अंह' (no) भन्न चाहनुहुन्छ, तर कहीं कतै मन चिलबिलाउँने लोभहुन्छ। त्यसकारण बानीरो विरोधमा लड्दछन्। तपाईंले थाहै नपाइ आफ्नो लक्ष्यको विपरीत दिशातर्फ घिस्सिनुहुन्छ। यस्तो बारम्बार हुन्छ।

यो बानीको थालनि पनि जीवनको अर्कै कुनै बानीजस्तै हुन्छ जसको अभ्यास हामी दिनहुँका कार्य-कलापमा गर्ने गर्दछौं अनि यसरी नै एउटा डोरी बाटेझैं बाट्दै गइन्छ। सर्वान्तिमा, यसको लगातारको बानी बसेपछि यसखाले बानीको एउटा नचुडिने सिक्री बनिन्छ अनि धेरै वर्षपछि यो दह्रो सिक्रीको बन्धनलाई चुडाएर बाहिर निस्किन अत्यन्त जटिल बन्दछ।

तपाईं सजिलो र रोचक कार्यहरू कुशलतापूर्वक गरेर आश्वस्त हुनुहुन्छ तपाईं केही काममा सार्थक अथवा उपयोगीहुँदै जानुहुँदैछ भनेर। यद्यपि तपाईं पनि जन्नुहुन्छ तपाईंले के गर्नु पर्नेथ्यो, तर तपाईं केवल अघि बढ्न जान्नुहुन्छ।

लगातार जडतापूर्वक स्थितिमा रहेकालेगर्दा तपाईंलाई भारीपन र केही गर्न नसक्ने (लाचार) भावनाले पूर्णभएर मानसिक रूपले अपाङ्गझैं बन्नुहुन्छ।

यदि तपाईंको स्थिति पनि यस्तै भएको छ भने, तपाईं सही ठाउँमै हुनुहुन्छ। तपाईंको मद्दतकालागि म यहाँ छु। **जटिल काम पहिले** (डू द हार्ड थिंग्स फर्स्ट)मा मेरो अन्दाजमा, हामी तपाईंको आफ्नै खुट्टामा बन्चरोहान्ने अथवा चलि रहेको आत्मघाती स्थिति तर्फ लम्कने छौं।

यदि तपाईंसँग समय छ भने, तपाईंको जीवनमा "भोली"भन्ने शब्द नै छैन। जुन बस्तुप्रति लगतै ध्यान दिनुपर्ने हुन्छ, यदि त्यसलाई टार्ने बानीले तपाईंको जीवनमा नकारात्मक प्रभाव पार्दैं छ भने यो पुस्तकले तपाईंलाई भन्ने छ – यो नराम्रो लतमाथि कसरी जीत हासिल गर्नुपर्दछ अनि आफ्नो जीवनलाई पुनः जीत्नका लागि एउटै समयमा एउटा सानो जीत कसरी प्राप्तगर्न सकिन्छ।

यो एउटा परिवर्तनको समय हो। हार्नुको सट्टा जीत्न सुरु गर्ने समय आएको छ।

त्यो युद्धलाई जीत्नका लागि जसले तपाईँको जीवन सखाप पारिदियो – # यो युद्ध गरी टोपल्ने बानीको बिरुद्ध हो।

टार्नु (Procrastination) को हो?

शोधकर्ताहरूका अनुसार, मनोवैज्ञानिक साहित्यमा काम पछि गरौँला भनेर छाड्ने बानीलाई गरी-टोपल्ने (टार-टुर) बानी भनेर परिभाषित गरिएको छ।

यहाँसम्म भनिएको छ – यस्तो व्यवहारको परिणाम अधिकतर 'अनुत्पादक अनि अनावश्यक ब्याँलो'का रूपमा पाइने गरिन्छ।

तपाईँ जान्नुहुन्छ काम गर्नु जरूरी छ, तपाईँ नकेवल त्यो काममा ढिलो गर्नुहुन्छ अपितु तपाईँ जरूरी कामको सट्टा आफ्नो मनमर्जी गतिविधि छान्नुहुन्छ जसमा तपाईँलाई आनन्द मिल्दछ। यस्तै त यो जरूरी होइन कि यो सँधैका लागि एउटा नराम्रो बस्तु हो। यस उपरान्त, हाम्री सबैलाई अलिकति अल्छीहुने अधिकार छ, जस्तै हामी सुन्ने कोठाको सफाई गर्नुभन्दा टीभी हेर्न रुचाउँछौं। तर लामो समयसम्म यस्तो भयोभने गरी टोपल्ने बानी एउटा समस्या बन्दछ जसको प्रभाव लामो दशकसम्म झेल्नुपर्दछ।

आफ्नो कोठालाई सुव्यवस्थित गर्नमा टार-टुर गर्दामा जीवन बर्बाद हुँदैन....तर तपाईँ आफ्नो आर्थिक स्थितिलाई व्यवस्थित बनाउँनमा असफल हुनुभयो अनि आफ्नो जीवनको सातौं दशकमा केवल ऋण तिर्ने कामगर्दै हुनुहुन्छ भने त त्यो तपाईँको जीवनको एउटा नचाहेको स्थिति हुनसक्छ। यदि तपाईँ अहिले कार्य गर्नमा विफल हुनुभयो भने त्यसको परिणाम पछि भोग्नै पर्ने हुन्छ।

ब्याँलो अथवा गरी टोपल्ने बानीलाई तपाईँको सामान्य ज्ञान अथवा सिद्धान्तको विपरीत कार्यगर्ने स्थितिका रूपमा पनि परिभाषित गर्न सकिन्छ।

धेरै मान्छेका लागि यो आत्म-नियन्त्रण गुमाउने अथवा कमजोरी आत्म-नियमनको स्थिति हो। जुन काम वास्तवमा महत्व राख्दछ, त्यसलाई गर्नुको सट्टा तपाईँ आफ्नो मूल्यवान समय फिजुलका गतिविधिमा खेर हाल्नुहुन्छ अनि आफैलाई व्यस्त छ भन्ने अनुभव गर्नुहुन्छ, तर सर्वान्तमा केही पनि प्राप्त हुँदैन।

टार-टुर गर्ने बानी आत्म-पराजय र आत्मघातको एउटा रूप हो। यो बानी जब तपाईँको नियन्त्रणदेखि बाहिर जान्छ तब यसले तपाईँको जीवन छताछुल्ल पारेर त्यसमा अपूरणीय क्षति पुऱ्याउने छ।

लाङ्ग टार्म (long term) अथवा लामो उपलब्धि अनि उपकारको सट्टा सर्ट टार्म (short term) मुडलाई (मिजाज) ठीक गर्नु अनि भावनालाई प्राथमिकता दिनु।

यसको अर्थ यो हो – ब्याँलो (ठिलो) गर्नेहरू अथवा अल्छीहरू वर्तमानमा नकारात्मक भावनाबाट जोगिन कुनै कार्यदेखि विमुख हुन्छन् अर्थात् कुनै कार्य गर्न खोज्दैनन् भने कसैगरी त्यो कार्यलाई टार्दछन्।

वर्तमान र भविष्यको पुरस्कार

हामीद्वारा टार-टुर पार्नलाई धेरै कारण छन्, तर यो पुस्तकका सामग्री एउटा सूत्र अनि तरिकाका (system) बारेमा भन्न जाँदैछ जसले गरी टोपल्लेखाले व्यवहारले हामीलाई कसरी कम्ती र नियन्त्रित गर्ने कुरा सिकाउँने छ। हामी चाँडै, ब्याँलो हुनाका कारणहरूको एउटा सूची प्रस्तुत गर्नेछौं, तर मैले अनुभव गरेको सबैभन्दा प्रमुख कराण हो – मस्तिष्कको तत्काल र भविष्यको सन्तुष्टिसँगको सम्बन्ध।

एउटा तथ्यको आधारमा यसलाई समयसँग असङ्गति भन्न सकिन्छ। व्यवहारिक मनोविज्ञानका अनुसार, यो मस्तिष्कको प्रवृत्ति हो यसले भविष्यको सट्टा तत्कालमा पुरस्कार प्राप्तिको पक्षपात गर्दछ।

आउनुहोस्, आफ्नो प्रेजेन्ट सेल्फ र फ्यूचर सेल्फका बीचको सक्रियता हेरौं। जब तपाई यसखाले लक्ष्य निर्धारण गर्नुहुन्छ, जस्तै- सेवा निवृत्तिका लागि बचत अथवा देश-दुनिया भ्रमण आदि। यी योजनाहरू तपाई आफ्नो भविष्यतका लागि बनाउनुहुन्छ अनि भविष्यतलाई 'तपाईं' लङ टार्म रिवार्ड अथवा पुरस्कार (रिवार्ड) मान्नुहुन्छ। त्यसकारण यदि भविष्यका कुरा गरेमा तपाईं त्यसका निम्ति लक्ष्य निर्धारित गर्न सक्नुहुन्छ, तर त्यो लक्ष्यका लागि एक्शन अथवा काम केवल वर्तमानमै गर्न सक्नुहुन्छ।

एकजना शोधार्थीको शोधकार्यबाट थाहा लागेको छ- जब एक्शन लिने निर्णय लिइने हो भने वास्तवमा भविष्यमा तपाईं आफ्नो एउटा पुरानो इच्छा (चाहना) साँचोहुँदै गरेको देख्न चाहनुहुन्छ, तर वर्तमानमा तपाईं तत्काल सन्तुष्टि प्राप्तगर्नको पक्षधर हुनुहुन्छ, अनि त्यसकारण कार्य गर्नुको सट्टा टीभी हेर्नु अथवा सालाद खानुको साटो भूँडीभरी स्नेक्स (snacks) खान रुचाउनुहुन्छ।

यदि तपाईंले भविष्यमा कुनैदिन 'दुनियाको यात्रा' (world tour) जस्तो कुनै लक्ष्य तय गरेर राखेको छ भने ढिलै भएपनि थाहा लाग्छ हालैमा म नगए पनि, पछि कुनै दिन जानेछु भनेर सपना देख्ने काम गरि राख्न सकिन्छ।

तर समय द्रुत गतिमा साँकिन लागेको भविष्यतर्फ अघि बढी रहेको छ अनि हामीले के पाउँछौं जुन लक्ष्य हामीले दस वर्ष अघि तय गरेका थियौं त्यसमा पुग्न केवल अब पाँच वर्ष छ, अनि केही वर्षपछि केवल एक वर्ष टाढा हुन्छ। त्यसोहुँदा के हुन्छ? तब हामी समय सीमा बढाउँछौं अनि आफै भन्दछौं – "म अब केटा-केटी हुर्किएपछि जान्छु" अथवा "जब मसँग एकैसाथ थुप्रो पैसा भेलाहुन्छन अनि जान्छु।"

तर यस्तो कहिले हुँदैन। हामी यसका बारेमा केवल कुरा गर्छौं, तर यसलाई अर्थात् यो भविष्यलाई वास्तवायित पार्नलाई वर्तमानमा सारै कत्ति एक्शन लिन्छौं।

यसरी योजनाहरू बनाउनु अनि लगातार निर्धारित समय-सीमालाई पछि सार्दै जाने एउटा वद अभ्यास बन्दछ, पुनः योजना बनाउनु, फेरि समय बढाउनु राम्रो होइन। डब लक्ष्यहरूमा तत्काल प्राप्तिको आकाङ्क्ष्याको कमी हुन्छ तब टार-टुर पारेर गल्जोटार्ने बानीको दैलो सँधैका लागि उघ्रिन्छ। जब तपाईलाई चेतना अथवा होस् आउछ तब तपाईं चाल्लीसे भइ सक्नुभएको

हुन्छ अनि तपाईंले बीसौं वर्षका लागि बनाएका सबै योजना फुल खरानी बनी सकेका हुन्छन्। जब तपाईंलाई थाहा लाग्छ तपाई धेरभन्दा धेरै योजना बनाउने अनि यसका बारेमा कुरा गर्नमा व्यस्त हुनुन्थ्यो अनि समयले आफ्नो डाँडो काटेको थियो।

कुनै कार्य पूरा गर्नु अनि कार्य पूरा गरेर पुरस्कार पाउनुको बीचमा समयको एउटा ठुलो पर्खाल बनिन्छ।

तब, तपाईंको वर्तमान अनि लक्ष्यको बीच सृष्टि भएको दूरत्वले तपाईंको पुरस्कारको मूल्य अथवा लक्ष्य प्राप्तिको सुख घटाइदिन्छ। तपाईंको लक्ष्य जो तपाईंको प्रेरणाको स्रोत थियो अब तपाईंका निम्ति त्यसको मूल्य घट्दै जान्छ।

यो महासागरको सतहमा धेरै मइल (mile) टाढादेखि देखिने एउटा सानो ढिकोजस्तै हो जसलाई टाढाबाट तपाई कसो कसो ठम्याउन सक्नुहुन्छ त्यो वास्तवमा के हो भनेर? अनि त्यसप्रति तबसम्म ध्यान दिनुहुन्न जबसम्म तपाई त्यसको समीप गएर हेर्नुहुन्न असलमा त्यो एउटा टेङ्कर हो.....जो सीधा तपाईंतर्फ आइ रहेको छ !

म चाहदिन तपाईंसँग पनि यस्तो होस् भनेर, त्यसकारण शिथिलताको बानीलाई हटाएर तपाईंको ज्यान बचाउन जाँदै छु। तपाई आजै आफ्नो सपनामा जीऊन चाहनुहुन्छ। यसको अर्थ स्पष्ट छ – तपाईं भविष्यमा पुरस्कार पाउनका लागि अहिले काम गर्नुहोस्। तर अहिले पनि त्यो लक्ष्यसम्म पुग्ने बाटाभरी पाइने स-साना खुसीहरूको आनन्द लिन सक्नुहुने छ। मलाई लाग्छ, यात्रानै तपाईंको पुरस्कार हो, अनि तपाईंले प्रतिदिन, सप्ताहभरी गर्दै जानुभएको काम हो भविष्यको जमा पूँजी। जब तपाई दैनिक जीवनमा एउटा सन्तुलन बनाउँदै जानुहुन्छ तब तपाई आजको आनन्द लिनलाई सक्षम हुँदै जानुहुने छ। यसको साथा साथ आफैलाई आश्वस्त गरेमा तपाईंका भविष्यका योजनाहरू हुनेछन्।

तपाईं आउँदो दस वर्षमा कहाँ पुगेको हेर्न चाहनुहुन्छ? त्यहाँ पुग्नलाई तपाईंले जुन कदम चाल्नु पर्ने हुन्छ त्यो आजै सुरु गर्नुपर्दछ। हामी कुरा गर्दै छौं स-साना कदमका (step), बच्चाका कदमका (Baby steps) अनि एक्शन लिनेका।

स्मरण रहोस्, **जेम्स क्लियरले** यसबारेमा भनेका छन् – जसको स्पष्ट अर्थ हो – तपाईं **वर्तमान**मा हुनुहुन्छ अनि तपाईं **भविष्य**मा हुनुहुन्छ, यसको सम्बन्धले तपाईंले आफैलाई पराजित गर्ने व्यवहारको ताल्चा खोल्नेको पहिलो चाबी हो।

तपाईंलाई सफलहुनलाई के चाहिन्छ?

व्यवहारमा बदलाव ल्याउनला लागि नितान्त चाहिने बस्तुहरूमा सबैभन्दा जरूरी हो आफ्नो दिमागको सिलेट (पाटी) सफा राख्नु। यसको अर्थ हो – तपाईंले आफूद्वारा अल्छी गरेर खेर हालेका विगतका दिनहरूको अपराधबोधको भाव मन-मस्तिष्कबाट मेटाइदिनु पर्ने हुन्छ।

हो, अब योभन्दा अधिबढ्ने पहिले – तपाई जे गर्देहुनुहुन्छ त्यसलाई रोकी दिनु, आफ्ना आँखा बन्द गरेर भन्नुहोस् – "म तिमीलाई (आफै आफलाई) माफ गरिदिन्छु।" हिँड्, अब सुरु गरौ ! वास्तवमा प्रत्येक दिनको थालनिका आरम्भमा यही काम पहिँले गर्नुपर्दछ।

तपाईंलाई सिक्नका लागि यस्तै खुला मानसिकताको आवश्यक हुन्छ। तपाईं यसक्रममा असफल हुनुहुन्छ, ठक्कर पनि खानुहुन्छ, हेर्दा हेर्दै यस्तो दिनसम्म पनि आउँदछ जहाँ तपाईं आफैलाई शङ्का गर्नुहुन्छ र आफ्नो आत्मविश्वास पनि छिनेर लैजान्छ।

तब तपाईं सबैथोक छाडेर पुनः आफ्नो कम्फर्ट जोन (सुरक्षित स्थान) जाने बाटोतर्फ लम्किनेका बारेमा सोच्नुहुन्छ, जहाँ पहिँले तपाईं हुनुहुन्थ्यो। म चाहान्छु, तपाईं यस निर्णयको परिणामको कल्पना गर्नुहोस्। तपाईंको दिमागलाई वर्तमानमा फर्काइ ल्याएर नयाँ यात्रामा निस्कनुहोस्। कम्फर्ट जोन पुराना व्यवहारका लागि एउटा सुरक्षित ठाउँ हो अनि नराम्रा बानीहरूको एउटा पोताश्रय (shipyard) हो, जसले हामीलाई निरन्तर विफल बनाउनेछ।

मेरो उद्देश्य तपाईंलाई आफ्नो कम्फर्ट जोनबाट (आरामी जीवन) बाहिर निकाल्नु हो – त्यो चाहे थोरै समयका लागि होस्, तपाईंलाई हालको प्रचुर सम्भावनाहरूलाई देखाउनु छ।

तपाईंको दृढ संकल्प नै तपाईंको सबैभन्दा ठुलो आदर्श हुन सक्छ।

यसरी तपाईं आफ्नो खेल जीवनमा सफल हुनुहुन्छ, हुनसक्छ तपाईंले यो कार्यका लागि थुप्रै दिन गुमाउनु पर्ने हुन्छ। तर तपाईंले निश्चय नै सिक्नुहुने छ, हुन सक्छ तपाईंले यस कामका लागि लामो समयसम्म काम गर्नुपर्ने हुन्छ।

जसरी टोनी रबिन्स सँधै भन्छन्,- "समस्या, हामीसँग संसाधनको कमी छैन, अपितु हाम्रो समस्या साधन सम्पन्नता हो।"

यदि तपाईंको बानी असीमित साधन सम्पन्नता चाहने भयोभने तपाईं सँधै संसाधनहरु तर्फ आकर्षित हुनुहुन्छ।

प्रस्तुत पाठ्यक्रममा यी सबैथोक छन् – जो तपाईंको जीवनमा अनि त्योदेखि पर पनि सफल बनिन सकिन्छ। म तपाईंलाई हतियार दिन सक्छु, तर यसलाई कसरी प्रयोग गर्नुहुन्छ त्यो तपाईंमाथि निर्भर गर्दछ।

प्रस्तुत किताब तपाईंको शिथिलतामाथि मजबुत पकड जमाउन अनि राम्रा बानी बसाल्न सिकाउनुभन्दा अधिक हो, तर *'डू द हार्ड थिङ्ग्स फर्स्ट'*बाट असल परिणाम जब मिल्दछ जब तपाईंले यो कुरा जान्नुहुनेछ हामी आफूलाई यी परिस्थितिमा किन धकेल्दछौं तब तपाईं आफूले पुराना व्यवहारलाई ठीकगर्न एउटा समाधान प्रस्तुत सक्नुहुन्छ।

"यदि तपाईं केही असाधारण गरेर देखाउन रिक्स लिन प्रस्तुत हुनुहुन्न भने तपाईंले साधारण कार्यका लागि सम्झौता गर्नै पर्ने हुन्छ।"

—जिम रान

'जटिल काम पहिले गरौं'बाट तपाईं के सिक्नुहुन्छ?

बेन्जामिन फ्रेंकलिनले एकचोटी भनेका थिए, "जुन काम तपाईं आज गर्न सक्नुहुन्छ, त्यसलाई भोलीलाई नटार्नु।"

डू द हार्ड थिङ्स फार्स्टमा म तपाईंलाई आफ्नो व्यवहारिक प्रणालीका बारेमा सिकाउने छु, जो मैले खोज-अनुसन्धानद्वारा निकालेको छु। यसलाई मैले आफ्नो तीन दशक पुरानो अनि आफैलाई कमजोर तुल्याउने गरी-टोपल्ने बानीबाट निस्कने क्रममा प्रयोग गरेको थिए।

मैले आफ्नो जीवनमा धेरै ढिलो गरे, अनि जब मेरो सत्यसँग जम्काभेट भयो तब मैले यसबाट हुन सक्ने हानि-नोक्सानलाई चिने- यो बानी मेरो क्षतिको कारण हो अनि भविष्यमा पनि बन्दै जानेछ, जबसम्म म यसको एउटा ठोस् उपाचार गर्दिन अनि यो नराम्रो बानीलाई एउटा स्वस्थ व्यवहारमा बदल्दिन।

ब्याँलो (जसलाई म कार्यबाट जोगिने लत भन्दछु) जब तपाईंको दिमागमा पुरै अधुरा कामहरूका थुप्रो लागेमा निश्चितरूपमा तपाईंको ऊर्जा कम्ति हुँदै जान्छ।

हुनत, तपाईं हतार हतारमा अन्त्यसम्ममा आफ्नो काम जसो तसो निष्टाउनुहुन्छ तर तपाईं आफ्नो कामलाई गुणवत्ताको साथ सम्पूर्ण गर्नमा विफल हुनुहुन्छ। स्मरण रहोस्, तपाईंका लागि केही काम गर्ने लायक छ भने त्यो कामको मूल्य बढ्ने छ, जब यो तपाईंको सर्वोत्तम क्षमताको अनुसार गरियोभने।

जटिल काम शेषमा गर्नेछु भनेर छोड्ने बानी – केही होइन – यो केवल एउटा जाल हो। जुन दिन तपाईं यो जालमा फस्नुहुन्छ, त्यसदिन तपाईं आफैलाई सान्तना दिनलाई एउटा सन्धि गर्नुहुन्छ अनि आफै आफ भन्नुहुन्छ यो काम कुनै अर्को राम्रो दिन, राम्रो समयमा गर्ने छु। तर यसो गर्दा समय हातबाट फुत्किदै जान्छ। दिन गएर सप्ताह हुन्छ, सप्ताह-महिना र यसरी नै वर्ष निस्केर जान्छ।

फेरि तपाईं चञ्चल र शर्मिन्दा भएर यो हालतलाई सम्हान्क आफूलाई अर्को काममा व्यस्त राख्नुहुन्छ। त्यतिबेरसम्ममा तपाईंका अधुरा 'जरूरी' कामहरूको चेकलिष्ट थुप्रै लम्बिएको हुन्छ। त्यो तिर आँखा लाग्दै तपाईं प्रत्येक काम "चाँडै शेषगर्ने"को उद्देश्यलाई स्पष्ट गरेर कुनै कुनामा फ्याकी दिनुहुन्छ।

यस्तो स्थितिमा, हामी सबैभन्दा पहिले 'ए यो त आँखा मिलिक्क गर्दा भइहाल्छ नि' भनेर सजिलो कामलाई छान्दछौं। तपाईं आफैलाई सोध्नुहुन्छ, "अहिले म यो काम गर्दै छु त के नोक्सान भयो?" तर प्रश्न यो छ – "तपाईं अहिले के काम गर्दै हुनुहुन्छ?"

मलाई आज पनि थाहा छ, जब म दिनभरीमा चौधह घन्टा काम गर्दथ्ये अनि अन्त्यमा पनि एउटै कार्य सम्पूर्ण हुँदैनन थिए।

मैले ई-मेइललाई धेरै प्राथमिकता दिइन जसका निम्ति दिनमा तीन घन्टा खर्चिनु पर्दछ भनेर, कारण यो काम सजिलो लाग्ने गर्दथ्यो।

तर फेरि, इकठ्ठा भएका अनगन्ती सन्देशका कारण म आफैलाई एउटा इनबस्कभित्र फँसेझैं पाउँदथ्ये।

मस्तिष्कलाई सजिलो र रोचक कार्य गर्नलाई प्रशिक्षित गरिएको हुन्छ। तपाईंसँग कदम चाल्नका लागि भरपर्दो लक्ष्य छ, तर आत्मविश्वासको कमी र हारको भावले गर्दा कामतर्फ हेर्नलाई थोरै कम्ति ऊर्जा बाँच्दछ। तपाईंको सबै शक्ति आफैलाई व्यस्त देखाउनमा खर्चहुन्छ।

हाम्रा धेरैजसो अपूर्ण काम अनि योजना जीऊको तीउ लडी रहन्छन् – धमीरो लागेर सडछन्। जसरी हामी अघि बढ्दै जान्छौं, बाहिरी दुनियालाई व्यस्त छु भन्ने देखाउनमा पारङ्ग हुँदै जान्छौं।

यस्तो स्थितिमा...

- तपाईंको बिजनेस पार्टनरलाई कम्पनी पूँजी दिनलाई सन्धिपत्रमा हस्ताक्षरको खाँचो छ।

- तपाईंको बालखा छोरो गर्मी बिदामा समर कैम्पका बारेमा निर्णय लिन तपाईंको प्रतीक्षामा छ।

- तपाईंको मेनेजार दुई साता पहिले काममा राखेका नयाँ कर्मचारीहरूबाट रिपोर्टको प्रतीक्षा रगी रहेको छ।

- तपाईंका ग्राहक त्यो नयाँ सामानको प्रतीक्षा गरि रहेका छन्, जो सामान तपाईंले महिनादिन अघि डेलीवरी दिने बचन दिनुभएको थियो।

- तपाईंकी जीवन सङ्गिनी तपाईंलाई सोध्दै छिन् – किन यस महिनामा बैङ्कबाट मासिक ऋण तीर्नभनि तीनचोटी फोन आएको?

सूची त्यतिनै अन्तहीन छ, जतिनै बहाना छन्।

हामी जटिल काम गर्नबाट किन जोगिन्छौं?

यसका थुप्रै कारण छन् तर कुनै राम्रा बहाना छैनन्। आफैसँग ईमानदार रहनुपर्दछ। अहिले तपाईं त्यो होइन, जुन तपाईं बनिन चाहनुहुन्छ। तपाईं असम्पूर्ण कामलाई घृणा गर्नुहुन्छ। तपाईं भरपर्दो र जिम्मेदार बनिन चाहनुहुन्छ। तपाईं कठोर परिश्रम गरेर सफल बन्न चाहनुहुन्छ। तपाईं सफल हुनमा सहाय गरेर आनन्द लिन चाहनुहुन्छ। तपाईं आफ्नो जीवन

सुव्यवस्थित अनि राम्रोसँग जीऊन चाहनुहुन्छ। तपाईं यसरी कामदेखि जोग्गिने बानीका कारण लाज र अराधबोधद्वारा पीडित हुन चाहनुहुन्छ र आफै आफमा गर्वको अनुभव गर्न चाहनुहुन्छ।

तपाईं अडचनहरूसँग प्रेम गर्नुहुन्छ अनि कुनै पनि स्थिति सम्हाल्न सक्नुहुन्छ। त्यसैले तपाईंले यहाँ हुने (यो पुस्तक पढ्ने) निर्णय लिनुभयो। यसमा सिक्नका लागि जम्मै प्रक्रिया र व्यवस्थित कौशल छ, जसले गर्दा तपाईंका नराम्रा बानीहरूको दिशा बदलिन सक्छन्।

तपाईं केही ठुलो कार्य गर्न सक्षम हुनुहुन्छ, अनि म हजुरलाई भन्दछु तपाईंको कामलाई पन्साएर राख्ने बानी तपाईंको आफूले बनाएको व्यवहारभन्दा अरु केही होइन, जसलाई तपाईं पुरै तरिकाले नियन्त्रित गर्न सक्नुहुन्छ।

प्रेक्टिस र व्यवहारमा केही नयाँ फरक ल्याउनु यो बानीलाई बदलाउने चाबी हो। म हजुरको एउटा नयाँ परिचय निर्माण गर्नुमा सँघाउ पुर्‍याउने छु। म हजुरलाई एउटा नयाँ तरिकाका बारेमा भन्ने छु, जसलेगर्दा तपाईं तपाईंको जटिल काम **'पछि गर्छु'** भनेर छाड्नको साटो त्यसलाई प्राथमिकता दिएर गर्न थाल्नुहुने छ।

जब तपाईं यो पुस्तक पढेर **जटिल काम पहिले** गर्न सिक्नुहुन्छ, तब तपाईंमा खुसी र स्वतन्त्रताको एउटा नयाँ भाव सञ्चार हुन्छ, जसको अनुभव सायद तपाईंले पहिले कहिलै गर्नुभएको थिएन। तपाईं पनि मेरा जसरी गरी टोप्ल्ने व्यवहारबाट हुनसक्ने चिन्ता मासि दिनुहुन्छ। मेरा धेरैजसो चिन्ता यिनै व्यवहारद्वारा जन्मिएका थिए।

तपाईंलाई यी कुराहरू ठुला गफ़ जस्तै लाग्यो होला, तर म यी कुरा अनुभवद्वारा भन्दै छु। म मेरो जीवनको तीस वर्षभन्दा अधिक समय विवश, टार-टुर गरेर हिँड्ने एउटा अल्छी मान्छे थिएँ। पुनः जब मईले जटिल कामहरू गर्न भनेर अधिसर्दामा मलाई चिन्तान्वित तुल्याउँदथ्ये तर तब मेरा जीवनमा धेरै नयाँ प्रसस्त बाटा खुले। म जुन अड्चनहरू (बाधा)देखि जोग्गिन खोज्दथ्ये, अहिले मलाई तीनमा भाग लिएर राम्रोलाग्न थाल्यो। जुन कामदेखि म आफ्नो जीऊ जोगाउने गर्दथ्ये, अब ती कामहरू प्रत्येक बिहान मेरो सूचीमा प्राथमिकताका साथ सिद्धिन्छन्।

म जान्दछु यो स्वतन्त्रता सबैमा छ, अनि मलाई थाहा छ यदि तपाईंले वास्तवमा यसलाई चाहनुभयो भने यो स्वतन्त्रता पाउन सक्नुहुने छ।

यदि तपाईं साँचैमा यसलाई हासिलगर्न चाहनुहुन्छ भने।

म यो कुरा जोड दिएर भन्दछु, किनभने म जान्दछु परिवर्तन कठिनाईपूर्ण हुन्छ, तर त्यसबाट परिणाम स्वरूप पाइने पुरस्कारले तपाईंको जीवन बदलाइदिन्छ। तपाईं सर्वश्रेष्ठ हुन लायक हुनुहुन्छ, अनि म चाहन्न तापाईंलाई फेरि अलिकति बदलिने खाँचो परोस्।

स्मरण गर्नु पर्दछः गरी-टोप्ल्ने अथवा टार-टुर गर्ने वा अन्य नराम्रा बानीहरू जन्मजात हुँदैनन, जोसँग तपाई सँघै जन्मिनु भएको थियो।

कुनै पनि अर्को अभ्यास सरह, तपाईंले यो बानी पनि थुप्रै वर्षको अभ्यासद्वारा सिक्नु भएको हो।

तपाईं पनि यो बानीलाई छोड्न सक्नुहुन्छ।

अनि तपाईं यसो गर्न सक्नुहुन्छ। मलाई तपाईंमाथि पुरा विश्वास छ यो किताबका प्रस्तुत पाठहरूद्वारा तपाईं यसो गर्न सक्नुहुन्छ। तपाईं यति नै आत्मविश्वासले भरिनुहुन्छ तपाईं प्रत्येक बस्तुमा त्यो खुसी प्राप्त गर्नुहुन्छ, जुन खुसी तपाईंलाई पर्खी बसेको छ।

ब्याँलो गर्ने बानीको केन्द्रमा डर रहन्छः सफलताको डर, जिम्मेदारी, अज्ञता अनि निर्णय लिनेका डर। पछिल्लो सेक्शनमा, म यिनै आशङ्काहरूका बारेमा धेरै बिस्तारसँग चर्चा गर्नेछु।

तपाईं आजै आफ्नो डरमाथि नियन्त्रण ल्याउनुहोस्, अनि अब तपाईं पुरै लक्ष्यका साथ आफ्नो इप्सित लक्ष्यप्राप्तिका लागि एक्शन लिँदै हुनुहुन्छ। यो एउटा सुन्दर भविष्यको घडेरी निर्माणका लागि एउटा मौलिक परिवर्तन बन्दछ।

'ड्रू द हार्ड थिङ्ग्स फर्स्ट'मा तपाईं यसका लागि विशिष्ट कौशल सिक्नुहुनेछः

- स-साना जीतहरूको एउटा सूची तयार गर्नुहोस् जसलेगर्दा तपाईं हडबडी अथवा चञ्चलतालाई हराउन सक्षम बन्नुहोस्।
- समय खेर हाल्ने अनि विचलित गर्नेखाले मनोभावलाई टाढा पन्साउनलाई पुरै व्यवस्थित तरिकाले एक्शन लिएर आफ्नो डरलाई टाढा भगाउनुहोस्।
- यस्तो एउटा माहोल तैयार गर्नुहोस् जसद्वारा तपाईंको दिमागबाट निर्णय लिने थकाइ टाढाहुँदै जाओस्।
- कमिटमेन्ट डिवाइस (Commitment Device) एउटा बनाएर कठोर मेहनत गरेर स्वयंलाई यसको प्रति उत्तरदायी बनाउनुहोस्।
- आफ्नो जीवनको जिम्मेदारी आफै लिनु अनि आफूलाई आफ्ना पुराना बानी-ब्योहोराका लागि माफ गरिदिनु।
- आफ्नो कामलाई प्राथमिकता दिनु अनि प्रत्येक दिन कुनै एउटा बस्तुमा पूरा ध्यान केन्द्रित गर्दै त्यसलाई सम्पूर्ण गर्नु। (अनि अरु कामलाई नदेखेजसो गर्नु)
- जो सबैभन्दा धेर महत्वपूर्ण छ त्यसमाथि एकाग्र भएर आफ्नो प्राथमिकताहरूलाई सम्पूर्ण गर्नमा महारत हासिल गर्नु।
- हठात् उब्जिने 'आवेगहरूलाई' थामेर आफ्नो मस्तिष्कको ध्यान केन्द्रित गर्नलाई प्रशिक्षित गर्नुहोस्।

यो पाठ्यक्रममा, हजुर आफ्नो जिदिनुहुँको कार्यक्रमणिका (शेड्युल) मेरो हिसावले मिलाउन सिक्नुहुने छ अनि जान्नुहुनेछ **"अहिले बीजारोपण गरे पछि फल खाइन्छ"** भन्ने मानसिकता तपाईंका निम्ति किन महत्वपूर्ण हो।

तपाईं आफू स्वयंका लागि घातक बानीहरूको ढाँचा (पैटर्न) सनाख्त गर्नुहुन्छ। तपाईं आफ्ना ती हर एर बहाना जरैसँग उखेल्न सक्नुहुन्छ जसमा तपाईंको दिमाग प्रायजसो सोच्नेगर्दछ। काम गर्नेबाट जोग्गिने तपाईंको विनाशकारी बानीको पुनः निर्माण गरेर आफैलाई

एउटा नयाँ रूपमा (Best Version) पाउनुहुने छ। हुन सक्छ, तपाईं अहिलेसम्म त्यसको बारेमा जान्नुहुन्छ।

हामी दुवै मिलेर पत्तो लगाउनुपर्दछ – तपाईंको जीवन योजनालाई अघि बढाउनका लागि सबैभन्दा राम्रो के हो अनि एउटै पाइलोमा सम्पूर्ण व्यवहारको परिवर्तन कसरी हुन सक्छ?

यो किताबमा दिएका प्रणाली तपाईंको समय बचाउने, आफ्नो मानसिक शक्ति बढाउने अनि हजुरको डरको ठाउँमा आत्मविश्वासले सोच्न सिकाउनका लागि लेखिएको हो।

यसमा तपाईं एक दिनका लागि काम (टास्क), कामको अत्याधिक बोझ हटाउन अनि जीवनका सबै क्षेत्रमा आफ्नो सुन्दर छवि (Best Version) तयार गर्नमा आफ्नो ध्यान केन्द्रित गर्न सिक्नुहुने छ।

साथै तपाईं भयभीत गराउनेखाले कार्यहरू सम्पूर्ण गर्नका लागि दिमागलाई फेरि प्रस्तुत गराउन सिक्नुहुने छ।

म तपाईंलाई एक्शन फोकस्ड सिस्टम (action focused system) प्रस्तुत गर्ने एउटा रूपरेखासँग परिचय गराइदिन्छु जो तपाईंको सम्पूर्ण जीवनका लागि उपयोगी साबित हुने छ। यसद्वारा तपाईं प्रतिदिनको आधारमा शिथिलतालाई टाढा भगाउन कार्य योजना (action plan) अनि आफ्नो सूची (शेड्यूल) प्रस्तुत गर्न सक्नुहुन्छ।

कन्टेक ब्रेकडाउनः *'जटिल कार्यहरू पहिले गरौं'* यो कुरामा वहस कसरी गर्ने?

नचाहिँदा भ्रमबाट जोग्गिन अनि आफूलाई सफलताका लागि तयार बनाउनलाई, मैले जानेर यो पुस्तकका पाठहरूको क्रमणिका सजिलो बनाएको छु। यदि टार-टुरग्ने व्यवहार तपाईंका लागि सँधै एउटा संघर्ष रहेको छ भने यहाँ आएर हजुरको संघर्ष समाप्त हुन्छ अनि जीतको थालनिहुन्छ। चपाईंका सघाऊका लागि यो किताब तपाईंबाट केवल यसमा लेखिएका जम्मै कौशल पालना ग्रनु अनि अभ्यास गर्नमा प्रतिबद्ध रहनुहोस् भन्ने चाहन्छ।

यहाँ DTHTF गरेर चार भागको एउटा सरल विभाजन दर्शाइएको छः

भाग I : आफ्नो डरलाई चिन्नु

म काम टार्नेसँग सम्बन्धित पाँच थरीका डरका बारेमा कुरा गर्ने छु। तपाईंले हजुरको सबैभन्दा ठुलो डर सनाख्त गर्नुहुने छ जसले बारम्बार घुमफिर गर्दै आएर तपाईंलाई सप्ताह अनि महिनासम्म डल्लो पार्दछ।

यो डरलाई काटेर आफू मुक्त हुनुहोस्। हामी सबैमा कतिपय यस्ताखाले डर पनि हुन्छन् जसले हाम्रो प्रगतिमा बाधा पूर्‍याउदछन्, तर तपाईंलाई यी विषयहरूलाई टाढा पन्साउनलाई थाहा हुनुपर्दछ समस्या कहाँबाट उत्पन्न हुन्छ भन्ने कुरा।

यस उपरान्त तपाईं ती बहानाहरूको सनाख्तकरण गर्न सिक्नुहोस् जसले तपाईंका उद्देश्यपूर्ण काम गर्नमा बिघ्न पूर्‍याउदछन्।

भाग ॥: जटिल कार्य गर्नलाई व्यवहारिक चरण।

यो पुस्तक "प्रक्रियाको जीवन" हो अनि यसमा शिथिलताको बानीबाट जोग्गिनलाई बाईसवोटा रणनीति सामेल छन्।

तपाईं यसलाई केही घन्टा पढेर आफू सोझै एक्शन लिने बाटोमा निस्कन सक्नुहुने छ। यस क्रममा म पाइलाको (step) महत्व अनि आफ्नो प्रतिदिनको जीवनमा कसरी प्रयोग गर्ने हो त्यसको तरिकाका बारेमा बिस्तारसँग भन्ने छु। म के सल्लाह दिन्छु भने एउटा समयमा केवल एउटा पाइलामा (कदम) ध्यान केन्द्रित गर्नुहोस् अनि फेरि जसो जसो अघि बढ्दै जानुहुन्छ त्यसरी नै रणकौशलहरू बढाउँदै जानुपर्दछ।

भाग ॥॥ : ठुलो बाधालाई पन्साउनु।

यो भागले तपाईंलाई यस्ता तीन प्रमुख क्षेत्रतर्फ लैजान्छ जहाँ यी उपायहरू लागु गर्न सक्नुहुने छ। यी ती ठुला बाधाहरू हुन् जसले तपाईंलाई पछिल्तिर घिस्याउन सक्च। जब जब तपाईं शिथिलतालाई पन्साउन यसप्रकारले काम गर्नुहुन्छ, तब आफ्नो व्यवहारमा एउटा प्राकृतिक सन्तुलन बनाएर यो चङ्गुलबाट बाहिर निस्कनुहुने छ। कामप्रति रहेको हजुरको सक्रियता अथवा एक्शनले नकारात्मक बातावरणको कुनै पनि रूपलाई पराजित गर्दिन्छ। ठुला बाधाहरू पन्साउने यो शीर्षकमा – तपाईं जान्नुहुने छ कसरीः

- आफ्नो नकारात्मक बातावरणलाई पन्साउनु।
- चिन्ता र अतिरिक्त प्रचुरतालाई (overwhelm) टाढा हटाउनु।
- आफूसँगको चर्चालाई (self-talk) नघटाउनु।

भाग ॥V: पाँच प्रमुख क्षेत्रलाई विस्तार गर्नुहोस्।

प्रस्तुत इकाईमा म हजुरका जीवनका पाँच प्रमुख क्षेत्रलाई मेनेज गर्नलाई रणनीतिहरूका बारेमा भन्ने छु। यसमा हजुरले जान्नुहुने छ कसरी तल उल्लेखित बस्तुमा सुधार ल्याउन कठिन कामगर्न सिक्नु हुनेछः

- स्वास्थ
- घरको वोरी-परी
- कार्यस्थल
- व्यक्तिगत आर्थिक स्थिति
- व्यक्तिगत सम्बन्ध

यी जम्मै रणनीतिले सोझै समस्यामाथि प्रहार गर्दछन्। यसको प्रयोग गरेर हजुरले सिक्नुहुने छ तपाईंले कुनचाहिँ महत्वपूर्ण एक्सन लिनु जरूरी छ जसद्वारा उपयुक्त परिणाम प्राप्त हुन्छ।

यो उपाय सबैलाई काम लाग्ने छ चाहे एकजना व्यवसायी हो, घरै बस्ने माता-पिता, छात्र अथवा स्वतन्त्र जीवन शैलीले जीवन जीऊने डिजिटल मान्छे हुन सक्नुहुन्छ।

कारण कामलाई लिएर टार-टुर गर्ने बानी एउटा यस्तो समस्या हो जोसँग हामी सबै जुधि रहेका हुन्छौं। उच्चकोटीको रणनीतिकारदेखि लिएर युवा-वयस्कसम्म, सबै काममा ढिलोगर्ने बानीको सिकार छन्। हामी यसो गर्न चाहदिनौं तर यो एउटा 'मानवीय' स्वभाव हो। हर कसैले धेर-थोर अल्छी अनि आफ्नो जीवन सजिलो बनाउन चाहान्छन्। अनि सही अर्थमा हेर्नु हो भने यो केही गलत पनि होइन। मेरो उद्देश्य यस पुस्तकद्वारा तपाईंलाई एकजना 'दक्ष मशीन'मा तबदलीन गर्नु होइन, अपितु बाधाहरू पन्साउनमा सघाउ पूर्‍याउनु हो जो तपाईंको बाटाको अड्चन/काँडा हो। यसो भएमा तपाईंले खुसीसाथ आफ्नो जीवनमा अर्को पाइला चाल्न सक्नुहुने छ।

यो नकारात्मक र आत्मघाती बानीबाट बाहिर निस्कने समय आएको छ। जीवन सारै छोटो छ अनि हजुरसँग खेर हाल्नलाई समय सारै थोरै छ।

मलाई पुरा विश्वास छ हामी दुबै मिलेर केही अलग्गै गर्न सक्नेछौं।

आउनुहोस्! अध्याय 1 को गहिराईमा एउटा डुबुल्की लगाऊ।

भाग - I

डर मेटाउनु, टार-टुर अथवा बहानाबाजीको बानी घटाउने अनि विलम्बित सन्तुष्टिको (Delayed Gratification) विज्ञान

> "हामी आफ्नो जीवन यतिसारो नराम्रो पाराले जीऊदछौं किनभने हामी सबै वर्तमानका हर बस्तु पाउनका लागि सँधै कुनै पूर्व प्रस्तुत नगरी अक्षमताको साथ अनि अत्यन्त विचलित मनले काम गर्दै आउदछौं।"
>
> —रेनर मारिया रिल्के

कपिङ मेकानिजम र टार-टुर

(Copying Mechanism and Procrastination)

"मेरो अनुसार "ब्याँलो गर्नु अल्छीपन होइन" यो "डर हो।" यसलाई यसको शुद्ध नामले बोलाउनु अनि आफै आफलाई माफ गर्नु।"

—जूलिया कैमरून

डू द हार्ड *थिङ्ग्स फार्स्टलाई* यसरी तयार गरिएको छ जसले शिथिलताको बानीसँग जुधने अनि यसलाई जित्नका लागि एउटा सिस्टम विकशित गर्नमा तपाईंको सँधाउ पूर्‍याउन सकोस्। यो एउटा जटिल विषय हो, तर यदि तपाईंले सामना गर्नको रणनीतिहरूलाई चिन्न सकेंमा त्यो विषय जटिल नहुनुपर्ने हो।

जब टार-टुर गर्ने बानीले तपाईंलाई बिझ्न डाल्योभने तपाईंले यसको सहाय लिएर आफ्नो पुरानो व्यवहारमा सुधार ल्याउन सक्नुहुने छ।

कपिङ मेकानिजम एउटा आन्तरिक जोड-तोडको काम हो जसलाई हामीले यसरी प्रोग्राम गरेकाछौं यसले दिमागलाई नरोकि एक्शन लिनमा सघाउ पूर्‍याउन सकोस्।

तपाईं महत्वपूर्ण कार्य गर्नमा कसरी ब्याँलो गर्नुहुन्छ भन्ने पत्तो लगाएर यो मेकानिजम तपाईंलाई समस्याको सामना गर्नलाई राम्रा रणनीतितर्फ लिएर जान्छ। तपाईंले आफै आफलाई एउटा प्रश्न सोध्नुहोस्, *"आउँदो खेप जब म आफैलाई कुनै काम भोली गरौंला भनेर पन्साउँदैगर्दा पक्राउपरे भने मेरो प्रतिक्रिया के हुन्छ?"* कुनै ढाँचाको (pattern) थालनि जान्नु यसलाई बदलाउनका लागि एउटा महत्वपूर्ण अवलोकन हो।

सम्भवतः यस्ता विभिन्न रणनीति छन् जसलाई तपाईंले टार-टुरको बानीसँग सामना गर्नुमा उपयोग गर्नु भएको छ। कपिङ मेकानिजम खिचातानी, चिन्ता, डर, अपराधबोध, लज्जाबोध आदिलाई कम्ति पार्दछ, यसले धेरै समयमा हाम्रो नकारात्मक भावना एवम् गरी-टोपल्ने भावनात्मक प्रभावलाई घटाएर नियन्त्रित गर्ने काम गर्दछ।

थोरै समयमा कपिङ मेकानिजमले तपाईंलाई हुण्डरीको चपेटबाट बाहिर निकालेर ल्याउदछ। तर अन्त्यमा हुण्डरी कुनैदिन फर्किएर आउछ अनि दीर्घकालिन हानि-नोक्सानीका

रूपमा प्रकटहुन्छ। उदाहरण स्वरूप, तपाईं छोटो अवधिमा (short term) पैसा बचाउनमा ढिलो गर्नुहुन्छ तर दशकौं पछि पनि तपाईंले गर्नु पर्ने कामको लामो ताँत रहेकैहुन्छ किनभने तपाईंले केही पनि बचाउनु भएको छैन।

आज तपाईं स्वस्थ खाद्य खाने कुरमा अनदेखा गर्नुहुन्छ तपाईं सित्तैमा पाइने फ्रीको खाद्य आएर केही बचत गर्न चाहनुहुन्छ तर पाँच वर्षपछि तपाईंलाई मधुमेह रोगले च्यापि सकेको हुन्छ।

कपिङ मेकानिजमले तपाईंको वर्तमान तपाईंकै भविष्यका लागि अनुकुल बनाउछ। तर जब जब तपाईं यी कारकहरूका बारेमा आत्म-सचेतनता बढाउनुहुन्छ जो तपाईंको ढिलोहुनाको कारण बन्दछ तब तपाईंले यी परिवर्तनहरूलाई आफ्नो छेउ-छाउको बातावरणमा प्रयोग गरेर आफ्नो दिनचर्यामा एउटा फरक ल्याउन सक्नुहुन्छ। पछिको क्रममा, यो नराम्रो बानीलाई प्रोत्साहित गर्ने कारक तत्त्वलाई काबुमा ल्याउनभनि विशिष्ट रणनीति लिएर निशान ताक्नुपर्दछ।

जब तपाईं यो सूची पढ्नुहुन्छ अनि आफू स्वयंको विशेष कपिङ मेकानिजमलाई चिन्नुहुन्छ जब यसले तपाईंको आत्म-सचेतनताको स्तर बढाउँदछ। फेरि कहिले तपाईं आफ्नो शिथिलताको स्वयमक्रिय प्रवृत्तिको सामु निहुँरिनु भयोभने एउटा रातो झण्डा देखिन्छ जसको अर्थ हो तपाईंको मनमा टार-टुर गर्ने बानीसँग हार नमान्नेखाले भाव जन्मिन्छ।

यो सूचीलाई पढ्नुहोस् अनि यसका तीन शीर्ष मेकानिजमलाई चिनात्क गर्नुहोस् जो तपाईंसँग मिल्दछ। यसलाई 1 देखि 10 भित्रको रेटिङ (rating) दिनुहोस् अनि पत्तो लगाउनुहोस् जब तपाईंको मनमा काम टार्ने भाव जागृतहुन्छ तब यो मेकानिजमद्वारा त्यसलाई भेदन गर्नका लागि तपाईंको प्रवृत्ति कतिसम्म दर्बिलो छ।

मैले तपाईंका सँघाउका लागि प्रत्येक कपिङ मेकानिजमका साथ समाधानको एउटा लामो सूची यहाँ सामेल गरेको छु।

कपिङ मेकानिजम सूची

1. सेल्फ आइसोलेशन (आत्म-अलग्याई) अन्तर्गत – अर्कोदेखि जोग्गिनु अनि अर्कालाई तपाईंको शिथिलताको बानी कति नराम्रो छ भन्ने कुरा थाहालाग्न नदिनुभन्ने विषय पर्दछ। यसमा केहीवखत यस्तो पनि देखाउनु पर्ने हुन सक्छ जसमा तपाईं आफ्नो व्यवसाय चलाउनमा सक्षम हुनुहुन्छ भन्ने कुरा। तर वास्तवमा, तपाईंलाई एकाउन्टका किताबहरू देख्दा झर्को लाग्दछ अनि जति दर्बिलो पाराले तपाईं आफ्नो व्यवसाय हेरचाह गर्नमा मरिमेटनुहुन्छ, त्यति नै धेर असन्तुलित हुँदै जान्छ।

आत्म-अलग्याई कपिङ मेकानिजम भित्रको एउटा सबैभन्दा जटिल उपकरण हो, यसलाई झेल्नु अत्यन्त कठिन छ कारण तपाईं आफैलाई लिएर अत्यधिक आत्म-सचेतन हुनुहुन्छ। तपाईंलाई यो पनि थाहा छ तपाईं ब्याँलो गर्दै हुनुहुन्छ। तर अघि बढ्नलाई चाहिने प्रभावकारी संसाधनहरूको कमीका कारणले गर्दा तपाईं पछि हट्नुहुन्छ अनि लज्जाबोध

र असफलताको भावनाको सामु हुनेबाट जोग्गिनलाई आफूलाई अरुदेखि अलग्याएर राख्खुहुन्छ।

जो मान्छे अलग्गै एवम् एक्लै बस्नेको सामु पर्दछन् उनीहरू आफ्नो कमी-कमजोरीहरूको खुलासा हुनेबाट जोग्गिनलाई एवम् आफू कमजोर रूपमा देखा पर्नेबाट बाच्न आफ्ना चौतर्फ अदृश्य पर्खाल बनाउदछन्। तर यो सेल्फ आइसोलेशनले केवल तपाईंको कमजोरीलाई दर्बिलो बनाउने काम गर्दछ अनि शेषमा कामलाई लिएर एउटा भावनात्मक पलायन बिन्दु बनिन्छ। जब कामको डरले पिरोल्दछ तब "भाग !"

समाधानः यो समयको उपयोग आफ्ना लागि लक्ष्य निर्धारणमा खटाउनुहोस्। कसैको सहाय अथवा समर्थन नमागि सक्रिय रूपले एक्शन लिनुहोस्। यो निर्णयले आत्म-प्रभाव जन्माउछ। यी शब्दका बारेमा हामी पछि विस्तारपूर्वक चर्चा गर्नेछौं। आत्म-अलग्याईको चपेटबाट फुत्किन तपाईंले यो पक्कै सिक्नुपर्दछः 1. खाँचो परेमा सेल्फ आइसोलेशनदेखि टाढा बस्न सिक्नुहोस्। 2. खाँचो भयोभने एक्लै अथवा सेल्फ आइसोलेशनमा जीऊन सिक्नुहोस्। स्व-अलग्याईको उपयोग प्रायजसो सेल्फ-मेडिकेशनका रूपमा गरिन्छ। तर यसले तपाईंलाई उन्नति हुन्छभन्ने एउटा मृगतृष्णाको रहर देखाउँदै साँचो-सत्यबाट टाढा लैजान्छ।

2. डिस्ट्रेक्शन (ध्यानभङ्ग हुनु) – जो कार्यलाई तपाईंले सम्पूर्ण गर्नुपर्ने आवश्यकता छ, त्योसँग असम्बन्धित बस्तुहरू व्यवहारमा सामेल भएमा तपाईं डिस्ट्रेक अथवा विचलित हुनुहुन्छ। सोशिएल मीडिया/सामाजिक सञ्जालमा नचाहिंदा सामग्री/बस्तुहरू स्क्रोल गर्नु, भिडियो गेम खेल्नु अथवा कार्य योजनामा (project) काम गर्नुको साटो टीभी खोल्नु, यी सबै यसमा सामेल हुनसक्छन। हामी डिस्ट्रेशनका बारेमा पछि कुरा गर्नेछौं तर अधिकांश मान्छेका जसरी डिस्ट्रेक्शनले हाम्रो काम गर्नको शैली, सम्बाद अनि दुनियाँसँग सकरी कुराकानी गर्दछौं- आदि कुरामा अहम् भूमिका खेल्दछ। तपाईंका लागि एकमात्र डिस्ट्रेक्शन भनेको तपाईंको मन हो। त्यहीबाट यसको सुरुवात हुन्छ। जसका बारेमा तपाईं आफैले चिन्तागर्नु पर्दछ। उदाहरण स्वरूप, तपाईंको फोनले तपाईंलाई विचलित पार्दैन, तर तपाईंको आवेगले त्यसमा ध्यान दिन्छ। सबैभन्दा पहिले तपाईंको मनले यसबारेमा सोच्दछ अनि फेरि तपाईं यसमा समय खेर हाल्नुहुन्छ।

समाधानः बाहिरी उत्तेजनाहरूको एउटा सूची बनाउनुहोस् जसले तपाईंलाई विचलित तुल्याउदछन्। प्रत्येकचोटी जब कुनै कार्यमा "शुद्धको चिनो लगाउने अथवा सिध्याउन वा केही अर्कोथोक गर्ने अघि नै केही बस्तुले घँसिट्दै लैजान्छ भने ध्यान दिनुहोस् यो के हुँदै छ? अहिले तपाईंसँग के बिचार थिए जसले यसलाई प्ररित गरे? के यो चिन्ता अथवा अमन आउनाको भावना थियो?"

यदि तपाईं आफ्नो डिस्ट्रेक्शन एवम् ध्यानभङ्ग हुने क्षेत्रहरूलाई चिन्नुहुन्छ भने त्यसको अर्थ तपाईं यीनलाई सनाख्त गरेर ब्लक (block) गर्न सक्नुहुन्छ। सचेतनता यो ताल्चाको साँचो हो। कुनै डिवाइस, सोशल मीडिया आदि उपकरणले तपाईंलाई काम गर्नबाट विमुख गराउनमा प्रेरित गर्दछ भन्ने पत्तो लगाएर तपाईं त्यसको विपरीत प्रतिक्रिय दिन सक्नुहुन्छ। यसो गरेमा तपाईं उत्तेजकहरूलाई 'नाइ' भन्न सक्नुहुन्छ।

3. तुलनाः – तपाईंको ढिलोपन/लचिलोपनको तुलना अरु कसैको समस्यासँग गर्नु अथवा आफ्नो पूर्वको व्यवहारलाई सही ठह्र्याउनाले तपाईंको वर्तमानको एक्शनलाई घटाइदिन्छ। यसो भन्न पनि तपाईंले बिलम्बलाई स्वीकार गर्दै यसमा सामेल भएको हुन सक्छ कारण जसलाई तपाईं जान्नुहुन्छ केही हदसम्म ढिलोगर्ने गर्छन् भने तपाईंलाई लाग्छ के मचाहिँ अरुभन्दा अलग्गै हुँ र?

समाधानः आफ्नो कुदाई आफ्नै गति र गच्छे अनुसारको हुनुपर्दछ। यदि अर्को कोआ ढिलो गर्दछ अथवा बहाना गर्दछ भने त्यो उसको समस्या हो। जब तपाईं "ठिकै छ, उ पनि त यस्तै गर्दछ" भनेर अर्कासँग तुलना गर्न थाल्नु हुन्छ तब तपाईं आफ्नो तोकिएको दुई सीमाभित्र बाँधिनुहुन्छ।

तपाईंको एकमात्र ध्यान आज आफूलाई हिजकोभन्दा निखारिएको र परिपक्क बनाउनमा केन्द्रित हुनुपर्दछ। तपाईं जब तुलनाको जालमा फँस्दै जानुहुन्छ तब तपाईंको ध्यान आफूभन्दा अरु प्रति हुन्छ। तपाईंको गहिरो ध्यान शिथिलतालाई एकातिर धकेल्ने अनि लक्ष्यप्राप्त गर्ने तपाईंको रणनीतिमा ध्यान केन्द्रित गर्नुहोस्।

4. इमोशन डिस्टेन्स अथवा मिनीमाइज (भावनात्मक टाढापन अथवा न्यूनतम गर्नु) – तपाईंलाई वास्तवमा कामको जाति चिन्ता छ, त्यसलाई जाने बुझेर कम्ति गरेर अथवा कम्ति देखाएर तपाईं भावनात्मक टढापन बनाउने चेष्टा गर्नुहुन्छ।

यो भन्नु पनि यस अन्तर्गत आउनसक्छ- तपाईंलाई यो कुराको पनि चिन्ता छैन तपाईं जागिरको साक्षातकार दिंदा कसरी र के गर्नुहुन्छ। यसका लागि तपाईं यसबारेमा "उदास रहनुहुन्छ" अथवा यसलाई खासै महत्वता दिनुहुन्न। अनि तपाईं सोध्नेबाट जोग्गिनुहुन्छ कारण तपाईं प्रत्याखानसँग डराउनुहुन्छ। अनि जब तपाईंका मित्रले सोध्दछन्, "साक्षातकार कस्तो भयो?" तपाईं भन्नुहुन्छ, "मेरो हिसाबले त्यो सारै काम लायक अथवा उपयोगी थिएन।"

हुनसक्छ, तपाईं काम टार्ने बानीको उपयोग यिनै सबै स्थितिबाट जोग्गिनेका रूपमा गर्नुहुन्छ जहाँ 'रिजेक्ट'हुने अथवा असफलहुने सम्भावना अधिक छ। चेष्टा गर्नुको सट्टा तपाईं यसलाई उपहास गरेर उडाइ दिनुहुन्छ अनि यस्तो देखाउनुहुन्छ मानौं कुनै ठुलो कुरा होइन। तर भित्री मनमा कतै न कतै यसबाट हुने हानिको अनुभव छ।

समाधानः असफलता यस्तो एउटा डर हो जोसँग सबै जुधदछन्। तर आफैले आफूलाई प्रश्न गरेर यसमाथि नियन्त्रण ल्याउन सकिन्छ- जस्तै 'यदि तपाईंले नाइ/ना सुन्नुहुन्न भनेर' त्यसोभए कसैलाई के सोध्नुहुनेथ्यो? तब तपाईं कोसँग सम्पर्क गर्नुहुन्थ्यो अनि के अनुरोध गर्नुहुन्छ?

'नाइ' भन्नु राम्रो कुरा हो, कारण जब हामी प्रत्याशित हुन्छौं अथवा असफल हुन्छौं तब यो 'नाइ/ना'ले हामीलाई पुनःपुनः प्रश्न सोध्ने अथवा आफ्नो जिज्ञासा/अनुरोध गर्नमा प्रस्तुत गर्दछ। असलमा सफलता कुनै जादुको दैलो हिन जुन हर समय सबैका लागि खुल्दछ। तपाईं केवल सुयोगहरू गुमाएर महत्व अथवा आत्म-मूल्यलाई सानो नबनाउनु।

5. प्रत्याखानः – जुन काम तपाईंले गर्नुपर्ने छ त्यो काम गर्नाको साटो नचाहिँदा गतिविधिमा संलग्न भएर तपाईं यस्तो देखाउन खोज्नुहुन्छ तपाईं/हजुर वास्तवमा टार-टुर अथवा बहानाबाजी गर्दै हुनुहुन्न।

उदाहरणका लागि साथीहरूलाई नचाहिँदो फोन गर्नु, अनावश्यक 'मोटिवेशनेल' सन्देश पठाउनु आदि। हुनसक्छ तपाईं सोच्नुहुन्छ, "मैले काम सुरु गर्ने अघि स्टीफेनलाई फोन गर्नु छ।" फेरि यसरी नै साथीहरूसँग घन्टौंसम्म गफमा लाग्दा कामगर्ने समय हातबाट फुत्किएर जान्छ।

समाधानः तपाईं एकजना सहज-सरल मान्छे हो। तपाईंलाई यो सबै थाहा छ, कतिखेर तपाईं बस्तुहरू बन्द गर्नुहुन्छ अनि कतिखेर यसलाई नदेखेझैं गर्ने कोशिश गर्नुहुन्छ। त्यसकारण, आफ्नो अन्तरमनको त्यो पुकारलाई ध्यानपूर्वक सुन्नुहोस् जसले तपाईंभित्रको चिन्ताको रातो झण्डा खडा गरी रहेको छ।

तपाईंको चिन्ता तब सुरुहुन्छ जब तपाईं कुनै विशिष्ट कार्यगर्ने बारेमा सोच्नुहुन्छ अथवा त्यसलाई गर्न बाकी रहेको हुन्छ। उदारहण स्वरूप, मलाई जब कुनै फर्म भर्नुपर्ने हुन्छ अनि प्रत्येकचोटी म देख्छु मलाई चिन्ताले पिरोली रहेकोहुन्छ। यसको अर्थ हो मैले यो काम (फर्म भर्ने) गर्नु आवश्यक छ।

केही कार्य गर्नमा अनकनाउनु अथवा गर्दिन भन्नाले विचलनको भाव अङ्कुरित हुन्छ तर यसले चिन्ताको भावलाई हटाउँदछ अनि तपाईंलाई "यसलाई अहिलै गर्दछु" भन्ने विचारतर्फ घँसेट्छ। यो अनुभवप्रति विशेष ध्यान दिनु जरुरी छ।

दिनभरीमा पाँच मिनेटको समय आफ्नो विचारका लागि निकाल्नुहोस् ष जुन बस्तुलाई तपाईं स्वस्थ बनाउन औखती-मूलो गर्दै हुनुहुन्छ (बानी सुधार्ने अभ्यास) त्यसमा पाँच मिनेट काम गर्नुहोस्।

हामी यो सजिलो कौशलका (strategy) बारेमा चाँडै बिस्तारपूर्वक जान्नेछौं, तर मानि लिनुहोस् यो पाँच मिनेटको नियम पाशा पल्टाउने (game changer) कौशल हो।

6. एभोइडेन्स (बहानाबाजी) – आफ्नो कामसँग सम्बन्धित कुनै पनि बस्तुदेखि तपाईं जोग्गिदै-अलग्गिदै हुनुहुन्छ भने हजुर टार-टुर गर्दै हुनुहुन्छ। उदाहरण स्वरूप- तपाईंको आफ्नो कम्प्युटरमा सत्ताईसवोटा टेब (tab) खुल्ला राखेर कामगर्ने बानी सामेल हुनसक्छ। यसको अर्थ तपाईं काम गर्दैजाँदा कम्प्युटरमा सत्ताईसवोटा टेब खोल्नुहुन्छ केही सानो जटिलता आयोभने त्यो कामलाई एकातिर पन्साएर अर्कातिर (सजिलो काम खोज्दे) लम्किनुहुन्छ। हामी यो सम्पूर्ण किताबमा बहानाबाजीका (task avoidance) बारेमा अनि तपाईंलाई यो नराम्रो लतबाट उकास्न सर्वोत्तम रणनीतिका साथ अघि बढ्ने छौं।

समाधानः काम टार्ने बानी केही चुनिन्दा विशेष उत्तेजकहरूबाट प्रारम्भ हुन्छ जसले तपाईंको ध्यान त्यो कामबाट हटाउछ जुन काम गर्नु अत्यन्त जरूरी थियो। आफ्नो नीति-आदर्शप्रति ध्यान दिनुपर्दछ। आफ्नो ध्यान भङ्गहुने अघि तपाईंका सामु जो काम गर्दै छ त्यसप्रति "चेक" (शुद्ध) चिनो) अनि "अब अघि बढौ" भन्ने एउटा बिचार सामु हुनुपर्दछ।

पाँच मिनेट आफ्ना आँखा बन्द गर्नुहोस्। अनि त्यो कामका बारेमा सोच्नुहोस् जो तपाईंले गर्नु छ। यसलाई प्रत्येक बिहान र साँझमा सम्पूर्णहुँदै गरेको आफ्नो कल्पनामा हेर्ने एउटा आदर्श बानी बसाल्नुहोस्।

वर्तमानमा रहेर अनि आफ्ना कामलाई गहीरो फोकसले लक्षित गर्नुहोस्। यदि तपाईं कुनै उद्देश्यपूर्ण काम-कार्य गर्नबाट जोग्गिँदै हुनुहुन्छ भने गहीरोसँग बिचार गर्नुहोस् के ले तपाईंलाई यसो गराउँदै छ? के यो असफलताको डर हो? के यो परिवर्तनको डर हो? अथवा तपाईंको कम्फर्ट जोन तपाईंलाई आफूतर्फ बोलाउँदै छ?

डू द हार्ड थिङ्ग्स फार्स्टमा तपाईंलाई कसरी भट्किइ रहेको मनको आकर्षणलाई नदेखेजसो गर्नुपर्दछ त्यसबारेमा आफ्नो मनलाई कसरी तयार बनाउनु पर्दछ त्यो सिकाउने मेरो उद्देश्य हो। विचलन एउटा विकल्प हो जो एउटा यस्तो बिना कारणमा लिइएको निर्णयका साथ सुरुहुन्छ जसमा हामी कुनै निरर्थक कामका पछि लाग्छौं। जसको वास्तवमा हाम्रो चाहनासँग कुनै किसिमको लेना-देना छैन।

वर्तमान (यही) पलबाट अवलोकन गर्न सुरु गरौं। म एउटा ध्यान तकनीकको उपयोग गर्दछु जसले मेरो मस्तिष्कलाई तत्काल अथवा आपातकालको स्थितिमा झट्टै कुनै प्रकारको प्रतिक्रिया नदेखाउनलाई तयार एवम् दर्बिलो बनाउँदछ। आफ्नो ध्यानमा, म सकारात्मक आत्म-चर्चाको (self-talk) एउटा रूपको उपयोग गर्दछु, त्यस वखत म त्यो काम गर्नेका बारेमा कल्पना गर्दछु जो काम म सँधैजसो टाल्ने गर्दछु। फेरि, ध्यान सकेंका लगत्तै- म कार्य गर्ने दिशातर्फ एउटा सानो कदम उठाउँछु जो लगभग दस मिनेटको हुन्छ।

7. **परिचय (Valorization or Identification)** – आफ्नो कामलाई लिएर टार-टुर गर्ने बानीलाई लिएर गर्वगर्नु अथवा गर्व गरेझैं देखाउनु।

उदाहरणका लागि, एउटा इम्तिहान (परीक्षा) भन्दा ठिक अघि तपाईं कति अल्छी र ढिलो गर्नुहुन्छ त्यस बारेमा आफ्नो साथीहरूका सामु ठुल-ठुला हाँक लडाउनु पनि सामेल छ।

हुनसक्छ, तपाईं गर्वले भन्नुहुन्छ "म कतिसम्मको अल्छी/ढिलो छु !" अनि तपाईं आफै आफ्लाई यो व्यवहारसँग दाँजेर यस्तो देखाउनुहुन्छ यो खुसीयाली मनाउने लायकको कुरा हो। बाहिरी रूपले तपाईंले यो बानीका बारेमा बढाई-चढाई गरेर साथी-सङ्गीहरूसँग भने पनि भित्रीरूपमा तपाईं आफैलाई पराजित अनुभव गर्दै यो व्यवहारको चङ्गुलमा फँसेको अनुभव गर्नुहुन्छ जसले हजुरलाई विफल गरी रहेको छ।

समाधानः – तपाईं यस्तो बहानेबाज हुनुहुन्छ। यो केवल एउटा व्यवहार हो अनि तपाईं यसलाई बदल्न सक्नुहुन्छ। पछि हामी नक्कली परिचयदेखि छुट्टि पाउने रणनीतिका बारेमा गहिरोसँग विचार गर्नेछौं।

स्मरण रहोस्, जब तपाईं आफैलाई "म कामलाई टारिदिन्छु" भन्दै गरेको भेट्नुहुन्छ त्यो केवल भूमिका हो जसमा तपाईं अभिनय गर्नुहुन्छ। यदि तपाईंले काममा ढिलो गर्ने (ढिलोपन) अथवा देखाउने भूमिका छान्नु भएको छ भने त्यसको पालना गर्नुहोस्। यसको साटो यदि

तपाईंले आफूलाई "म एउटा कामगर्ने लायकको सक्रिय मान्छे हुँ" भन्नेमा बदलाउन स्कनु भयो भने तपाईंले अरु थुप्रै एक्शन लिनुहुन्छ अनि कुनै कामलाई लिएर अडकिइ रहनुहुन्न।

8. ठुला योजनाहरू बनाउनु (जुन कहिलै पूरा हुँदैनन)।

– यसलाई "रहरको ढिंढो पकाउनु" पनि भन्न सकिन्छ। यो तब हुन्छ जब तपाई तपाईंको सबै ध्यान तपाईंको इच्छा वा कल्पनामा के गर्न चाहनुहुन्छ, वास्तवमा कार्य पूरा गर्नुको सट्टा त्यसमा केन्द्रित गर्नुहुन्छ। तपाई आफैसँग झुटा प्रतिज्ञा गर्नुहुन्छ कि भविष्यमा बस्तुहरू फरक हुनेछन्। यो छोटो अवधि/ दीर्घकालीन लडाँई हो जसमा सबैजना आफ्नो वर्तमान र भविष्यको स्वयम् (Present Self र Future Self) बीचको लडाँई लइदछन्।

उदाहरणका लागि, तपाईंले काम गरिरहनु भएको आफ्ना सबै लक्ष्यहरू र ठुला योजनाहरू उल्लेख गरिरहनु भएको छ यसकारण तपाईं आफैलाई एकजना उच्च उत्पादक र उद्यमशील व्यक्ति हो भन्ने देखाउन खोज्नुहुन्छ। तर यस बीचमा, जब कसैले सुन्दैन वा हेर्दैन, तपाईं टिभी हेर्न वा सफलताका बारेमा दिवास्वप्नमा फर्कनुहुन्छ। यथार्थमा तपाईंको कुनै पनि काम सम्पूर्ण हुँदैन।

वास्तवमा तपाईं आफ्ना सपनाहरूको रहरमा बाँचे बिना "आफ्नो सपनाहरूमा बाँचे"को ढाँचा पछ्याउँदै हुनुहुन्छ। तर जबसम्म तपाईं आफैले भन्नुहुन्छ, "एकदिन म मेरो सपनाहरूको दुनियाँमा पुग्नेछु", तपाईंले आफ्ना सपनाहरू साकार पार्न केही गर्न ढिलाई गर्न जारी राख्नुभएको छ।

समाधानः – एक पटकमा एउटा लक्ष्यमा फोकस गर्नुहोस् ! एउटा सानो लक्ष्य बनाउनुहोस्। एकैचोटी धेरै ठुलो लक्ष्यमा प्रतिबद्ध हुनेबाट बच्नुहोस्।

जसले तपाईंलाई बोझ बनाउँछ, किनभने यदि तपाईंलाई तनाव वा सफल हुन दवाब महसुस हुन्छ र तपाईं सफल हुनुहुन्न-तपाईं ढिलाइमा फर्कनुहने छ।

उदाहरणका लागि, यदि तपाईं आफ्नो व्यायामगर्ने लक्ष्यप्राप्त गर्न चाहनुहुन्छ भने, बिहान पाँचचोटी पुस-अप (push-up) अथवा पाँच मिनेटको दौडबाट सुरु गर्नुहोस्। लक्ष्यलाई पर्याप्त सानो बनाउनुहोस् कि तपाईं यो सानो जीत छिट्टै प्राप्त गर्न सक्नुहोस्। अर्को साता, यसलाई दस पुस-अप वा दस मिनेटको दौडमा ल्याउनुहोस्।

9. बाह्य कारण (Externalization)

– तपाईं आफ्नो शिथिलतालाई बाह्य परिस्थिति अथवा कारणहरूलाई दोष दिनुहुन्छ जुन तपाईंको नियन्त्रणदेखि बाहिर छ। जिम (Gym) एक सातका लागि बन्द भएकोले तपाईं व्यायम सुरु गर्न सक्नुहुन्न भन्ने दाबी गरेजस्तै यो कुरा यसमा सामेल हुन सक्छ। तपाईं बाथरूम सफागर्न सक्नुहुन्छ किनभने तपाईंसँग कागज-टावेल सकिएको छ। तपाईंले आफ्नो ढिलो ऋण भुक्तानीको बारेमा बैंकलाई कलगर्न सक्नुहुन्न किनभने यो खाजा खाने समय हो र उनीहरू अन्य धेरै ग्राहकहरूसँग व्यस्त हुनेछन्।

बाह्य बहानाहरूको सूचीले तपाईंलाई विश्वस्तपार्न सक्छ, तर त्यहाँ सँधै केहीगर्ने तरिका हुन्छ। स्मरण रहोस्, जटिल कार्यबाट बाँच्नका लागि तपाईंको प्रशिक्षणको अंश यो हो ढि कि तपाईं हजुरको मस्तिष्कलाई कार्यगर्न सकिंदैन भन्ने उत्तम बहानाको साथ आउनको लागि

कार्यक्रम गर्नुहुन्छ। त्यसपछि तपाईं प्रमाण सहित आफ्नो बहाना पुष्टिगर्न चाहनुहुन्छ। अब तपाईं यसलाई (काम) पछिको मितिसम्म बन्दगर्न तयार हुनुहुन्छ.....अहिले होइन।

समाधानः – बाह्य परिस्थितिलाई दोष दिनुहुँदैन। यो तपाईंको दिमागको एउटा खेल हो र यसलाई हराउने तरिका हो तपाईं यसलाई खेल्न बन्द गर्हिनुहोस्।

अब निर्णय गर्नहोस् कि तपाईं अब बहाना बनाउनुहुन्न, तपाईंको दिमागले जतिसुकै बहानाहरू प्रदानगर्न खोजीरहे पनि।

उदाहरणका लागिः ठिक छ, म अहिले बैंकलाई कलगर्न सक्क्दिन, तर म इ-मेईल पठाउन सक्छु। मैले केही कीटानुनाशक नपाएसम्म म बाथरूमको भूँई मस्कुन सक्क्दिन, तर म ऐना पुछ्न र टब मस्काउन सक्छु। कसरतका लागि सहर जानुपर्‍यो र म बाइक (मोटर साइकेल) चलाउन सक्क्दिन किनभने मेरो मोटर साइकेल भाँचिएको छ, तर म आधा बाटो बसमा र बाकी रहेको बाटो दगुड्दै जान सक्छु य्र

तपाईंले गर्न सक्ने सानो कार्य गरेर पनि यो बानी तोड्नुहोस्। यदि तपाईं आफ्नो कार्य वा योजना 100 % पुरा गर्न सक्नुहुन्न भने तपाईं के गर्न सक्नुहुन्छ?

10. आत्मदोष अथवा अफवाहः – आफ्नो विलम्ब र लक्ष्यलाई प्राप्तगर्नका लागि तपाईंको अक्षमताका बारेमा आफै चर्चा गर्नुहोस्। उदाहरणका स्वरूप-केही गर्नका लागि प्रेरित नहुँनु अनि घण्टासम्म टीभीहेर्नु अनि अपराधबोध महसुस गर्नु-यो भित्र सामेल हुन सक्छ।

तपाईं आफ्नो सम्पूर्ण ध्यान आफ्ना गल्तीहरूमा केन्द्रितगर्दै हुनुहुन्छ अनि निरन्तर आफ्नो ढिलाईको बारेमा सोँच्दै हुनुहुन्छ। त्यसपछि आफूलाई अल्छी भएकोमा दोषी ठह्र्याउँनुहुन्छ। तपाईं निरर्थक हुने र आफैलाई घृणागर्ने संयुक्त भावनाले घेरिएर जांक फूड (junk food) खान थाल्नुहुन्छ।

यसखाले ढाँचाबाट बाहिर निस्किन यहाँ एउटा उपाय दिएको छः

समाधानः – निकोहुने प्रक्रिया जिम्मेवारी लिएर आफूलाई नियन्त्रण गरेदेखि सुरुहुन्छ। तपाईंको भविष्यको मालिक ब्रन र आत्म-नेतृत्वको भूमिकामा कदम चालेमा, तपाईं माथि आइपरेको आरोपहरू पन्सिन्छन्। अब तपाईं यतिसम्म सशक्त हुनुहुन् छ तपाईं आफै आफ्नो जीवनको नौकायान सम्हाल्न सक्नुहुन्छ। आफ्नो जीवनको जिम्मा आफै लिएमा अवसर र उन्नतिप्राप्त हुनेछ !

आफ्नालागि एउटा यस्तो भनाइ (वक्तव्य) लेख्नुहोस् जसले तपाईंलाई एउटा नेता बनाओस्, जो तपाईं सँधै बन्न चाहनुहुन्थ्यो।

म यसलाई पछिल्लो खण्डमा बिस्तारसँग चर्चागर्ने छु। आफ्नो जीवनको सम्पूर्ण स्वामीत्व आफ्नो हातमा लिनु शिथिलताको बानीबाट उक्सिने दिशामा पहिलो पडाउ हो। यो समस्यासँग जम्काभेट गर्ने रणनीतिहरू तपाईंका जीवनका अरुअरु क्षेत्रमा पनि प्रयोग हुनसक्छन्। टाढाबाट हेर्दा यस्तो बानीले गर्दा तपाईंले धेरैथोक पाएजस्तो लाग्छ, तर वास्तवमा यो बानी तपाईंलाई विफल गराउन बनिएको हो।

कुनै कामलाई टार्दा तपाईंद्वारा बनाइने बहानाप्रति ध्यान दिनुहोस्।

के यो बेला तपाईं वास्तवमा धेरै व्यस्त हुनुहुन्छ? अथवा त्यो उपयुक्त क्षणलाई प्रतीक्षागर्दै हुनुहुन्छ जो कहिलै आउँदैन।

आत्म-हानिको मूल्य

आराम, हानि र पलायनवादः

कठिन कार्यहरू सम्हाल्दा सुरुमा मेरो जीवन लगभग बर्बाद भएथ्यो। यो ढिलाइको शिखरजस्तो देखिन्छ जब हामी हाम्रो स्वास्थ्य, समय, पैसा, क्यारियर र प्रतिष्ठा आदिलाई दाउमा राखेर गर्नुपर्ने काम गर्नेबाट जोगिन्छौं, यसले विपत्ति निम्त्याउन सक्छ।

यद्यपि यसले तपाईंलाई कठिन र असुविधाजनक कार्यबाट टाढा रहन तत्काल सन्तुष्टि दिन्छ, तर दीर्घकालीन परिणाम स्वरूप डर, पश्चाताप र चिन्ताले भरिएको जीवन जीऊनु पर्ने हुन्छ। तर यति ठुलो मूल्य तिर्नुको कुनै अर्थ छैन, तर पनि, पुराना बहानाहरू कठिन कार्यहरू ढिलाई गर्न धेरै झुकाव छन्।

जब तपाईं सजिलो बाटो अपनाउन प्रवृत्त हुनुहुन्छ, तपाईंले यसलाई दीर्घकालीन सफलता खोज्नुको सट्टा तत्काल सन्तुष्टिलाई प्राथमिकता दिने बानी बनाउनुहुन्छ।

म यसलाई चरम ढिलाई भन्छु जब तपाईंले गाह्रो तर महत्वपूर्ण कार्यहरू त्याग गर्नुहुन्छ जुन तपाईंलाई मन नपर्ने थोरै महत्वपूर्ण कामहरूका लागि गर्नुहुन्छ।

त्यसोभए, किन कठिन काम/बस्तुहरू गर्न यतिसारो गाह्रो छ? के तपाईंमा प्रेरणाको कमी छ? के तपाईंमात्र अल्छी हुनुहुन्छ? के तपाईंले आफ्नो प्राथमिकताहरू पुनः ठिकगर्नु (reset) आवश्यक छ? के तपाईं असफलतादेखि डराउनुहुन्छ?

वास्तवमा, ढिलाईमाथि वर्णन गरिएका सबै कमजोरीको संयोजन हो। साँचो अर्थमा, बाधा तपाईंको मानसिकता हो, जसले तपाईंलाई कठिन कामगर्नका लागि विरोध गरिरहेको छ, जसको कारण तपाई कामबाट बन्न धेरै प्रयास गरिरहनुभएको छ।

अत्याधिक ढिलाईको सहारा लिएर, तपाई पछिको आराम (सुख) भन्दा अहिलेको आनन्द रोज्नुहुन्छ। तपाई अहिले सुख भोग्नुहुन्छ तर पछि दुःख पाउँनुहुन्छ। कामबाट फुत्किने काम रोज्दामा एक पटकका लागि कामको दवाब हट्छ, तर तपाई आफ्नो अवचेतन दिमागमा अधुरा कामहरूको भारी बोकेर हिँडनुहुन्छ। यो बोझ यस्तोभारी हथकडी बन्छ जसले तपाईंको आत्मसम्मान, आत्म-विश्वास र मूल्यलाई समात्छ अनि तपाईंलाई अझ तल घिँस्याउछ।

यस प्रकारको जीवन बाँच्नका लागि ठुलो मूल्य तिर्नुपर्ने छ र यसको मूल्य तिर्ने बिल तपाईंतर्फ लम्किलै छ।

तर धेरै ढिलो भएको छैन, तपाई आत्म-हानिको यो रूप परिवर्तन गर्न सक्नुहुन्छ। यदि तपाईंले यसो गर्नुभयो भने, स्वतन्त्रता तपाईंको हुन्छ।

यो सम्झनुहोसः कठिन कार्यहरू बेवास्ता गरेर, तपाईंले कार्यहरू छनौट गर्नुहुन्छ जुन तुच्छ, चाख नलाग्दो र यति सजिलो छ मानौं तिनीहरू बाँया हातका लागि खेल हो। तपाईंले कामहरू पुरागर्ने बारे सोच्ने र किन गर्न सँकिदैन भनी बहाना बनाउनुहुन्छ, र तपाईंसँग यसका लागि समय हुँदासम्म, तपाई अन्य कामहरूमा 'व्यस्त' हुनुहुन्छ।

त्यसोभए, तपाई यो गर्नुको सट्टा किन सोच्दै हुनुहुन्छ? किन तपाई ती कार्यहरूबाट टाढा रहनुहुन्छ जसले तपाईंको जीवनमा सकारात्मक गति ल्याउँछ र तपाईंलाई ऊर्जा र उत्साहले भर्छ?

यो खतराको डरबाट सुरुहुन्छ। तपाई आगोदेखि बच्चुहुन्छ किनभने तपाईंलाई थाहा छ यसले ज्वलाउछ।तपाई मारिने र खाइने डरले शिकारीबाट भाग्नुहुन्छ। कठिन कामबाट बाँच्नका लागि पनि यस्तै मनोविज्ञान छ। यद्यपि तपाईंलाई शारीरिक रूपले ज्वलाउने वा खाइने कुनै भौतिक जोखिम छैन, फेरि तपाई अझै पनि ढिलाइ मार्फत् "आफ्नो घर ज्वलाउँदै हुनुहुन्छ।" मैले मान्छेलाई खरानी भएको (ऋणले चुर भएको), आफ्नो जागिर गुमाएको, गम्भीर परिस्थितिमा परेको, मित्रता गुमाएको र सम्बन्ध बिगारेको देखेको छु।

दोस्रो कारण, आत्म-हानि एउटा रूप हो। जसमा आफूले आफैलाई राम्रो लाग्दैन। तपाई सोच्न सक्नुहुन्छ कि तपाईंसँग प्रेरणाको कमी छ तर वास्तविकतामा यो असफलताको डर हो। तपाईंलाई अवचेतन रूपमा महसुस हुन्छ कि यदि तपाईंले सफल हुनलाई प्रयास गर्नुभयो तर तपाई यसक्रममा असफल हुनुभयो भने के हुन्छ होला भन्ने? यसो भयो भनेता "खेलै समाप्त" हुन्छ भन्ने लाग्छ। मानिसहरूले तपाईंलाई होच्याउने छन् – निराश पार्नेछन्। यस्तो अवस्थामा यसो नगर्नु नै एकमात्र विकल्प हो जस्तो लाग्छ। यसलाई 'गर्नुपर्ने' (to do) सूचीको बेकग्राउन्डमा राखेर यसलाई गर्नुपर्दछ भन्ने तपाईंलाई थाहा छ।

तपाईंलाई यो पनि थाहा छ यसो गरेमा त्यो काम कहिले सम्पूर्ण हुने छैन।

यो आफैसँग गरिएको एउटा झुठो प्रतिज्ञा हो। यो असफलता तपाईंलाई झुठो तरिकाले गर्दा प्राप्त भएको हो। यो सिद्धान्तलाई पालन गर्दै सबैभन्दा पहिले तपाईं सजिलो काम गर्नुहुन्छ, यसोहुँदा तपाईंले यो उपलब्धिले गर्दा तपाईंले क्षणिकको उत्साह अनुभव गर्नुहुने छ।

म प्रलोभनलाई जान्दछु। जसमा सँधै "पछि" भन्ने शब्दको प्रयोग हुन्छ। त्यसमा सँधै "भोली" पनि हुन्छ। जब "भोली" हुन्छ, त्यो भोलीले आफूसँग फेरि अर्को दिन लिएर आउँछ अनि त्यो भोलीको भोलीले फेरि अर्को भोली ल्याउछ। यदि यस्तै हो भने तपाईंले जुन कामहरूबाट जोग्गिन खोज्नुहुन्छ, त्यसलाई भोली कुनै हालातमा गर्दछु भनेर ग्यारेन्टि दिन सक्नुभयो भने जीवन कति सरल हुनेछ। के साँच्चै यस्तो हुन्छ र?

यी सबै बीच कठिन कामहरू जसले वास्तवमा केही फरक ल्याउँदछ, तपाईं त्यसलाई गौण मान्नुहुन्छ। यसकारण जम्मै महत्वपूर्ण परियोजना अधूरै रहन्छन्, फार्म-महत्वपूर्ण कागजात आदि भर्नै रहन्थ साथै स-साना मसिना कार्यहरू छरपट्ट रहेका हुन्छन्।

मेरा मित्र, यो एउटा झुठो हो। जब हाम्रो मगजले हामीलाई विश्वास दिलाउँछ कि जटिल काम भोली गर्नु, आज गर्नुभन्दा भोली गर्दा सारै राम्रोहुन्छ – यो पहिलो झुठो हो – जसलाई हामीले पकडिनु पर्दछ।

तपाईं जो बनिन चाहनुहुन्छ अथवा हुन चाहनुहुछ त्यसका लागि आफू इमानदार हुन् समय समागत छ। तपाईंले कहिले हरेस खानुहुँदैन अनि आफूलाई एउटा युनिक बस्तु हुँ भन्ने महसुस गर्नु हुँदैन। मैले देखेको छु – आफूबाट कुनै पनि कामको सुरुवात गर्नु सबैभन्दा कठिन काम हो। मलाई यो कुराको राम्रोसँग अनुभव भएको छ हामी पुराना व्यवहार (बानी-व्योहोरा) पन्साएर नयाँ बानी निर्माण गरेर त्यसलाई परिवर्तनमा ल्याउन सक्छौं। अनि हामी आफ्ना इच्छाले यसो गर्न सक्छौं।

धेरै वर्ष पहिले जब म प्राथमिक विद्यालयमा पढ्दो थिए अनि काम गर्नलाई संघर्ष गर्दोथिए तब मैले तत्काल सन्तुष्टि लिने कलामा महारथ प्राप्त गरेको थिए। मलाई राम्रोसँग थाहा छ जब म शुक्रवार राती आफ्ना गृहकार्य (home work) पन्साएर कुनामा फ्याँकि दिन्थे अनि आइतवार राति अथवा सोमवार बिहान क्लासको ठीक अघि त्यसलाई जसोतसो समाप्त गर्नै चेष्टा गर्दथ्ये।

बिस्तारोसँग यो मेरो बानी बनो र मैले अन्त्यमा गृहकार्य गर्न सम्पूर्णरूपले छाडी दिए। मलाई लाग्छ हामी सबै यसै गर्थ्यौं होला। अन्तिम मिनेटसम्म गृहकार्य गर्ने लत बसेको थियो। यो त्यति ठुलो कुरो होइन।

तर यसो गर्दा गर्दै यतिका वर्षमा......तपाईं एकजना साधारण छात्रको रूपमै रहनुभयो जबकी तपाईं एकजना उत्कृष्ट र होनहार छात्र हुन सक्नुहुनेथ्यो। जब तपाईं एकजना साधारण विद्यार्थीका दर्जामा रहनुहुन्छ तब तपाईं फगत् एकजना साधारण जागिरे अथवा कर्मचारी बन्नुहुन्छ जबकि तपाईं पनि छ-सात अङ्कको सालाना आयका साथ एउटा कार्यकारीको (executive) पदवीमा असीन हुन सक्नु हुन्थ्यो।

तर पनि तपाईं त्यो जागिर छोड्नुहुन्न कारण तपाईंलाई लाग्छ वास्तवमा तपाईं जुन जागिरको चाहना राख्नुहुन्थ्यो त्यो उनीहरूका लागि आरक्षण गरिएको छ जो पदोन्नतिका लागि कठिन कार्य गर्दैछन्।

नराम्रो बानी असलमा आत्म-पराजयको एउटा ढाँचा हो जो तपाईंसँग टाँस्सिन्छ। हो हजुर, टार-टुर गर्ने अनि जटिल कार्यलाई छिन्न-भिन्न पार्ने मेरो बानी न केवल प्राथमिक विद्यालयसम्म सीमित थियो अपितु धेरै दशकसम्म यो मेरो जीवनको विभिन्न महत्वपूर्ण क्षेत्रमा देखिएको थियो।

मेरो आर्थिक स्थिति दयनीय थियो, रिपोर्ट र प्रतिवेदन कहिले समयछँदै भरिन (fill up) अथवा आधा-अधूरा परियोजनाहरू (प्रोजेक्ट) शेष मुहूर्तम निप्ट्याउनभनि छोडेको हुन्थ्यो। मेरा थुप्रै साइनो-सम्बन्ध बिग्रिए कारण मैले उनीहरूसँग कहिलै कुरा-कानी-सलामतीको हाल-खबर राखिन (communication) त्यसबाट टाढा रहें। मेरो क्रेडिट स्कोर (credit score) त्यसकारण नराम्रो हुँदै गयो कारण मैले बिल तिर्ने काम भूल्दै गए।

यिनै सबको परिणाम स्वरूप मलाई धेरै चिन्ता, अनिन्द्रा, डर र जीवनका बुनियादी कार्यहरूको सु-परिबन्ध गर्नमा 'असमर्थता'का रूपमा प्राप्त भयो।

मसँग यी कामहरू किन निष्टाउन अथवा समयमा समाप्त गर्न सकिनँ त्यसलाई अथर्याउनलाई धेरै बहाना (निँहु) हुन्थ्येः

- "ए हे, त्यो काम आज गर्नुथ्यो र? मलाई त आउँदो सातामा गर्नु पर्दछ भनेर तपाईंले भनेझैं लाग्यो" (समय-सीमा भित्रैमा त्यो कार्य समाप्त गर्नुपर्दछ भन्ने थुप्रै ई-मेइल पाएपछि पनि)।

- "अँ, म यसलाई अहिले सम्पूर्ण गर्दैं छु।" (जबकी मैले त्यो कार्य सुरु नै गरेको छुइन।)

- "म यो साता सम्पूर्ण बिरामी भएको थिए अनि जाति हुन सकिनँ।" (वास्तवमा म त्यो सम्पूर्ण साता स्वस्थ थिए तर जटिल लाग्ने कामबाट जोग्गिन टीभी हेरि रहें।)

- "मैले कहिले यसो गरेको छुइन।" (र मलाई सिक्ने पनि कुनै उद्देश्य छैन कारण मलाई असफल हुन्छु कि भन्ने डर छ।)

- "मसँग यसका लागि एकदमै समय छैन।" (तर हिजको जम्मै दिन मैले टेनिस खेलेर बिताए।)

बहानाको सूची लामो छ। तपाईंले यिनै बहानाहरू धेरैचोटी बिना कारण प्रयोग गर्नुभयो जसलेगर्दा टार-टुर गर्ने तपाईंको न केवल एउटा बानी भयो अपितु एउटा जीवन शैली बन्यो। तपाईंले यो कार्य कुशलतापूर्वक गर्नमा यति सिद्धहस्तता प्राप्त गरि सक्नुभएको छ तपाईंलाई लाग्छ केही अलग्गै बन्ने (एउटा मान्छे जो जटिस कार्य पहिले गर्छ) बिचार गर्ने केवल उनीहरूको हक् छ जो प्रेरित छन् (motivated), होसियार र असली छल-कपट जान्ने अथवा फुर्तीलो छ।

यदि तपाईं आफ्नो टु-डु (to do) को सूची बमोजिम् कठोर परिश्रमदायक काम गर्नुहुन्छ भने हजुरले यिनी जटिल कार्य नगर्नाको मोलका बारेमा पनि सोच्नुहोला।

आफ्नो जीवनको विभिन्न क्षेत्रमा बिचार गर्नुहोलाः

तपाईंका जीवनमा पाँचवोटा प्रमुख क्षेत्रछन् जसमा तपाईंले विशेष ध्यान दिनुपर्ने हुन्छ।

1. व्यवसाय र कार्यः

तपाईंले मनन गर्नुहोला, यदि मैले यो परियोजनामा प्रगति लाभगर्न सकिनँ भने मेरा सहकर्मी र मेनेजरलाई निराश पार्ने छु, जसको म माथि पुरा भरोसा थियो।

2. साइनोः

यदि मैले मेरी श्रीमतीसँग हाम्रो भविष्यका बारेमा कुरा-कानी गरिनभने उनी उदास हुनेछिन् र कुनै अर्कासँग कुरा-कानी गर्न थाल्ने छिन्।

3. स्वास्थ्य र कल्याणः

यदि म आफ्नो बोसो घटाएर वजन कमाउँदिन भने वजन अरु बढ्ने छ जसले मलाई रोगी बनाउदछ। यदि म बिरामी भएभने राम्रोसँग कामगर्न सक्दिन। म निकम्मा, उदास हुन्छु अनि मेरो जीवनक्रम स्तब्ध हुन्छ। म यो कदापी चाहदिन !

4. वित्त र निवेशः

म दस वर्षदेखि काम गर्दै आउँदै छु अनि मेरो ब्याङ्कको खातामा (बही) केवल $100.00 जम्मा छ। यदि मैले आजैदेखि पूँजी सञ्चितगर्न अथवा केही रकम जमागर्न बचत योजना सुरु गरिनभने आउँने दस वर्षमा मेरो उमेरमा अरु दस वर्ष थपिन्छ अनि म झन बुढो हुने छु र मेरो जमा बहीमा 'शून्य' रूपियाँ हुन्छ।

5. व्यक्तिगत उत्पादकताः

यदि मैले आफ्ना फाइलहरू सुव्यवस्तित तरिकाले राखिनँ भने म यति सारो अस्त-व्यस्त हुनेछु खोजेको बेला मैले हातमा केही पाउने छुइन।

यसले मलाई मानसिक रूपले थकित पार्दछ र मेरो जीवनमा चिन्ता बढाउदछ। प्रत्येक दिन बिहानै ब्युझने एउटा भयानक थालनि हुन्छ। म त्य मोल चुकाउन चाहदिन !

यसका लागि अहिले हामी के गर्न सक्छौं? आफ्ना जीवनको पाँचवोटा प्रमुख क्षेत्रको एउटा छोटो सूची बनाउनु। जसमध्ये कुनै क्षेत्रका बारेमा मैले इतिपूर्व भनि सकेको छु।

अब पनि यदि तपाईं केही उद्देश्यपूर्ण तरिकाले ढिलो नगरी मेहनत गर्नुहुन्न भने माथि दिएका उदाहरणका मोल चुकाउने बारेमा सोच्नुहोस्।

अब टार-टुरको बानीका लागि मोल चुकाउन बन्द गर्ने समय आयो।

जटिल कार्यमा ढिलो गर्न छाड्नु पर्दछ भन्ने कुरामा विमर्श गर्न सजिलो छ कारण यो एउटा नराम्रो बानी हो, योभन्दा बढी अरु केही होइन।

अब तपाईं आफै स्थितिलाई देखेर अनुमानगर्न सक्नुहुन्छ तपाईंले कसरी जरूरी कामहरूको साटो अनावश्यक कामलाई प्राथमिकता दिनुभयो।

टार-टुर गर्नुको अर्थ भविष्यका लागि कुनै बस्तु वा कार्यलाई टार्ने क्रिया अथवा बानी हो। खासगरी जुन कार्य अप्रिय छ अथवा जुन कामगर्दा अमन आउँछ, त्यसमा ढिलोगर्नु यो बानीभित्र पर्दछ। अथवा टार-टुरगर्नु वा काम गर्नमा ढिलोगर्न सक्नुहुन्छ कारण यो एउटा सबैभन्दा सजिलो विकल्प हो।

कुनै पनि कामलाई पछिको मितिसम्म स्थगित गर्दा कुनै कामबाट टाढिँदै जानुहुन्छ अर्थात् त्यो काम गर्नुपर्दैन भन्ने भ्रम उत्पन्न हुन्छ। अहिले यो धेरै सानोजस्तो लागे पनि, पछि तपाईंले यसको लागि निश्चित रूपमा कष्ट भोग्नुहुन्छ। जब तपाईं महत्वपूर्ण कार्यहरू गर्न इच्छा राख्नुहुन्छ जुनमा तपाईंको तत्काल ध्यानाकर्षणको आवश्यक छ, तपाईं त्यो कार्य गर्न सक्नुहुन्छ........... वा तपाईं सुरु गर्न सक्षम हुनुहुनेछैन।

उदाहरणका लागि, यहाँ आत्म-हानि वा क्षतिमा मेरो आफ्नै प्रयासहरूको सत्य कथा छ।

धेरै वर्ष पहिले, मैले मेरा दुईवोटा क्रेडिट कार्ड मध्ये एउटाको बिल प्राप्त गरें। मैले एउटा नयाँ कार्डको बिल पाएँ जुन मैले एकचोटी मात्र प्रयोग गरेको थिए। बिल आयो $600, जुन कुनै समस्याको कुरा थिएन, मसँग पैसा थिए। तर, यो कार्ड मेरो बेङ्कको पासबहीसँग सङ्लग्न (linked) नभएकाले मैले त्यो रकम चुक्ता गर्न मोटर हाँकेर सहरसम्म जानुपर्‍यो।

यसका लागि मैले थुप्रै चेष्टा गरें र अन्त्यमा त्यो बिललाई कुनै कुनामा फ्याँके र आफैलाई भने, "म यो शुक्रवार गर्नेछु।" शुक्रवारसम्म अरु धेरै कामहरू आए। बिलको प्रसङ्ग जस्ताको त्यस्तै रह्यो र एक महिना पछि क्रेडिट कार्ड कम्पनीले रिमाइन्डर पठायो। मैले यसलाई पनि "आ-गर्दैं गरौंला अथवा पछि गरौंला" भनेर पन्साएर राखे अनि आफैलाई भने, "हो, म यो सप्ताह गर्छ।" तर मैले गरिनँ।

रिमाइन्डर आइरहेका थिए। यदि म त्यस विषयमा ध्यान दिन चाहन्थ्ये भने त्यो विषयलाई पर्खालमा टाँस्न सक्थ्ये, तर यसको सट्टा मैले थप बहाना बनाए। मैले आफैलाई भने कि मैले मेरा बिलहरू तिरेतो छ त्यसैले यो केही नौलो अथवा फरक कुरा हो र? मेरो बहाना जायज थियो। धेरै व्यस्त थिएँ, तर मेरो सम्पूर्ण ध्यान पछिगर्ने मनसायमा थियो।

जब म केही ढिलोगर्न चाहन्थ्ये त्यहाँ सँधै 'पछि' भन्ने शब्द हुने गर्दथ्यो। राम्रो दिन, राम्रो समय, वा थप उपयुक्त सप्ताह आएमा म यो गर्नेछु। अहिले म जापानमा बस्छु, त्यसैले सबै कुरा जापानीजमा छ। यद्यपि म भाषा पढ्न सक्छु। तर मेरो दिमागमा म 'बेवकूफ' भएको

नाटक गरिरहेको थिएँ र उनीहरूले केही सोधीरहे पनि केही नजाने जसोगर्दै 'के सोधेका होलान?' भन्ने देखाउँदै नाटक गर्दोथिए। अन्त्यमा रिमाइन्डरहरू आउने बन्दभयो। मलाई राहत मिल्यो।

जबसम्म उनीहरूले **'एउटा अन्तिम सावधान वाणी पठाएका थिएनन्।'**

मैले पुनः टार-टुर गरें। मैले कुनै प्रकारको काम-कार्य गर्नमा ढिलो गरें। मैले त्यो जरूरी कामलाई मस्तिष्कबाट निकाल दिए र त्यसको ठाउँमा आफ्नो तत्काल सन्तुष्टि दिनेखाले र धेरै रूचीपूर्ण (चाखलाग्दो) काममा समय बिताए।

मलाई प्राप्तभएको अन्तिमको पत्रले मेरो मनमा गहीरो घाउ लगायो। मेरा दुईवोटा क्रेडिट कार्ड रद्द भए। मेरो ब्याङ्क खाता बन्द गरियो। त्यसका साथ साथ मेरो अर्को कार्ड पनि रद्द गरिदिएको थियो। असलमा, मैले तिर्नु पर्ने रकम बाकी खातामा गएपछि कम्पनीले मसँग सम्बन्धित सबैथोक रद्द गरिदियो जसलेगर्दा मैले मेरो 'क्रेडिट'मा चल्ने सुबिधा सँधैका लागि गुमाउनु परेथ्यो।

यो सब मसँग यसकारण हुन गयो कारण मैले $600 की बिल तिर्नलाई सहरको पल्लो छेउ मोटर चलाएर गएको थिइन। यसअघि म सँधै सही समयमा बिल तीर्ने गर्दथ्ये। कहिलै पनि बिल तीर्नेबाट चुकेको थिइन र कहिलै बिलको भूक्तानीका निम्ति मलाई कचकच आउँदैन थियो।

तर यो विषय खास र छुट्टै थियो। मैले जानि-बुझि आफै हानि गरेथ्ये।

यसबाट बाँच्न सकिन्थ्यो।

मलाई यो कुराको तुरन्त पश्चाताप भयो। घेरै लज्जाबोध भयो। आफैलाई दोष दिए। यस्तो कसरी हुन्सक्छ? उनीहरूले मसँग किन यसो गरें?

मेरो क्रेडिटको बाकीको लेनदेन यस्तो अवस्थासम्म घँसेटियो मानौं एउटा डुब्दै गरेको नाउ जो नदीमा जलसमाधि लिनेबाट जोग्गिन धेरै टाढासम्म बग्दै जाँदै छ। तर वास्तवमा समस्या आइ सकेको थियो।

क्षति भइ सकेको थियो। मैले यहाँसम्म ढिलो गरेथ्ये जबकि यो मेरो नियन्त्रणदेखि टाढा फुत्कि सकेको थियो।

तर यो केवल क्रेडिट कार्ड रद्दहुने मामिला थिएन। वर्षौंसम्म मैले योसँग सम्बन्धित अन्य समस्याहरू पनि उत्तिकै झेल्नुपर्‍यो। मलाई फेरि अन्य कुनै क्रेडिट कार्ड फेरि प्राप्त भएन र जब म विदेश यात्रामा गएथ्ये तब मैले त्योखाले होटेल खोज्नुपर्‍यो जसमा नगद भूक्तान र डेबिट कार्ड स्वीकार्यहुन्थ्ये।

मैले साँच्चीकै आफ्नो मौजुदा स्थिति बिगारी सकेको थिए।

मैले पछि पनि आफ्ना बानीको त्यही ढाँचा कायम राखे। म यस्तो नराम्रो बानीको चङ्गुलमा फँसेको थिए जसले मलाई बन्धकमा राखि सकेको थियो। मेरो "काम पछि गरौंला अहिले फुर्ती गर्ने हो" भन्ने बानीले यसमा मल-जल गरेथ्यो।

म कामगर्नमा ढिलो गर्दथ्ये अनि मेरो मन त्यो कामको वजुदलाई नकार्दथ्यो। मैले अरु अरु बस्तुलाई पनि पन्साउँदै-टार्दै जाने बानी जारी राखें।

उदाहरण स्वरूप-

- मैले कर फाइल (tax file) बनाउन छाडि दिए। (म अन्तिमको मिनेटसम्म पर्खी बस्दथ्ये जसलेगर्दा मलाई अतिरिक्त समयको खाँचो हुन्थ्यो जहाँ पैसा धेरै चाँहिनेहुन्थ्यो।)

- छोरा-छोरीका विदेशी पासपोर्टका (बनाउना ढिलो) लागि आवेदन गर्नमा ढिलो गरें . (परिणामस्वरूप, मैले मेरा छोरा-छोरीलाई विदेश लैजान पाइन।)

- एउटा पनि वित्तीय अनलाइन खाता खोलिन। (परिणामस्वरूप, मैले आफूले गरेका खर्चको लेखा-जोखा गर्न सकिनँ।)

- केही लेखका लागि अलग्गै समय निर्धारित गरिन। (त्यसले गर्दा मैले लगभग एक वर्षसम्म तेही प्रकाशित गर्न सकिनँ।)

- आफ्नो सुने कोठाको दैलाको हेन्डेल ठीक गरिन। (जुन हेन्डेल तीन वर्षसम्म भाँचिएको थियो।)

- मेरी श्रीमतीसँग हाम्रो छोरा-छोरीको भविष्यका बारेमा कुरा-कानी गरिन।

यिनीहरूलाई 'जटिल कार्यहरू'का रूपमा राम्रोसँग सूचीबद्ध गर्न सकिन्छ र जब हामी जटिल काम पछि गरौंला भनि एकचोटी अड्किन्छौं तब हामी त्यसबाट प्राप्तहुने विफलताका निम्ति आफूलाई तयार पार्दछौं ...।

थप्रैका लागि यो एउटा नराम्रो बानीभन्दा धेरै हो। एउटा अशक्त आत्म-पराजय व्यवहार बन्दछ, जसको विनाशकारी परिणाम हुन्छ। बानीहरूमा परिवर्तन ल्याउन सकिन्छ, तर बानीहरू बदलाउन हामीमा त्यो बानी अथवा नराम्रो लतको पुनःपुनः पुरनावृत्ति नहोस् भन्ने गहिरो अनुभव हामीमा हुनुपर्दछ र त्यो बानी दोहोरिनु हुँदैन। उसोभए यो अंश *'महत्वपूर्ण कार्यदेखि जोग्गिने बानी'* एउटा ढाँचा दोहोर्‍याईभन्दा छुट्टै केही होइन- यो एउटा ढाँचा हो जसलाई हामीले भत्काउनुपर्दछ।

डरलाई एउटा **कम्पास** (दिशानिर्देशक यन्त्र) का रूपमा हेर्नुपर्दछ....
कारण यो भावना हामीलाई भन्दो छ कि हामी कुनै महत्वपूर्ण
उपलब्धि पाउँने बाटोमा छौं।

डरको परिचय

टर-टुरका लागि डरको एउटा बलियो विरोधी भडकाऊ प्रभाव रहन्छ। डरले तपाईंलाई कमजोडी बनाउँछ र पक्षाघात बनाउँछ, यसले तपाईंलाई स्थिर (जड) बनाउँछ र तपाईंलाई कुनै पनि कामगर्न शक्तिहीन र भयभीत बनाउँछ र असफलता, विपदयुक्त बाटोतर्फ लैजान्छ। डरका पछाडि सबै ढिलाई लुकेको छ।

यो हाम्बेसी विश्वास गरिन्छ कि ढिलाईगर्ने मानिसहरू अल्छी हुन्छन्। तर सत्य यसबाट टाढा छ। म यस्ता बहानिबाजी गर्ने थुप्रै मान्छेलाई जान्दछु जो मेहनती र स्मार्ट मानिसहरू हुन् र सबै कुरामा आफ्नो उत्कृष्ट प्रदर्शनगर्न चाहन्छन्। तर डरले गर्दा काममा ढिलाई गर्दछन्।

म तपाईंलाई व्यक्तिगत रूपमा चिन्दिन, तर मलाई लाग्छ कि तपाईं एकजना धेरै परिश्रम गर्ने व्यक्ति हुनुहुन्छ जसले तपाईंको काम, घर र तपाईंको व्यक्तिगत वृद्धिका लागि आफूले उत्कृष्ट काम गर्ने बारे चिन्ता गर्नुहुन्छ। तपाईं आफ्नो मूल्य र समय बढाएर त्यो डरदेखि टाढा जोग्गिन खोज्नुहुन्छ जो तपाईं र तपाईंका सबै सपना बीच खडा छ।

बेवस्ता गर्ने वा ढिलाई गर्ने अभ्यास बनाएर तपाईं जुन कामबाट जोग्गिने अथवा भाग्न खोज्नुहुन्छ, त्यो सबै बस्तुका लागि बाधा हो र तपाईंले यसलाई समयछँदै निप्ट्याउनु पर्दछ।

तपाईंको कठोर परिश्रम यी पाँच प्रमुख डरहरूमा विभाजित हुन्छ –

- प्रतिबद्धताको डर
- असफलताको डर
- अज्ञानताको डर
- निर्णय गर्ने डर
- चर्चा अथवा नकारात्मक प्रतिक्रियाको डर

प्रत्येक डर बहानाको शृङ्खलासँग सम्बन्धित छ जसले तपाईंलाई जतिसुकै कार्य भएपनि उद्योग लिनेमा ढिलाई गर्न आवश्यक सबै कारणहरू दिन्छ।

तपाईंको पछिल्लो परिचय डरमा आधारित थियो। जब तपाईंको लक्ष्य त्यो परियचसँग सम्बन्ध तोडेर आफूलाई एउटा नयाँ रूपका (version) लागि मुक्तपार्नु हो। तपाईंको नयाँ परिचय हजुर स्वयंले साँघुरो पारेको आरामी जीवनको चार सीमा तोडेर अघि बढ्न खोज्दछ।

जब डरले तपाईंको सफल हुनाको इच्छामा टेवा पुर्‍याउछ, हौसला दिन्छ तब तपाई डरको अनुभवलाई नियन्त्रित गर्न सिक्नुहुन्छ – जुन एउटा अत्यन्त राम्रो कुरो हो। नभए तपाई आफ्नै मनभित्र चलि रहेका बहानाहरूका सहायतामा यसको परिचय गर्न सक्नुहुन्छ। तपाईंको मस्तिष्कले उनै सन्देशहरूलाई सदाका लागि मेटाएर पुनः नयाँ परिपाटीले लेख्नका लागि प्रशिक्षित गर्नु पर्दछ जसले तपाईंको मनमा उत्पन्नहुने डरलाई मल-जल दिइ रहेको छ अथवा नराम्रा बानीहरू मनभित्र मौलाउँदामा त्यसलाई जडैसँग उखेल्न सकोस्।

आउनुहोस्, एका-एकगरी सबै किसिमका डरलाई भताभुङ्ग पारौं। यसले तपाईंको मानसिक क्षमतालाई मुक्त पारेर सकारात्मक दर्बिलो दृष्टिकोणका लागि ठाउँ बनाउदछ।

डर # 1: प्रतिबद्धताको डर (fear of Commitment)

डरले हामीलाई "केही नगर्ने र सर्वश्रेष्ठ परिणामको आसा पाल्ने" खाले परिस्थितिको चङ्गुलमा फँसाएर राख्दछ।

जब म कुनै कामको समय सीमा सिद्धिने अन्तिम क्षणसम्म बिलम्ब गरी रहेको हुन्छु, तब मलाई यस्तो लाग्दछ कि म कुनै प्रतिस्पर्धाको दौडको यस्तो एउटा धावक हूँ जस्तो लाग्छ जो अहिले पनि थालनिको रेखा (starting line) मै छु जबकि अरु सबै इतिपूर्व रेसकोर्सभित्र पसि सकेंका हुन्छन र फिनिसिङ (finishing line) रेखा अतिक्रम गर्नभनि कुदी रहेका छन्। म पराजित हुनेदेखि धेरै डराउँदछु त्यसकारण म पछि पर्दछु, कारण मलाई लाग्दछ केही गरेर असफल हुनुभन्दा केही नगर्नु नै बेस हो।

यसबाटै कठिन काम गर्नमा डर सुरुहुन्छ। तपाईं यो काम कुनै फूर्सदको समयमा भविष्यमा गर्नेछु भनेर आफूसँग प्रतिज्ञा गर्नुहुन्छ र त्यही प्रतिज्ञासँगै आफ्ना लागि आत्म-पराजय रोज्नुहुने छ।

तपाईं सोच्नुहुन्छ यो अहिले हुँदैन भनेर, तर तपाईं यसलाई चाँडै गर्ने इच्छा राख्नुहुन्छ।

पछि कुनै एकदिन जब तपाईंको मन हुन्छ।

तपाईंको अन्तरमनको एउटा आवाज (बोली) फुस-फुसाउँदै भन्छ, "तपाईं जान्नुहुन्छ यो साँचो हिन्।"

अर्को शब्दमा भन्नु हो भने, वास्तवमा तपाईंको यसलाई गर्ने कुनै इच्छा छैन। तर जबसम्म तपाईं आफैलाई भन्नुहुन्छ कि तपाईंले यसलाई गर्नुपर्दछ र यो टु-डु लिष्टमा सामेल छ त्यसोहुँदा तपाईं असत्यलाई पत्याउनु सक्नुहुन्छ। 'यो असत्य लक्ष्यमा आधारित एउटा प्रतिबद्धता (commitment) हो।' मेरो जटिल कार्यलाई लिएर रहेको प्रतिबद्धता (वचनबद्धता) प्रति रहेको डरले मलाई अनिश्चयता र सन्देहको घेरामा राख्दछ अनि मलाई लाग्छ अब रे हुन्छ "मलाई अरु धेरै समयको प्रयोजन भयोभने? काम आधा गरि सकेंपछि त्यो सही भएन भने के हुन्छ?"

यसो हुँदा जटिल लाग्ने कामलाई लिएर वचनबद्धताको डर टाढा पन्साउनका लागि चिन्ता उत्पन्न गर्नेखाले सबै बस्तुलाई मैले जडैसँग उखाली फ्याँक्ने निर्णय लिए। त्यो सबैथोक

जुन म खासगरी गर्न टाल्दथ्ये। जस्तै – जटिल मान्छेहरूसँग गम्भीर कुरागर्ने, जुन फर्म (form) कहिले भरिएन, त्यो भर्ने। म केही गर्नुपर्ने काम छैन भनेजस्तो देखाउथ्ये तर मेरो यो देखाउने बानीले गर्दा अव्यवस्थाको डर इकट्ठा भयो। जतिखेर मैले अस्तव्यस्तताको चङ्गुलमा फँसेको मेरो भयभीत मनका ताना-बाना चुड्याई दिए तब त्यहाँ सबैथोक राम्रो र दुरुस्त भएथ्यो।

वास्तव साँचोसम्म पुग्नका लागि मैले प्रत्येकचोटी आफैलाई यो प्रश्न गरी रहेः

"तँ आफूभित्र लुकेर बसेको डरलाई किन बचाइ रहेको छस्?"

तब म गल्तै आफ्नो दिनपन्त्री मुताबिक कामगर्न थाल्दथ्ये अनि आफ्ना जम्मै बितारप्रति मन्थन गर्ने गर्दथ्ये। त्यसको उत्तर अथवा फलस्वरूप मैले जे पाएथ्ये त्यसको निचोड यहाँ छः

उत्तरः "म त्यो कामगर्नमा असफल हुन सक्छु, जसको मूल्य छ।"

सत्यताः मेरो जीवन र व्यवसायका निम्ति महत्वपूर्ण कार्यहरू बन्द गरेर म त्यसै पनि असफल एई नै रहेको छु।

यदि मैले काम टार्ने बानीको निचोड भन्नुपर्‍यो भने यसको सबैभन्दा राम्रो उपाय हो म सेठ गोडिनको उपदेशको उल्लेख गर्दछुः-

> "कहिलेकाहिँ हामी भूलवशतः यो मान्नेगछौं कि हामी केही यस्तोथोक बनाउँदै छौं जसमा समय लाग्छ, तर वास्तवमा त्यो केही होइन हामी सत्यलाई लुकाइ रहेका हुन्छौं। हामी रेकिन्छौं अनि पछि सर्दछौं त्यसोगर्दा ध्यान भङ्गहुने अनेकौं कारण उत्पन्नहुन्छन्। यो यसकारण होइन् कि हाम्रा कामलाई यी सबै बस्तुको खाँचो छैन अपितु हामी बाहिरी दुनियाँलाई हाम्रो काम देखाउनेबाट डराउँदछौं।"

जब मैले एक पाइलो पछि हटेर फर्किएर हेर्दा मेरो कामगर्ने बानीलाई लिएर मेरो सबै अवधारणा स्पष्ट भयो। म जुन कामहरू टार-टुर गर्दथ्ये, ती सबै मेरो व्यवसाय, मेरो जीवन र वित्तीय विषयहरूका लागि क्षतिकारक थिए। ढिलोगर्ने बानी बसाइ सकेको थिए त्यसैले मेरो मनमा आफ्नो काम दुनियाँका सामु ल्याउनमा म डराउँथ्ये।

मेरा लागि यो अनुभवसम्म पुग्न असहनीय थियो। तर मैले जसो-तसो मेरो आफ्नो जीवनमा ढिलाईले गर्दा भई रहेको हानिरा बारेमा होसपूर्वक नियाल्ने चेष्टा गरें अनि डरको मुकाबिला गर्न सिकें।

मैले आफ्नो प्रगतिका लागि अलिकति ठाउँ बनाए र आफ्ना पुराना नराम्रा बानीहरू छोड्दै अघि बढ्न सुरु गरें। मैले आफूलाई लगातार परिवर्तनको प्रक्रियामा जुँधि रहनलाई वचनबद्ध गराए।

"पछि गरौंला" भनेन शब्द सृष्टिशीलता एवम् परिवर्तनको शत्रु हो।

यहाँ तीनवोटा अरु पनि कारण दिएको छ जसले तपाईंलाई प्रतिबद्ध हुनेबाट रोक्न सक्छ।

तपाईं केही पनि गर्ने अघि प्रेरित (motivated) हुनका लागि प्रतीक्षा गरिरहनु भएको छ।

तपाईंलाई लाग्छ, जब तपाईंलाई कामगर्न मन लाग्छ तब काम गर्नुहुन्छ अथवा तपाईंलाई जब कामगर्नका लागि प्रेरणा प्राप्तहुन्छ तर काम टार्ने बानीले गर्दा तपाईं सायदै आफ्ना भावनाहरूमा विश्वास राख्नुहुन्छ। प्रेरणा सँधै काम गरेमा मात्र मिल्दछ। यदि तपाईं कसो कसो आफ्नो भित्र शक्तिको सञ्चार गर्न सक्नुहुन्छ भने जुन काम तपाईं गर्दै हुनुहुन्छ त्यसमा रुचि लिनुहोस् यसैबाट प्रेरणा उत्पन्नहुन्छ जसको तपाईंलाई सारै खाँचो छ। तपाईं जुन प्रेरणा चाहनुहुन्थ्यो त्यो डर, सन्देह अनि अनिश्चयताको बादलभित्र लुकेको छ। प्रेरणा एउटा सृष्टि हो र तपाईं यसलाई काम गर्ने इच्छाले उत्पन्न गर्नुहोस्।

मैले देखें व्यस्त रहनाले मेरो काममा ऊर्जा बढ्दै गयो तब पनि जब म कुनै कार्य गर्नेलाई लिएर उत्साहित थिइन। प्रेरणाको कमि तपाईं भित्रको चिन्ता, थकाई, अधिक खाद्य खाने बानी, सामाजिक सीमाबद्धता अथवा काम गर्नुमा नकारात्मक माहोलका कारण पनि हुन सक्छ न त अल्छीपनका कारणले।

जति चाँडो तपाईं आफ्नो काममा एक्शन देखाउनुहुन्छ तपाईं त्यति नै सफलहुँदै र जति काम गर्न चाहनुहुन्छ त्यति गर्न सक्नुहुने छ।

तपाईं परियोजना सुरुगर्दा अतिरिक्त (कामको आधिक्य) महसूस गर्नुहुन्छ।

त्यसै खाली बस्नुभन्दा सँधै केही न केही गर्नु बेस हो। कामको गहराईसम्म पुगेर काममा होमिनु हो भने तपाईंको मस्तिष्क र शरीरमा एउटा गति आउध अनि यसोहुँदा तपाईंले जटिल परिस्थितिलाई पर धकेल्न सक्नुहुन्छ। तपाईं जुन कामगर्दै हुनुहुन्छ त्यसको परिणाम अनिश्चित अथवा इप्सित परिणामभन्दा केही अलग्गै हुन सक्छ। जब तपाईं व्यस्त हुनुहुन्छ तब सबैभन्दा सरल कामको खोजी गर्नुहोस् जो तपाईं गर्न सक्नुहुन्छ – र त्यो काममा जुट्नुहोस्।

प्रस्तुत आशयलाई स्पष्ट पार्नलाई म मेरो व्यवसायसँग सम्बन्धित कुनै एक परिचित व्यक्तो उदाहरण दिन चाहान्छु जो मेरो दफ्तरमा काम गर्दछ। जब उ एक पछि अर्को मिटिङ्का कार्यक्रम, इमेईल, अत्याधिक मिटिङ, कमिटमेन्ट र यसखाले व्यस्ततापूर्ण कार्यहरूको शृङ्खलालाई बोझ स्वरूप अनुभव गर्दथ्यो र आफ्नो एक्लोपनमा उसलाई प्रेरणाको खाँचोहुन्थ्यो तब उ क्रिसमस (Christmas) कार्ड बनाउँने गर्दथ्यो- जबकि त्यो दिसम्बर नभएर जुनको महिना थियो। उ ती कार्डहरू यसरी आँक्थ्यो मानौं उ ती कार्डहरू चाँडै प्रयोग गर्नेवाला छ।

मेरो अर्को एकजना मित्र छ उ जब भारी कामलाई टार्नु पर्ने खाँचो अनुभव गर्दथ्यो तब दफ्तरका प्रतिवेदनहरू (reports) इकट्ठा पारेर स्टेपलगर्न थाल्दथ्यो। यसखाले सजिलो कामले उसलाई अर्को ठुलो कार्यगर्ने तर्फ लैजान्थ्यो।

तपाईं विचलन (distraction) तिर अत्याधिक ध्यान केन्द्रितगर्दै हुनुहुन्छ। दफ्तर अथवा छेउछाउमा आफ्नो ध्यानभङ्ग गर्ने खालका विभिन्न कारकको खाँचो छैन। यसमा नराम्रो

कुरा यो होइन की यसमा विकर्षण समाहित छ अपितु यसको एकदमै नराम्रो तथ्य हो तपाईं आफै यिनै विकर्षणका घटक-तत्त्वप्रति आकर्षितहुँदै खोजी रहनुहुन्छ।

जब तपाईं केही गर्नेबाट जोग्गिन खोज्नुहुन्छ।

बहाना बनाउँनेहरूको सबैभन्दा महान कुरो यो हो की उनीहरू काम नगर्नका लागि केही न केही कारण खोजी हाल्छन्।

अब, एडीएचडी वा एङ्जाइटी (anxiety चिन्ता विकार) जस्तै अन्य कारकले पनि तपाईंलाई व्यक्तिगत रूपमा प्रभावित पार्न सक्छ। यसमा यस्तो लाग्छ, मानौं व्याकुलता तपाईंको दिनचर्याको एउटा स्वाभाविक अंश हो। यदि यसो हो भने यस्तो स्थितिमा डिस्ट्रेक्शनको बानीमाथि काबु पाउनलाई अरु अधिक परिश्रम गर्नु पर्ने खाँचोहुन्छ।

असामान्य रूपले केही लामो समयसम्म विचलित भएपछि तपाईं आफ्नो मस्तिष्कको नियन्त्रणमा आउनुहुने छ। अरु कसैले तपाईंलाई यसो-उसो भन्ने छैन। अर्को अध्यायमा हामी हेर्ने छौं। जिम्मेवारी लिने, काम टार्ने बानी सुधार्न र जटिल कार्य गर्ने दिशामा पहिलो पाइलो हो।

डर # 2: अज्ञानताको डर

तपाईंले कहिले अन्तिमबारका लागि केहीँ चिन्ता नगरी अथवा परिणामप्रति धेरै विचार-विमर्श नगरी कुनै काम गर्नु भएको थियो?

जुन प्रमुख कारणले गर्दा हामी कामहरू टार्दैछौं त्यो मध्ये एउटा कारण हो एउटा नजानिदो 'डर' हो। यो जान्नु अथवा यसलाई बझ्ने चेष्टा गर्नु पनि आश्चर्यजनक हो की मान्छे सँधै बिहान छिट्टै उठेर, तयार भएर त्यो काममा जान्छन् जसलाई उनीहरू मन पराउँदैनन्। यसको पनि कुनै अर्थ बन्दैन की कुनै विषालु (तित्ततापूर्ण) साइनो-सम्बन्धमा बाँचि रहनु भएको छ अथवा कुनै यस्तो सहरमा बाँचि रहनु भएको छ जहाँ यस्तो एउटा जागिर छैन त्यहाँ चपाई आफ्नो मनले रोजेको पाउँनुहुन्छ।

यसको कारण हो, हामी आफ्नो पसन्दलाई अन्तरमनमा लुकेका डरका कारण घटाउने गर्दछौं। यो एउटा रहस्यमय ठाउँ हो जो हाम्रो कम्फर्ट जोनभन्दा अघि रहन्छ। यो एउटा अनिश्चयता र परिवर्तन लायकको ठाउँ हो। यहाँ त्यो सबैथोक हुनसक्छ जसको तपाईं कल्पना गर्न सक्नुहुन्छ अथवा त्यो सबैथोक जसको तपाईं कहिले कल्पना गर्न सक्नुहुन्न।

आफ्नो अज्ञानताको डरलाई अङ्कमाल गर्नुहोस्

म अहिले जापानमा बस्ने गर्दछु, तर यहाँ आउने अघि मैले मेरो गृह सहर कनाडामा एउटा आरामदायक जीवन बिताएथ्ये। मसँग कनाडा छोड्ने कुनै खास कारण थिएन . म त्यहीँ एउटा शान्त जीवनको आनन्द लिइँदै अनि स्थानीय एउटा कारखानामा काम गर्दै सँधैका लागि बस्न सक्ने थिए।

निश्चित रूपमा यसोगर्दा केही गलत हुने थिएन। तर एउटा साइनाको निम्तो टाल्न नसकेर (जो हाम्रो बिहेको सम्पर्कतर्फ लम्कदै थियो), मैले यहाँ आउने निर्णय लिए। अनि त्यहाँ अरु के चाहिँ छ होला? भन्ने र त्यसको बारेमा जान्नका लागि धैरैवोटा कारकले मलाई उल्काउने गर्दथ्ये। म जान्दथ्ये 'त्यो को थियो' यो रहस्य खोज्नका लागि म जापान जानु नै पर्दछ।

मैले ठिक त्यसै गर्ने सिद्धान्त लिए अनि छ महिनापछि सुदूर पुव एसियाको देशमा जान भनि हवाई जहाजद्वारा यात्रा गरें। म त्यहाँको भाषा बोल्न जान्दिन थिए। म चपस्टिकको (chopstick) सारै मुस्किलले जसो तसो प्रयोग गर्दथ्ये र म केही यस्तोखाले अनुभव बटुल्न एसियाको देशतर्फ उडेको थिए जो अधिकतर मान्छेले कहिलै गर्न सक्दैनन।

यहाँ आएपछि, मैले मेरा लागि एउटा जागिरको खोजी गरें। हुनत धैरै मान्छेलाई मेरो मस्तिष्कको सन्तुलन बिग्रेर मैले यसो गरेको भन्ने लाग्दथ्यो, तर म मेरो अन्तरमनको आवाजलाई सुनेर आफ्नो सपनाको जीवन जीऊदै थिए। मैले अज्ञानताको डरलाई कुल्चि दिए र प्रत्येक दिनलाई एउटा नयाँ साथ स्वागत गरें। म प्रायजसो सोच्ने गर्दथ्ये यदि मैले कहिले यो फड्को नहानेको भए म बाट कतिथोक छुट्टिने थियो होला।

यदि तपाईं कुनै पनि कामको फलाफलको भविष्यवाणी गर्नुहुन्छ भने अज्ञानताको डर सँधै एउटा बाधा स्वरूप बन्ने छ। ज्ञानको अथवा जानेका कुराको भविष्यवाणी गर्नु सजिलो छ तर अज्ञानता योखाले डरको अर्को पक्ष हो।

अब, तपाईंलाई संसारको अर्को तिर जाने खाँचो छैन, तर त्यो के हो? जसले तपाईंलाई त्यो निर्ण. लिनबाट रोक्दछ कि सबैथोक नै बदनिल सक्छ।

मेरो आशय पुष्टिगर्न यहाँ एउटा वास्तविक कथाको प्रसङ्ग उल्लेखगर्छु। मेरो मित्र डेबी धैरै वर्षदिखि एउटा भयानक सम्बन्धमा थिइ जुन सम्बन्ध भावनात्मक र शारीरिक दुवै पक्षबाट अपमानजनक थियो। जब मेरा साथीहरू उसलाई सोध्ने गर्दथ्ये - 'तँ उसलाई किन छाडि दिन्नस?' डेबी भन्ने गर्दथिइ, "अन्त कहाँ जाऊ? म मलाई कसले चाहन्छ? योसँगको सम्बन्धमा रहँदा मलाई म कहाँ बसेकी छु भन्नेसम्म थाहा हुन्छ।"

डेबीलाई डर थियो यदि उसले आफ्नो दूर्व्यहारी साथीलाई छाडी दिइभने त्यसपछि उसको के हुन्छ भन्ने? उसका मुताबिक परिणाम डरलाग्दो थियो। अन्त्यमा डेबीले त्यो साइनो-सम्बन्धलाई त्यागि दिइ। धैरै महिनापछि जब उ आफ्नो आत्मसम्मान सुधार्दै थिइ तब उसको भेट कुनै एकजनासँग भयो र उसको जीवन सम्पूर्णरूपले बदलियो। यदि उ त्यही पुरानो साइनो-सम्बन्धलाई समातेर बसि रहेकी भए यस्तो कहिले हुने थिएन। तपाईं कुनै पनि एक्शनको सठिक परिणामको भविष्यवाणी गर्न सक्नुहुन्न।

जब मस्तिष्क सबैभन्दा नराम्रो स्थितिमा बन्दहुन्छ तब यदि तपाईं अतीतको आधारमा भविष्यवाणी गरेर आफ्नो भविष्यत बनाउनुहुन्छ भने त्यो तपाईंको वास्तविक भविष्यत बन्दछ।

जसरी भनिन्छ, "यदि तपाईं आफ्नो भाग्यलाई टोक्स्दै अथवा अभागी खप्पर भन्दै टाउँको ठोक्नुहुन्छ भने तपाईंलाई केवल त्यही प्राप्तहुन्छ जुन सँधै भेट्दै आउनुभएको छ।"

जुन काममा तपाईंले लगत्तै ध्यान दिनुपर्ने खाँचो छ तर तपाईंले त्यो काम बन्ज गर्नुभयो भने के हुन्छ? यसोहुँदा के तपाईं कामलाई नदेखेजसो गर्नुहुन्छ कि त्यही गर्नुहुन्छ जो गर्नुपर्ने छ?

जब तपाईं यो प्रश्नमाथि बिचार गर्नुहुन्छ तब आफैलाई सोध्नुहोला –

"यदि मैले केही गरिन भने परिणाम के हुन्छ? के मैले यो मौका त्यसै खेर हाल्नु हुन्छ?"

यस्तो (काम) नगरेर तपाईं कुनै बस्तुको लखेटाइबाट जोग्गिन सक्नुहुन्न। छोटकरीमा भन्नु हो भने, तपाईंलाई यसोगर्दा कामबाट जोग्गिए भन्ने लाग्छ तर असलमा यो एउटा केवल भ्रम हो। यो झुठो हो, जुन तपाईं आफै भन्न सक्नुहुन्छ।

जस्तै –

नयाँ जागिर नखोज्न्राको के परिणाम हुन्छ

तपाईं सोच्नुहोस्, एउटै काम गरेर, एउटै ठाउँमा रहेर, त्यही नकारात्मक माहोलको चङ्गुलमा फँसेपछि तपाईंले के के थोक गुमाउनुहुन्छ?

तब तपाईंले त्यो जीवनको कल्पना गर्नुपर्ने हुन्छ जो तपाईं जीऊन चाहनुहुन्छ न त त्यस्को जुन तपाईंबाट अपेक्षित छ। तपाईं आफ्नो जीवन बदल्न सक्नुहुन्छ तर तबमात्र जब तपाईं आफै त्यस्को जिम्मेदारी लिएर नेतृत्व गर्नुहुन्छ। तपाईंका लागि जे सबैभन्दा राम्रो हो, त्यो तपाईंलाई कसैले भन्दैनन र कसैले तपाईंका लागि केही गर्दैनन। कोही यस्ता पनि छन्, जसले तपाईंले केही नयाँ गर्न थाल्नि गरेको हेर्न प्रतीक्षा गरि रहेका हुन्छन्। "त्यो के हो?" तपाईं त्यस्को खोज गर्न सुरु गर्नुहोस्। तपाईंले आफूमाथि भरोसा राख्नु पर्दछ र आफ्नो यात्रा सुरु गर्नुपर्दछ।

हुनत् मैले सँधै आफ्नो ढिलाईको बिरुद्ध संघर्ष गरेको छु, म द्वारा लिइएका सबैभन्दा राम्रो सिद्धान्तहरू तब अघि आए जब मैले आफ्नो साहसमाथि भरोसा गरें। सबैलाई सँधै यो कुरा बुजाउन सँक्दिन मैले किन यसो गर्नु परेथ्यो? यदि मेरा सामु दुईवोटा विकल्प हुन्थ्ये भने एक- आफ्नो एउटा आनुमानिक जीवन शैली जीऊने, दुई- आफ्नो क्षमतालाई गहिरोसँग खोज्ने, म दुई नम्बरको विकल्प रोज्ने थिए।

यो डरको अर्कोपटी त्यही 'अज्ञानता' (केही) छ। जुन काम वास्तवमा तपाईं गर्न चाहनुहुन्छ त्यसलाई गरेर यो जरलाई मास्नुहोस्। मानिलिनुहोस्, तपाईं केही नयाँ गर्न चाहनुहुन्छ, तर तपाईं कडा आलोचना अथवा "कसैले पहिँले गरेकै छैनन" भन्ने कुराले डराउनुहुन्छ भने यही कारण काम गर्नेको पनि हुनुपर्दछ। तर तबमात्र गर्नुहोस् जब तपाईंको अन्तरमनले तपाईंलाई मार्गदर्शन गर्दैछ भने। यो सामर्थ्यलाई चिन्नुहोस् अनि त्यही दिशामा विश्वास गर्नुहोस् जहा उसले लैजान खोज्दछ।

मेरो नियमित अभ्यासहरूमा एउटा हो बसेर कल्पना गर्ने- आउने बीस वर्षमा म के हुन चाहन्छु? म त्यो जीवनको कल्पना वास्तवमा हुँदै गरेको देख्छु, जुन म बाचि रहेको छु कारण मैले त्यो अज्ञानताको गहिराइमा हाम्फाले अनि एउटा असामान्य जीवन शैलीले बाँचिरहेको छु।

तपाईंका के बिचार छ? यदि तपाईं पनि अज्ञानताको पछि लाग्नु भो भने कहाँ पुग्नु हुने छ? यसको विपरीत यदि तपाईंले 'यसो गर्नु भएन' भने कहाँ रहनुहुने छ?

डर # 3 : व्याकुलताको डर।

हाम्रो जीवनमा टार-टुर गर्ने अनि जटिल कार्यदेखि जोग्गिने यदि केही प्रमुख कारण छ भने त्यो यो होः

व्यकुलताबाट (असहजता) जोग्गिने चाहना

यदि तपाईंले व्याकुलता र मनलाई कुनै एउटा सीमामा बाँधिएको बन्धनबाट फुत्काउन सक्नुहुन्छ अथवा मनलाई स्थिर पार्न नदिने बाधालाई परास्त गर्न सक्नु भएमा, गरी-टोपल्ने बानीका सामु तपाईं उभिएर युद्ध गर्न सक्नुहुन्छ। यसो गर्नका लागि, तपाईंको मस्तिष्कलाई यसप्रकार प्रशिक्षित गर्नुपर्दछ कि उसको व्याकुलता (असहजता) तर्फ गहीरो झुकाउ होस्।

यदि काममा ढिलाई गर्नु अथवा काम टार्नु एउटा बानी हो भने, यसको कारण हो कि तपाईंको आफ्नो कम्फर्ट जोनमा (आरामी जीवन) यो व्यवहारलाई समर्थन गर्ने बानीहरू बस्ने तल बसि सक्यो। तपाईंलाई किन लाग्छ थुप्रै मान्छे आफ्नो अतीतमा बाँच्दछन् भनेर? हामी किन यसखाले व्यवहारसँग सम्पर्कित भै रहन्छौं, जसले हामीलाई असफलतातर्फ बगाएर लगि रहेकोहुन्छ?

आरामदायक स्थितिबाट व्याकुलतातर्फ हाम्फाल्नु एउटा भायानक अनुभव हो, तर यो केवल पहिलो पाइलो हो। यो यात्रामा अरु पनि थुप्रै प्रत्याखान हुन्छन्, तर जब जब तपाईं अघि बढ्नुहुने छ, तब तब तपाईंमा आत्मविश्वासको भाव निर्माण हुन्छ। प्रत्येक पाइलासँग तपाई आफ्ना पुरातन बानी र व्यवहार दुबैमा बिस्तारोसँग सुधार एवम् संस्कार ल्याउन सक्नुहुने छ। परिवर्तनले असुविधा वा व्याकुलता जन्माउछ तर यो अस्थायी हो। यदि आफ्नो अपेक्षाकृत परिणाम पाउनमा असफल भएपनि हरेस खानुहुँदैन वा आँट गुमाउनु हुँदैन।

अधिकांश मान्छे परिवर्तन ल्याउनमा विफल हुन्छन् कारण उनीहरू आफैलाई परिवर्तन गर्नमा व्यर्थ हुन्छन्। व्याकुलतातर्फको झुकाउको अर्थ हो यसको वास्तविकतालाई मान्नु अथवा स्वीकार गर्नु हो कि जीवन सजिलोसँग जीऊनका लागि बनिएको होइन। यदि तपाईंलाई यस्तै हो भन्ने लाग्छ भने, तपाईं आफैलाई विफलताको पर्खालबाट खस्नका लागि तयार पार्दै हुनुहुन्छ।

व्याकुलता अथवा असहजताले डरलाई भित्राउछ अनि हामी उसैगरी डरदेखि भाग्न अथवा जोग्गिन खोज्दछौं जसरी हाम्रा पूर्वजहरू सम्भावित विपत्तिदेखि पछि सर्दथे। हुनत, कहिलेकाहिँ चुनिन्दा बहादुर सिपाही कुनै हतार नगरी युद्धको मैदानमा ओर्लिएका पनि थिए।

असहजतालाई आफूभित्र आत्मसात् गरेपछि सबैथोक सजिलो बनिन्छ। तब झन् राम्रो हुन्छ जब तपाईं आफ्नो मनस्थितिलाई परिवर्तन गर्नुहुन्छ। जब तपाईंको भावनात्मक स्थिति बदलिन्छ, तब तपाईंको मानसिकता र चाल-चलन पनि बदलिन्छ। तपाईंलाई यो किताबका

सबै रणनीतिको ज्ञान आउछ। परिवर्तन सजिलो होइन, कारण व्याकुलतालाई अँगाल्नु पनि कठिनतापूर्ण हो।

जटिल कार्यगर्नु असुविधाजनक हो।

हो, यही सत्य हो। तपाईंले तियो कार्य गर्नु पर्दछ, जुन काम तपाईंले नदेखेझैं गर्नु भएको थियो। तपाईंले आफ्नो सन्धिपत्रका (contract) बारेमा आफ्ना अधिकारीसँग (boss) कुराकानी गर्न सुरु गर्नुपर्दछ। तपाईंले त्यो ग्राहकलाई फोन गर्नु पर्ने हुन्छ, जो तपाईंको सेवा अथवा उत्पादनदेखि खुसी छैन। जब तपाईंलाई सबैथोक असजिलो लाग्छ, तब मानिलिनुहोस् यो असजिलोपन बढ्ने एउटा मौका हुन सक्छ।

के तपाईं अघि बढ्न चाहनुहुन्छ कि जीऊको तीउ बस्न चाहनुहुन्छ?

यदि तपाईंका लागि सबैथोक सजिलो छ भने, तपाईं यस्तो बानी अथवा दिनचर्याको अधीन हुनुहुन्छ, जसमा प्रत्याह्वानको कमी छ। अनि जहाँ प्रत्याह्वानको कमी हुन्छ, त्यहाँ प्रगतिको अभाव हुन्छ। यसोहुँदा तपाईंलाई लाग्छ कि तपाईं एउटा सजिलो बाटो निकालेर आरामसँग काम गर्नेबाट जोग्गि रहनु भएको छ, तर साँचो अर्थमा यो बाटोले तपाईंलाई कमजोर पार्छ।

केही असहजिला कामहरूमा काम टार्ने बानी एकातिर पन्साएर तपाईं आफ्नो काममा अघि बढ्नु हुन्छ। त्यसकारण, आफ्नो डरहरूसँग जम्काभेट गर्नुहोस्, मोटरको गियर बदलिएझैं आफ्नो जीवनको गियर फेरेर जीवनलाई एउटा नयाँ गति दिनलाई कठोर परिश्रम गर्नुहोस्।

जुन काम तपाईंलाई असुविधाजनक लाग्छ, त्यसतर्फ रुचि (आग्रह) बढाउनका लागि यहाँ पाँचवोटा अभ्यास दिएको छ। यी अभ्यासलाई तपाईंका दिनचर्याको एउटा अहम् हिस्सा बनाउनुहोस्। आफ्नो मन र काम, यी दुबैका बीच उभिएका प्रतिरोधलाई हटाइदिनुहोस्।

यसमध्येका धेरै रणनीतिका बारेमा हामीले इतिपूर्व चर्चा गरिसकेका छौं, फेरि पनि आउनुहोस् एकचोटी सबैको चर्चा गरौः

अल्छिलाग्दा काम थोरै गरौं। यो एउटा यस्तो बानी हो, जसले तपाईंको समय र शक्ति चोरेर भित्र-भित्रै खाइदिन्छ। जस्तै व्यावाय गर्नुको सट्टा खाजा (snacks) खानु अथवा सुतेर टीभी हेरी रहनु।

यस उपरान्त, यसो भयो भने, त्यो काम लगत्तै गर्न सुरु गर्नु, जसको तपाईं विरोध गरी रहनु भएको छ। यसलाई केवल पाँच मिनेटका लागि गर्नु। अथवा दुई मिनेटको नियमको प्रगोग गर्नुहोस्। यसलाई दुई मिनेटका लागि गर्नु अनि फेरि यसको अलिकति गति बढाउनु।

यथासम्भव सबैभन्दा छोटो कदमबाट सुरु गर्नुहोस्। मैले देखेको छ, प्राय 97 % मान्छे थुप्रै काम गर्नको विरोध गर्दछन्, तर जब उनीहरूले वास्तवमा पहिले सानो पाइलो चालेमा यो फट्टै सजिलो लाग्ने छ र पछिका क्रममा यस्ता थुप्रै पाइला चल्ने छन्।

यदि तपाईंलाई केही प्रतिवेदन (report) प्रस्तुत गर्नु छ भने त्यो प्रतिवेदन बनाउनु नै पर्दछ तर तपाईंले अहिलेसम्म काम थाल्नु भएकै छैन अथवा वास्तवमा तपाईंले फाइल वा टेम्प्लेट (template) खोल्नु नै भएको छैन। त्यसोहुँदा यसलाई सुरु गर्नु पच्यो। यदि व्यायाम

गर्नु छ भने आफ्नो कुँद्रे जुत्ता (running shoes) लगाउनु प¥यो। केही पुस-अप (push-up) लगाउनु प¥यो। तपाईंले केही काम गर्नुप¥यो जसले तपाईंलाई सक्रिय बनाइदिन्छ।

सही अर्थमा, शक्तिले नै शक्तिको निर्माण गर्दछ। शरीरलाई कामको अलि अलि खोराकी दिनुहोस्। अर्थात् शक्तिशाली (energetic) रहनका लागि स-साना कामबाट थालनि गर्नुहोस्। यदि हामीले एकदमै ठुलो काम अथवा टास्क (task) हातमा लियौं भने यसलाई बिचैमा रद्द वा बन्द गर्न थुप्रै अवकाश अथवा खतरा रहन्छ। के हजुरलाई पहाड चढ्ने परिदृश्यको सम्झना छ? तपाईंले एउटा समयमा केवल एक पाइलो अधि सारेर पहाडको चुचुरोमा आरोहण गर्न सक्नुहुन्छ। तपाईंले योभन्दा धेरै केही गर्नुपर्दैन।

ध्यान (focus) भङ्गगर्ने आग्रहको विरोध गरौं। केही टास्कमा कार्य गरि रहेका बेला, मेरो मन प्रायजसो मेरो गरि रहेको काम बन्द गरेर मृगमरीचिकाका पछि दगुर्ने आग्रह गरि रहन्छ। मानौं, फट्टै इन्टारनेटमा केही खोजु (Net Surfing), एमाजनमा (Amazon) शपिङ गर्नु अथवा केही हेर्नु-गर्नु, जसको मैले गर्दै गरेको कार्यसँग केही सरोकार छैन।

कम्फर्ट जोनतर्फ प्रत्यावर्तन गर्ने यो मेरो आफ्नो तरिका हो। जब म कामलाई लिएर चिन्तित अथवा परेशान हुन्छु तब केही समयपछि मेरो मन यो कामबाट कसरी छुटकारा पाउनु हो अथवा यसबाट कसरी जोग्गिने हो भन्नेतिर आग्रहित हुन्छ, तर हिजाज म यसको विरोध गर्दछु। म पाँच मिनेटसम्म काम गर्दछु। फेरि जब मनले, "तँईले धेरै काम गरिस, अब केहीबेर विश्राम लिइ" भन्दछ तब म अरु पाँच मिनेट समयसम्म काम गरि रहन्छ। अथवा मेरो व्यायाममा केही दुई-एक अभ्यास गरेर समय बढाउछु, अथवा स्वादिष्ट केक खानको सट्टा अरु दस मिनेट अभ्यास गर्ने छु।

तपाईं जुन बस्तुको विरोध गर्नुहुन्छ, त्यसले जटिल कार्य सम्पन्न गर्नमा अनुशासनको एउटा गहिरो स्तर बनिन्छ। जब तपाईं प्रलोभनको विरोध गर्नुहुन्छ (त्यो केक खानुको साटो स्याउ खाँदै हुनुहुन्छ) र उपयुक्त एक्शन लिएर त्यो व्याकुल बनाउने काम गर्ने दिशामा आफ्नो झुकाउ बनाउनुहुन्छ (त्यो कार्य जुन कामलाई तपाईं टार्दै हुनुहुन्थ्यो) त्यो हो मानसिक दृष्टिकोणमा भएको परिवर्तनको परिणाम हो। यसरी तपाईं दिन प्रतिदिन दर्बिला बानीहरूका निर्माण गर्न सक्नुहुने छ।

यी जम्मै बस्तुको एउटा संयुक्त सूची बनाउनुहोस्, जसले तपाईंलाई असहज बनाउछ। जटिल कार्यबाट बाँचु अथवा जोग्गिनु यति स्वाभाविक अनुभव हुन्छ कि तपाईं कामलाई कतिखेर अनदेखा गर्नुहुन्छ, तपाईंलाई थाह हुँदैन। तपाईं आफ्नो अवचेतनमा जुन बस्तुको विरोध गर्नुहुन्छ, त्यसको प्रति यो अभ्यासले तपाईंको सचेतनताको स्तर गहिरो पार्दछ।

ती सबै बस्तुको एउटा सूची बनाउनुहोस्, जसलाई गर्नमा तपाईंलाई राम्रो लाग्दैन। पहिले पनि तपाईंले यस्ता जम्मैको एउटा सूची बनाउनु भएको थियो, जोदेखि आज तपाईं टाढिँदै हुनुहुन्छ, तर यो सूचीले तपाईंलाई गहिराईसम्म लैजान सक्छ। यी कार्यहरू गर्न सकिन्छ-दिन-प्रतिदिनको खर्च ट्रेक गर्ने, राम्रो खाद्य खाने, ध्यान गर्ने, पढ्नु, पैसा बचाउनु अथवा केही नयाँ गर्ने चेष्टा गर्नु।

सूची बनाउनु र आफ्नो कामलाई प्राथमिकता दिनले हजुरको सचेतनताको स्तर बृद्धि हुन्छ अनि कुन बस्तुप्रति तपाईंले तुरन्त ध्यान दिनुपर्ने आवश्यक छ त्यसको भान हुन्छ। यो सचेतनताबाटै तपाईंको शक्ति-सामर्थ्यलाई सही दिशा दिनेतर्फ ध्यान केन्द्रित हुन थाल्दछ। त्यसपछि तपाईंको ध्यान गहिरो अथवा केन्द्रिभूत भएर लक्ष्यमा समाहित हुन्छ।

आफ्नो कामदेखि भाग्ने तरिकासँग अवगत रहनुहोस्। . जसरी तपाईंका छेउ छाउ हजुरलाई नराम्रो बानीतर्फ आकर्षित पार्न अथवा ध्यान भङ्ग गराउन थुप्रै उत्तेजक उपादान (ट्रिगर) सक्रिय रहन्छन, त्यसरी नै तपाईं असुविधादेखि (discomfort) भाग्रका लागि अथवा जोग्गिन विभिन्न बाहनाहरू रोज्झुहुन्छ।

प्रत्येकसँग काम टार्नका लागि एउटा तरिका छ- ध्यान भङ्ग गर्ने अथवा कामबाट बाँच्ने तरिका (escape method) र जब तपाईं जान्नुहुन्छ त्यो के हो भनेर उसोभए तपाईं यो देखि टाढा रहन सक्नुहुन्छ। ब्याँलो गर्ने तरिकाका रूपमा, म काम गर्नेबाट जोग्गिन वा बाँच्न अथवा एस्केप मेकानिजमका रूपमा टीभी खोल्ने गर्दथ्ये। जब मलाई यो कमजोरीका बारेमा थाहा लाग्यो तब मलाई टोभी हेर्ने लतबाट छुटकारा मिल्येथ्यो।

यसका लागि तपाईंलाई चरम सीमसम्म पुग्ने केही प्रयोजन छैन, तर यसका लागि आवश्यक हुने सबैथोक गर्नुहोस्, खासगरी थालनिको समयमा अन्यथा तपाईं कामलाई लिएर असहज हुनाको आफ्नो बानी धेरै दहो बनिन्छ अनि यो दर्बिलो बानीको अभ्यास र प्रशिक्षणसँगै बढ्दै जानेछ।

अहिलै थाल्नुहोस्। धेरैजसो मान्छे जीवनमा आफ्नो लक्ष्यप्राप्त गर्न त्यसकारण विफल हुन्छन्, कारण उनीहरू सुरु नै गर्दैनन्। उनीहरू केवल बसेरै प्रतीक्षा गर्दछन् अन्यथा धेरै अधिक कामको जिम्मेदारीको चङ्गुलमा फँस्दछन्। यसले गर्दा असफलताको डर आएर ती स्मरणहरू दिलाउछ जहाँ तपाईंले केवल काम सुरु गरेर छाडि दिनुभएको थियो।

तपाईं आफ्नो मन-मस्तिष्कलाई सम्झाएर दृढ निश्चय लिनुहोस् अब बहाना बनाउँने समय छैन र काममा लागि पर्नुहोस्। बहाना जस्तै-

"म आर्थिक रूपले अलिकति स्थिर हउन्जेलसम्म प्रतीक्षा गर्छु।"

"म तबसम्म प्रतीक्षा गर्छु, जबसम्म स्थितिहरूमा सुधार आउँदैन।"

"म तबसम्म प्रतीक्षा गर्छु, जब मेरा छोरा-छोरी ठुला हुन्छन र मसँग समय हुन्छ।"

यी बहानाहरूले तपाईंका पाइलापछि सार्दछन् अनि प्रकृत अर्थमा आफ्नो लक्ष्यमा काम गर्न सुरु गर्नेबाट रोक्दछन्। जसो जसो वर्ष बित्तै जान्छन, तपाईं ती लक्ष्यहरू भूल्दै जानुहुन्छ, जो वास्तवमा धेरै कामका थिए।

यदि तपाईं सुरु गर्न चाहनुहुन्छ भने, तपाईंले आजैदेखि सुरुवात गर्नुपर्ने हुन्छ। खाली पृष्ठ एउटा तबसम्म खाली नै रहन्छ, जबसम्म तपाईं त्यो कागजमा कलम चलाउनुहुन्न र केही लेख्नुहुन्न।

आफ्नो एउटा लक्ष्य लेखि लिनुहोस्। लक्ष्य सानो नै भयो अरे त्यसोहुँदा के चाहिँ फरक पर्छ? यो लक्ष्यप्रति एउटा सानो पाइलो चाल्नुहोस्।

तपाईंले तुरुन्तै चालेको पहिलो पाइलो के हो?

तपाईंले आफ्नो लक्ष्यसँगै अघि बढ्न सुरु गर्नुपर्छ र यसको थालनि कुनै एउटा कामबाटै हुन्छ। त्यो पहिलो पाइलो चालेर तपाईं सबैथोक सुरु गर्नुहुन्छ, यो एउटा एकदमै सजिलो काम पनि हुनसक्छ, केही कुरा छैन। अब तपाईं कसको प्रतीक्षा गर्दै हुनुहुन्छ? सुरुगर्ने उपयुक्त दिन, जब तपाईंसँग थुप्रो समय हुन्छ अथवा त्यो उपयुक्त दिन जब लपाईंलाई काम गर्न सारै मन लागेको हुन्छ।

काम गर्ने सही समय भन्ने कुनै बस्तु हुँदैन। धेरैजसो मान्छे बस्तुहरू पुनर सामान्य गर्नका लागि बाहिरी परिस्थितिमा केही सुधारहुन्छ कि भनेर प्रतीक्षा गर्दछन्। तपाईं पनि कोही आएर तपाईंका समस्याहरू समाधान गरिदिन्छ होला भनेर प्रतीक्षा गर्न सक्नुहुन्छ, तर अन्त्यमा आफ्नो भाग्यको जिम्मेदारी आफैले लिनुपर्ने हुन्छ।

'आज' र 'अहिले' भन्दा राम्रो समय कहिलै हुँदैन। यदि तपाईं आजै कामको इच्छा राख्न सक्नुहुन्छ भने प्रतीक्षा किन गर्नु?

परिस्थितिहरू परिवर्तनशील हुन्। आफ्नो जीवन सुरु गर्ने सबैभन्दा राम्रो समय 'हिजो' थियो।

अर्को सबैभन्दा राम्रो समय हो **'अहिले'**।

तपाईंको वर्तमानका स्थितिहरू- धनी अथवा दुःखी, उदास अथवा खुसी, डराइ रहेको अथवा साहसी, प्रस्तुत वा अप्रस्तुत, कस्तै होस् के फरक पर्दछ र.....बस्, हामी अहिँले सुरु गर्दै छौं।

प्रतीक्षाको बीटमार्ने र केही सुरुगर्ने निर्णय लिनुहोस्। टीभी बन्द गर्नुहोस्। कुनै एउटा शान्त-समाहित ठाउँमा गएर आउने दिनहरूका लागि आफ्नो मस्तिष्कलाई प्रस्तुत गर्नुहोस्।

तपाईं अहिँले आफ्नो जीवनमा कहाँ हुनुहुन्छ र कतिचोटी असफल हुनुभयो अथवा तपाईंको स्थिति कतिसम्म निराशाजनक छ, यसको कसैलाई परवाह छैन। हिजोभन्दा आजलाई राम्रो बनाउँनलाई कहिले ढिलो हुँदैन।

वर्षौंदेखि मैले आफ्नो कोठाको (अलमारी भएको कोठा) साफ-सफाई गर्ने काम बन्द गरेको थिए। जब म भित्रका बस्तुहरू हेर्दथ्ये तब दैलो बन्द गर्दथ्ये। एकदिन मैले आफैले आफैलाई सोधे, "सर-सफाईको काम सुरु गर्न सबैभन्दा सजिलो कामके गर्न सक्छु?"

मैले एउटा केही काममा नलाग्ने बस्तु झिकेर फालि दिए। अर्कोदिन मैले फोहोर राख्ने एउटा फ्याँकि दिए। प्रत्येक दिन त्यो कोठाबाट एकएक गरि काम नलाग्ने बस्तुहरू निकाल्दै गए, दिनमा केवल एउटा बस्तु। यसरी दिनमा केवल एउटा बस्तु निकालेर फ्याँक्दा मात्र एक मिनेटभन्दा कम्ति समय लाग्दथ्यो, केही सप्ताह भित्रमै सम्पूर्ण कोठो खाली गरिदिए।

यसरी मैले काम सुरु र सिद्धाउन सक्षम भए। यसरी तपाईं पनि काम गर्न सक्नुहुन्छ। प्रतीक्षा नगर्नुहोला। यसो गरेमा तपाईंलाई पछुतो हुने छ। आजै तपाईंको सबैभन्दा ठुलो बाधामाथि काम गर्न सुरु गर्नुहोस्। पहिलो काम सकिएपछि दोस्रो काम सुरु गर्नुहोस्।

गति **पहिलो पाइलाबाट** सुरुहुन्छ।

यथासम्भव सबैभन्दा सजिलो कामबाट सुरु गर्नुहोस्। फेरि त्यो कामलाई एकएक मिनेटको काममा भाग गर्नुहोस्। यसलाई अझ सजिलो बनाउनलाई तपाईं तीस तीस सेकेन्डका काम बनाउन सक्नुहुन्छ। आफैलाई सोध्नुहोस्, "मेरो अघिल्लो एवम् तत्कालको काम के हो?" कामलाई जति सम्भवहुन्छ सजिलो बनाएर सुरु गर्नुहोस्।

यसलाई एउटा सानो बानी बनाउनुहोस्। कामको तरिकालाई यतिसम्म सजिलो बनाउनुहोस् तपाईं कुनै परिस्थितिमा विफल नहुनुहोस्।

डर # 4: निर्णय लिने डर

हाम्रो टार-टुर गर्ने व्यवहार धेरैजसो ती बहानाहरूका वरी-परी घुमि रहेका हुन्छन् जसलाई हामी हाम्रो सामु बनाउछौं। हाम्रो आन्तरिक झुठले यसखाले व्यवहारलाई सक्रिय पारेर राख्छ। जब तपाईं कुनै बस्तु/काममा ढिलो अथवा टार्ने निर्णय लिनुहुन्छ, त्यसोहुँदा यो निर्णय त्यो बहानामा आधारित हुन्छ जुन तपाईं त्यो समयमा छनौट गरी रहनुहुन्छ। प्रत्येक बहानाले आत्मसम्मानलाई क्षति पुर्‍याएर आत्मविश्वासलाई घटाउछ र बहानाबाजीको बानीलाई टेवा पुर्‍याउछ।

टार-टुर गर्ने बानी समयको क्रमसँगै हाम्रो व्यवहारमा लुटपुटि भएर बढ्दै जान्छ। यसरी प्रत्येक जटिल कामबाट जोग्गिनका लागि बहाना एउटा सजिलो विकल्प बन्दछ। यदि तपाईं आफ्नो बहानाको मूल जरो खोजी निकाल्न सकें सर्पको फणी (गरी टोपल्ने) बानी पनि कुल्चिन सकिन्छ। बहानाबाजीले केवल तपाईंको प्रगतिमा बिघ्न पुर्‍याउछ।

ती बिचारहरूलाई ध्यानपूर्वक सुन्नुहोस् जुन तपाईंले टार-टुर गर्ने बेलामा तपाईंका मनमा उब्जी रहेका थिए। के तपाईं आफैसँग झुठा प्रतिज्ञा गर्दैहुनुहुन्छ? आज केही गर्दिन भन्नका लागि तपाईंले के कारण (निहुँ) बनाउनु भयो? के तपाईंलाई विश्वास हुन्छ तपाईंको स्थिति अरु सबैभन्दा यत्रो भिन्नै छ? के तपाईं मान्नुहुन्छ परिवर्तनका लागि धेरै ढिलो भयो?

असलमा, अहिलेसम्म त्यति ढिलो भइहालेको छैन। अहिले पनि तपाईं आफ्नो जीवन, व्यवहार, बानी-अभ्यास र परिस्थितिमा परिवर्तन ल्याउनमा एउटा राम्रो स्थितिमा हुनुहुन्छ। अवश्ये यदि तपाईं झुठमाथि विश्वास गरेर समयलाई कुरि बस्नुहुन्छ भने अन्त्यमा धेरै ढिलो हुन्छ।

तपाईं कामलाई प्राथमिकता नदिएर यसलाई पछि गर्दछु भनेर छोड्नुहुन्छ।

यो # 1 बहाना हो, जसलाई मैले दशकौंदेखि प्रत्येक कुरामा टार-टुर गर्नका लागि प्रयोग गरेको थिए।

म आफैसँग जटिलजस्तो लाग्नेखाले काम पछि गर्दछु भनेर प्रतिज्ञा गर्दछु, तर पछि जब काम गर्ने समय आउछ, तब आउँदो सप्ताह गर्दछु भनेर अर्को एउटा प्रतीज्ञा गर्दछु। त्यो आउँदो सप्ताह, आउँदो महिना र आउँने वर्ष बन्दछ।

कामलाग्ने सल्लाह (pro-tip): तपाईंको भविष्य तपाईंको आजभन्दा राम्रो कहिले हुँदैन। जबसम्म तपाईं आफ्नो 'आज'लाई परिवर्तन गर्नुहुन्न, त्यसोहुँदा तपाईंको भविष्यत कसरी बदलिन सक्छ? तपाईं आज जे गर्दै हुनुहुन्छ, त्यही तपाईंको भविष्यतको छाँया हो। यो समय तपाईंको व्यवहारले नै हजुरको भविष्यतको घडेरी निर्माण गर्दै छ। हामी कुनै कामलाई लिएर सक्रिय हुनेबाट यसकारण जोग्गिन्छौं अथवा ढिलो गर्दछौं कारण हामीलाई लाग्दैन हामीसँग कुनै कामगर्ने अथवा निर्णय लिने क्षमता छ भनेर। हामीलाई लाग्दछ यदि हाम्रो कुनै काममा (task) नराम्रो प्रदर्शन भयो भने अर्काका सामु हामीले शिर झुकाउनु पर्दछ अथवा हामीले अरुलाई दिक्क पार्नेछौं।

हामी अन्तरमनदेखि चाहन्छौं हामीलाई अर्कोले महत्व दियोस्। हामी यसकारण कामलाई टार-टुर गर्दछौं कारण हामीलाई विश्वास हुँदैन 'नाक नकटाई' हामी कुनै पनि काम 'धेरै राम्रोसँग' गर्न सक्छौं भन्ने कुराको।

हुनत, हामी धेरै समयमा आफ्नै सबैभन्दा नराम्रो आलोचक हुने गर्दछौं। मात्राधिक आलोचनात्मक बानीले गर्दा हाम्रो प्रदर्शन र केही गरी देखाउने क्षमता आफ्नै सन्देहको घेराभित्र आउदछ। अर्काको माया हामी एकदमै सठिक (perfect) अथवा दोष रहित हुँदामा प्राप्त हुँदैन-मायाको स्वीकृति त मनभित्रबाट निस्किन्छ।

हामीले त्यो भ्रामक अवस्था वा भ्रमलाई चकनाचुर पार्नुपर्ने हुन्छ कि हामी काम गर्ने उद्देश्यबाट जोग्गिएर जीत्तैछौं। एउटा लामो समयदेखि शिथिलताको मानसिकताका कारणले गर्दा तपाईं कामलाई अघि सारेझैं गरेर झुठो तरिकाले जीत प्राप्त गर्दै हुनुहुन्छ। (स्वतन्त्रता र उत्साहको तत्कालिक अनुभूति प्राप्त गरेर)। प्रत्येक मान्छेसँग केही कामलाई टार्नका लागि भिन्नै भिन्नै कारण हुन्छन्। जस्तै कोही मान्छे आफ्नो बिल (bill) आदि लगत्तै भर्नमा तैनात हुन्छन, तर बचत योजना (savings scheme) खोल्नेबाट टाडिने गर्छन्।

केही यस्ता पनि हुन्छन, जसले आफ्नो दफ्तर सफा, व्यवस्थित एवम् दाग रहित पारेर सजाएर राख्न सक्छन, तर जब उनीहरू आफ्नो घर जान्छन, तब आफ्ना मैला लुगा कुनै कुनामा फालेर सप्ताह दिनसम्म बिर्सिन्छन। जब धुनुपर्ने लत्ता-कपडाको पहाड बन्दछ तब लुगा धुनु पर्दछ भनेर सोच्दछन, तर त्यतिबेर कुनै चाखलाग्दो काम देखियो भने लुगा धुने कामलाई फेरि अर्कैदिन गरौंला भनेर पछि सारिदिन्छन।

यदि तपाईंले जुन काम गर्नु पर्ने छ त्यो प्रत्याह्वानपूर्ण छ भने, सजिलो काम गर्नुमा खतरा कम्ति छ। यसमा डरको मात्रा थोरै, चिन्ता कम्ति र सर्वमोठमा कम्ति झिंजोलाग्ने हुन्छ। तर यसको परिणामः

थोरै सफलताः

मनले अहङ्कारलाई अनिश्चयताबाट बचाउछ। हामी के गर्दै छौं भन्ने कुरा हामीलाई थाहा नलागोस् भन्ने हामी चाहान्नौं। हामी अरुका अघाडि बकमफुससझैं देखिऊ भन्ने चाहदिनौं। हामी आफू चञ्चल अथवा कामको दवाबले लाचार भएझैं देखिन खोज्दिनौं। हामी आफूलाई कुनै कामका निम्ति उपयुक्त छुइन भन्ने अनुभव गर्द चाहदिनौं।

अनि हामी निश्चितरूपले कहिलै चाहान्नौं हाम्रो परिवार, आत्मीय-स्वजन एवम् हाम्रो समूदायका सामु असफलता अथवा निराशाको अनुभव हओस्।

त्यसकारण, हामी केही नगर्ने निर्णय लिन्छौं र खुट्टामाथि खुट्टा चढाएर बसी रहन्छौं।

यसो गरेर हामी आफैलाई लाज हुनेबाट बचाइ रहन्छौं। यसो गर्दा एउटा आत्म-हानि हुने खाले बानी 'गर्नु पर्ने काम'का बारेमा युक्तिपूर्ण निर्णय लिनेबाट जोग्गिन्छ। यसरी निर्णय लिने डरले हामीलाई मानसिक पक्षाघाततर्फ लैजान्छ जसले मानसिक चिन्ता र हताशा बझाउदछ। 'निर्णय नलिनु' भनेको अर्थ एउटा निर्णय नै हो। तपाईं केही नगर्ने भन्ने निर्णय लिदै हुनुहुन्छ र परिणाम प्राप्त गर्ने सुनौलो मौका गुमाउदै हुनुहुन्छ।

मैले थुप्रै सिद्धान्त (निर्णय) लिए, जो विफल भए। जब म भन्दछु म विफल भए भनेर, यसको अर्थ हो मैले त्यो फल (परिणाम) प्राप्त गर्न सकिन जो म चाहन्थे। मलाइ मेरो इच्छा अनुसारको फल प्राप्त भएन। मैले ग्रहण गरेका रिक्सले (risk) मेरो पक्षमा काम गरेनन्।

निर्णय नलिनु र केही गर्ने निर्णय लिएर त्यसमा विफल हुनु एउटै हो। तर तपाईंले निर्णयको विफलतालाई मनन गर्नु भएन भने के हुन्छ? केही यस्तो छ, जसलाई तपाईंले डरका सामु गर्ने चेष्टा गर्नु भएको छ? त्यो कस्तो संसार होला जहाँ हामीले जे निर्णय लिए पनि शुद्ध सिद्ध हुन्छ अनि हाम्रो जीत निश्चय हुन्छ?

तपाई निर्णयदेखि डराउनुहुन्न, अपितु यसको परिणामसँग डराउनुहुन्छ। यदि तपाईं अहिले (आजै) केही नगरेर पछि भोग्ने निर्णय लिनुहुन्छ भने त्यसले तपाईंको काम गर्ने क्षेत्रमा चञ्चलताको स्तर बढाउने छ।

स्मरण रहोस्, हामी **तपाईंका** दुईवोटा रूपसँग (version) काम गर्दै छौं-

प्रेजेन्ट सेल्फले (Present-self) तत्काल जीतको अपेक्षा गर्दछ र तपाई भविष्यमा के हुन चाहनुहुन्छ त्यो कुरा तपाई आज के एक्शन लिदै हुनुहुन्छ त्यसमा निर्भर गर्दछ। वर्तमानमा तपाई कुद्रेसट्टा टीभी हेर्न रुचाउँनुहुन्च तर तपाईंको अन्तरमन भविष्यमा तपाईं एउटा राम्रो तरिकाले जीवन बिताएको हेर्न चाहान्छ।

हामी यिनी दुबै परिचयका आधारमा निर्णय लिन्छौं। प्रेजेन्ट सेल्फ र फ्यूचर सेल्फका (Future -self) बीच लगातार संघर्ष चलि रहन्छ। जसो जसो तपाईं आफ्नो वर्तमानको लालता र इच्छालाई पन्साउन सिक्नुहुन्छ त्यति नै तपाईंको भविष्यत मुक्त बन्दै जान्छ। र यसरी नै आफ्नो व्यवहारमा एउटा ठुलो फरक देखिन सक्छ।

तपाई तत्काल निर्णय लिन सक्नुहुन्न र आफ्नो निर्णयमा 'पुनः बिचार' गर्ने सिद्धान्त लिनुहुन्छ।

जब म कुनै काम टार-टुर गर्ने बारेमा सोच्दछु, तब म आफैलाई भन्ने गर्दछु, "मलाई यसबारेमा सोच्न देऊ" भनेर।

म त्यतिबेर त्यहाँबाट फुत्किएर निस्कन्थे तर पुनः त्यसबारेमा सोच्दिनथ्ये। पुनर कोहीबेला यसको स्मरण हुँदा मन मनै भन्नेगर्थ्ये, "हे प्रभु ! म आसा गर्छु मसँग यो कुरालाई लिएर फेरि कसैले सम्पर्क नगरुन, कारण मेरो उद्देश्य त्यो काम गर्ने होइन, जो उनीहरू चाहन्छन्।"

एक सप्ताहपछि मेरो फेरि त्यी मान्छे अथवा मेरा मालिकसँग (boss) जम्काभेट हुन्छ। उनीहरू मसँग सम्पर्क गरेर त्यही कामका बारेमा केही सोध्थ्ये र म अरु केही समय माग्रे गद्थ्ये।

यदि मैले त्य कामलाई धेरै पन्सुन खोज्दा त्यो काम अर्कै कसैलाई सुम्पि दिन्थ्ये। "मलाइ यसबारेमा सोच्न दिनु" भन्ने बानी पनि ती कामहरूमा ढिलो गर्नलाई एउटा बहाना बन्यो, जसका निम्ति चाँडै एउटा सिद्धान्त लिनु जरूरी थियो।

जब तपाईं धेरैजसो काम-कुरालाई नदेखेजसो गर्नुहुन्छ, तब मान्छेले तपाईंलाई सोध्नै छाडि दिन्छन। अन्त्यमा, उनीहरूले तपाईंलाई आफ्नो निर्णयमा सामेल गर्न छाडि दिन्छन्। तब तपाईं एकलकाटे (isolated) हुनुहुन्छ अनि कसैले तपाईंलाई कामका लागि दिक्क पार्दैनन्। यदि सोच-बिचार गरेर काम गर्नु तपाईंको सवल पक्षको एउटा प्रमुख पाटो हो र तपाईंलाई निर्णय लिनलाई आम मान्छेभन्दा केही अधिक समय लागेमा त्यो बानी तपाईंको पक्षमा कामलाग्न सक्छ।

तर काम नगरेर टार-टुर गर्ने मान्छेका लागि यो कामदेखि जोग्गिने एउटा बानी बन्दछ।

मेरो सुझाऊः

आफैले आफूलाई कामदेखि टाढा हुन नदिनु। यदि तपाईंको जटिल कामलाई टार्ने बानी छ भने यो बहानाले पनि तपाईंको असफलताको जग बसाउनमा सघाउ पुर्‍याउछ। जुन बानी "म पछि तपाईंलाई भेट्न आउछु" अथवा "यसबारेमा मसँग बसेर कुरा गर्नु" बाट सुरुहुन्छ।

तर जब भोली हुन्छ, तब उनीहरूले तपाईंलाई खोजेरै भेट्दैनन, कारण तबसम्ममा तपाईं कामगर्नेबाट जोग्गिदै-लुक्कै उनीहरूका नजरबाट ओझेलतर्फ जानुहुन्छ।

काम टार्ने यो रणनीतिलाई टाढा पन्साउनलाई मलाइ सबैभन्दा राम्रो लागेका तरिका हुन् 'निर्णय लिने', 'प्रतिबद्ध हुने' र 'मौकामे निर्णय लिने'। मेरो सिद्धान्त 'हो' (अ) अथवा 'होइन' (अह) हुन सक्थ्यो। यसलेगर्दा परिणाम के हुनेवाला छ अथवा मैले यसबारेमा पछुतो गर्नुपर्ने हुन्छ कि आदि कुराको केही फरक पर्दैन। मैले एउटा दृढ निर्णय लिने काम सुरु गरें।

मलाई कार्य गर्ने निर्णय लिन थियो र मैले लिए। अब यसमाथि धेरै सोच्चु छैन। यो बिचारले मेरो मस्तिष्कमा धेरै रचनात्मक र विस्तृत बिचारहरूका लागि ठाउँ बनाइ दियो।

तपाईं कम्ति प्राथमिकताभएका सजिला काम गर्नमा व्यस्त रहनुहुन्छ।

सहज-सरल काम सजिलोसँग सम्पादन गरेर तपाईंलाई एउटा झुठो 'उपलब्धि'को भान हुन्छ। तपाईं यी कामहरू चाँडो गर्न सक्नुहुन्छ (जस्तै- तपाईंको इनबक्समा रहेका अघिल्ला दसवोटा मेइलका जवाफ दिने अथवा एउटा आलमारीबाट अर्कामा कागजातहरू यता-उता सार्ने आदि।) तपाईंलाई तुरन्तै जीतको खाँचो छ जसले तपाईंलाई तत्काल सन्तुष्टि दिन्छ।

डर # 5: नकारात्मक प्रतिक्रियाको डर

मान्छेहरू यसकारण पनि कामलाई टार्ने गर्दछन् कारण उनीहरू मूल्याङ्कन हुने अथवा अर्काबाट नकारात्मक प्रतिक्रिया आउँछहोला भनेर डराउँछन्।

जब म स्कूलमा थिए, तब इम्तिहानको (परीक्षा) डर मेरो सबैभन्दा ठुलो डर भित्रको एउटा हुने गर्दथ्यो। मलाई थाहा थियो मैले परीक्षाका लागि राम्रोसँग पढेकै छुइन र मेरो अनुतीर्ण हुने पूर्ण सम्भावना छ। मैले कुनै पनि विषय राम्रोसँग पढ्नमा टार-टुर गरें र अन्त्यमा यो बानी मेरो आत्म-हानिको (self-sabotage) सिस्टमलाई प्रोत्साहित गर्ने एउटा प्रमुख बानीका रूपमा देखा पर्‍यो।

म मेरो विफलताका बुनियादी ढाँचा बनाउनमा पारङ्गत भइ सकेको थिए। हर एक परीक्षामा मलाई ग्रेड सी (grade 'C') अथवा केवल एफ (F) प्राप्त हुने ग्यारेन्टी भएको थियो। स्कूलमा हाम्रो सफलता अथवा असफलताको बारेमा भविष्यवाणी गर्नु सारै सजिलो बनेको थियो। तर मलाई सबैभन्दा धेरै डर लागेको कुरा थियो- अर्काबाट भेटिने आलोचना। असलमा, मेरो समस्या परीक्षामा फेल वा असफल हुने होइन, अपितु प्राध्यापकहरू द्वारा व्यङ्ग्यतापूर्वक भनिने "लौ हेर यसलाई त फेरि यही अङ्क प्राप्त भएछ...." मा थियो।

कसो कसो जूनियर हाई स्कूलबाट निस्किएपछि सीनियर ईयरमा फेल भएथ्ये। यो कुरा मेरा पिता-मातालाई थाहा लागेपथि उनीहरूबाट पाइने आलोचनाको मलाई डर थियो। मबाट सबै फेल हुनाकै अपेक्षा राख्दथ्ये। मैले उनीहरूलाई त्यही दिए, जुन अपेक्षा उनीहरू मबाट राख्दथ्ये।

प्रतिक्रियाको डर- प्रतिक्रिया रचनात्मक भए पनि- गरी टोपल्ने बानीको सम्बन्धमा तर्कहीन व्यवहारको एउटा कारण बन्न सक्छ। यो डरले हामीलाई आफ्नो सय प्रतिशत दिनेबाट पछि घचेट्छ। अथवा मैले तपाईंलाई सुनाएरो कथाजस्तै तपाई असफल हुनुमा यतिसम्म अभ्यस्त हुनु भएको छ- तपाई आफैलाई सही तरिकाले प्रस्तुत गर्न सक्नुहुन्न।

यो डर तपाईंको चार सीमादेखि बाहिर हुन सक्छ। तपाईं चाहनुहुन्छ तपाईंको वरीपरीको बाहिरी परिवेशले तपाईंलाई स्वीकृति दियोस् भनेर- तपाई जे गर्दै हुनुहुन्छ सही नै गर्दै हुनुहुन्छ भनेर। उदाहरणका लागि मानि लिनुहोस्- तपाई आर्टको (कला) प्रदर्शन गर्नुहुन्छ। मान्छेले यदि तपाईंको पेन्टिङ (painting) मन पराइदिए भने तपाई आफैलाई सफल भएको अनुभव गर्नुहुन्छ र यसले तपाईंको अनि पेन्टिङ बनाउने आवश्यकतालाई मान्य गर्दछ अर्थात् तपाईं मान्छेको स्वीकृतिका आधारमा आफ्नो आवश्यकता निर्णय गर्नुहुन्छ।

यदि कोही (अथवा थुप्रै मान्छे) तपाईंको कलालाई अस्वीकार गर्दछ भने तपाईंको मनले कहिलै ब्रस (brush) उठाउन खोज्दैन। उदाहरणका लागि, कोही मान्छेले ब्लाँग पोष्ट (blog post) अथवा किताब प्रकाशित गर्नमा यसकारण ढिलो गर्दछन्- अरु मान्छेले यसबारेमा के सोच्दछन् होला भनेर। हुन सक्छ तपाई एउटा नयाँ आर्ट क्लासका लागि अर्कोले तपाईंको रचनात्मक प्रतिभा देख्छ भन्ने डरले पनि साइन अप (sign up) गर्नुहुन्न।

धेरैजसो मान्छेको डर बेबुनियाद अथवा अनुचित हुन्छ कारण नकारात्मक प्रतिक्रिया प्राप्त हुने सम्भावना थोरै हुन्छ अथवा त्यो प्रतिक्रियाको परिणाम त्यति महत्वपूर्ण हुँदैन जति हामीले अपेक्षा गरेका हुन्छौं।

फीडबेक (प्रतिक्रिया) एउटा सिक्ने अवस्था हो अनि यसलाई तपाईंका सामु फुलै फुलले सजाई राखिएको हुँदैन अर्थात् मिठा मिठा शब्दमा यसलाई भनिदैन। कसैले तपाईंलाई "सकारात्मक प्रतिक्रिय दिन्छन।" (पछि गएर यसमा सुधार हुन्छहोला अथवा भविष्यमा सिक्छ होला भनेर) कुनै प्रतिक्रिया एकदमै गम्भीर र काँडेदार पिन हुनसक्छ। तर जेसुकै होस्, कुनै पनि बस्तु परफेक्ट (perfect) र सबैलाई समान रूपले मन्नें हुन सक्दैन।

मोनालिसा (Mona Lisa) यो ग्रहको सबैभन्दा एउटा प्रसिद्ध पेन्टिङ हो। तर एउटा तथ्याङ्कको अनुसार जसले यसलाई हेरे उनीहरू मध्ये 23 प्रतिशतले यसमा सन्तुष्टि प्रकाश गरेनन्। उनीहरू यो भन्दा पनि अझ राम्राको अपेक्षा गरि रहेका थिए हेरी पोटर (Harry Potter) यो ग्रहमा सबैभन्दा धेर बिक्री भएको एउटा पुस्तक शृङ्खला हो, तर पनि एमाजनमा (Amazon) यसको 84 प्रतिशत मात्र 5 स्टार रिव्यूज (5 Star Reviews) छ।

तपाईंको जीवन प्रगतिमा छ र यदि तपाईंलाई शिक्षक, सहपाठी र साथीहरूबाट मद्दत चाहिन्छ र यदि तपाइँ स्वागत आलोचना प्राप्त गर्नुहुन्छ भने यो राम्रो छ, तर यदि तपाइँ आलोचनालाई व्यक्तिको चरित्रमा आक्रमणको रूपमा व्यवहार गर्नुहुन्छ भने, त्यसपछि म सुझाव दिन्छु कि तपाइँ आलोचना प्राप्त गर्ने र स्वीकार गर्ने बारे आफ्नो दृष्टिकोण परिवर्तन गर्नुहोस्। यो एउटा महत्वपूर्ण मुद्दा होइन, तर तपाईंले यसलाई कसरी स्वीकार गर्नुहुन्छ भन्ने कुरा हो।

यदि तपाई त्यस्तो वातावरणमा हुर्कनुभएको छ जहाँ आलोचना धेरै कठोर शब्दहरूमा गरिन्छ, तब तपाईंले यसलाई लिने तरिकाले असर गर्छ। जो व्यक्तिहरू SAD (सामाजिक चिन्ता विकार) सँग संघर्ष गर्दै हुनुहुन्छ र कुनै पनि प्रकारको प्रतिक्रियाप्रति अत्यन्तै संवेदनशील हुनुहुन्छ आलोचनात्मक आलोचना हो कि भन्न सकिन्छ चाहे सकारात्मक वा नकारात्मक प्रतिक्रिया।

यस प्रकारको टार-टुर गर्ने बानीले तपाईंलाई फोन कल गर्न, नयाँ कामको लागि आवेदन दिन वा काममा चुनौती स्वीकार गर्नबाट पछि हट्न सक्छ।

यसको सट्टा तपाईंको मस्तिष्कले नकारात्मक प्रश्नहरू सोध्न थाल्छः र बचाउका बाटाहरू खोज्न थाल्छ "यदि तिनीहरूले मलाई काममा राखेनन् भने के हुन्छ? कतै केही गडबड छ कि? के हुन्छ यदि म मूर्ख साबित भए भने? अथवा तिनीहरूले मलाई अयोग्य घोषणा गर्दिए भने?"

जब तपाई आफ्नो बारेमा सबैभन्दा नराम्रो सोच्नुहुन्छ वा आफ्नो बारेमा धेरै नकारात्मक सोच्नुहुन्छ, यो बेवास्ताको बानीले तपाईंलाई हानिकारक हुन सक्ने कुनै पनि कुराबाट टाढा रहने लतलाई बढावा दिन्छ। तपाईंलाई थाहा छ, जब कुनै खतरा नजिक आउँछ, तपाईंको जीवनलाई खतराबाट जोगाउने तपाईंको जन्मजात वृत्ति स्वतः भित्रबाट उत्पन्न हुन्छ।

म तपाईंसँग आलोचना वा प्रतिक्रियाको डर हटाउन तीन रणनीतिहरू साझा गर्न सक्छु -

(1) आफ्नो मस्तिष्कको बाच्ने रणनीतिहरू बारे सचेत रहनुहोस्। आलोचना र बाच्ने रणनीतिहरूले तपाईंको भविष्य बिगारिरहेका छन्। एरिस्तोले एक पटक भनेका थिए, "आलोचनाबाट बाच्ने एउटै उपाय छ: केहि नगर्नुहोस्, केहि नभन्नुहोस्, र केहि नहुनुहोस्।"

आलोचनाबाट जोगिनाले तपाईंलाई कमजोर बनाउँछ भन्ने बुझ्नुपर्छ। आलोचनाले तपाईंलाई हानि गर्दैन, तर यसमा तपाईंको प्रतिक्रियाले तपाईंको मर्मलाई चोट पुर्‍याउँछ। ढिलाई गर्ने यो बानीको मतलब यो हो कि तपाईंले संसारबाट आफ्ना उपहारहरू त्याग्दै हुनुहुन्छ। आलोचनाको डरलाई आफ्नो सफलताको बाटोमा आउन नदिनुहोस्।

(2) कसलाई तपाइँको आलोचना गर्न अनुमति छ निर्णय गर्नुहोस्। सबै आलोचकहरू समान हुँदैनन्, र त्यहाँ केही छन् जसलाई तपाईंको आलोचना गर्ने अधिकार पनि हुनुहुँदैन। एक सूची बनाउनुहोस् र ती व्यक्तिहरूको लागि

सीमाहरू निर्धारण गर्नुहोस् जसले तपाईंलाई सकारात्मक प्रतिक्रिया प्रदान गर्न र बाँकीलाई खारेज गर्न सक्छ।

सूचीमा रहेका व्यक्तिहरूका बिचमा एक सल्लाहकार हुनु एक उत्कृष्ट छनौट वा विकल्प हो, किनकि

यसले सुरक्षित वातावरणमा आलोचना प्राप्त गर्न वास्तविक अभ्यास प्रदान गरेर यसलाई कम डरलाग्दो अनुभव बनाउन सक्छ।

मेरो रणनीति भनेको व्यक्तिहरूको सूची बनाउनु हो जससँग तपाई खुला हुनुहुन्छ र प्रतिक्रिया प्राप्त गर्न इच्छुक हुनुहुन्छ। तपाईंको सूचीमा नभएकाहरूको प्रतिक्रियालाई पनि बेवास्ता अथवा अवहेलना गर्नु हुँदैन।

एउटा सानो सूचीको साथ सुरु गर्नुहोस् र विस्तार गर्नुहोस् जब तपाईंलाई लाग्छ कि तपाई केही थप्न सक्नुहुन्छ। अन्यथा, त्यहाँ मानिसहरू छन् जो सुधारको कुनै नियत बिना तपाईंको हरेक कामको आलोचना गर्ने बानीमा पर्छन्, तपाईं तिनीहरूबाट सुन्न चाहनुहुन्न।

रचनात्मक आलोचना भनेको सुन्न र सुधार गर्ने उद्देश्यका साथ स्वीकार गर्नु हो। यदि कसैले तपाईंलाई भन्यो, "तपाईंले कति खराब काम गर्नुभएको छ!" त्यसैले यस्तो प्रतिक्रिया दिने व्यक्तिले तपाईंलाई मद्दत गर्न कुनै चासो राख्दैन।

सिकाइ र सुधारमा फोकस गर्नुहोस्, बाहिरी संसारले दिएको स्वीकृतिमा होइन। तपाईंले यो दार्शनिक विचारलाई अपनाउनुपर्छ कि यदि उदासीनताको स्रोतको रूपमा आलोचनाबाट टाढा रहनुको सट्टा तपाई यसको सकारात्मक रूपमा आकर्षित हुनुहुन्छ भने, यो एक उपकरण हो जसले तपाईंलाई अगाडि बढ्न मद्दत गर्दछ।

आलोचनाको रचनात्मकतालाई विचार गर्नुहोस्, यसमा सत्यको डल्लाहरू फेला पार्नुहोस्, र यसलाई तपाईंलाई ठूलो स्तरमा लैजान दिनुहोस्। आलोचनालाई तपाईंले हिजोको तुलनामा आज आफैंमा बडप्पन ल्याउन मद्दत गर्ने तरिकाको रूपमा परिभाषित गर्नुहोस्। ती आवाजहरूमा फर्कनुहोस् जसले तपाईंलाई अगाडि बढ्न मद्दत गर्नको लागि तपाईं भित्र ऊर्जावान छन्। तपाईंले प्रतिक्रिया दिने पालो हुँदा मद्दत गर्ने उद्देश्यले अरु कसैलाई रचनात्मक प्रतिक्रिया पनि दिन सक्नुहुन्छ।

आफ्नो गरी-टोपल्ले गर्ने मस्तिष्कलाई नियन्त्रणमा राख्नु

जब मैले मेरो डरलाई बुझे, मैले बुझें कि मेरो जीवनको सबैभन्दा ठुलो शत्रु मेरो आफ्नै मन हो। मैले आफैँसँग वाचा गरें: त्यस क्षणदेखि नै, मलाई कठिन कामहरू गर्न देखि डर लाग्दैन। मनको कोठरीमा, ओछ्यानमुनि र हरेक अँध्यारो ठाउँमा लुकेर बसेका सबै काम मैले गरें। जहाँ डरले मेरो आरामको रक्षा गरिरहेको थियो।

यदि वास्तवमा हामीसँग भएको सबैभन्दा ठुलो सम्पत्ति हाम्रो मस्तिष्क हो भने, असफलताको सट्टा सफलताको कथा लेख्न यो हतियारलाई उपयोगी उपकरणको रूपमा प्रयोग गरौं।

अन्ततः निष्कर्ष यो हो कि तपाइँ तपाइँको जीवन कसरी बिताउनुहुन्छ तपाइँको मस्तिष्कको व्यवस्थापन मा निर्भर गर्दछ।

हामीले मिथ्या झूट सुन्नको लागि मनको प्रलोभनको प्रतिरोध गर्नुपर्छ; यो हाम्रो अहंकार हो जसले हाम्रा प्रतिरोधहरूको रक्षा गर्छ। डर नियन्त्रण गर्दा साहस बन्छ। जीवनको लडाइमा डर सधैं हाम्रो शत्रु भए पनि, हामी डरलाई पराजित गर्दैनौं। बरु, हामी यो डरको सामना गर्नुको सट्टा शान्तिको वार्ता गर्छौं र मात्र भन्छौं, "म गढमा अधिकार गर्दैछु। तिमी अब एकतर्फ हट।।"

तर, हामी बहानाबाजी दिने वा ढिलाइ गर्नेहरूलाई थाहा छ कि डरलाई जित्न सधैं सजिलो हुँदैन। र कहिलेकाहीँ, सबैभन्दा ठुलो इरादा र उत्तम प्रयासहरूको बावजुद, हामी असफल हुन्छौं। ढिलाइ गर्ने विवेकशील मानवको शत्रु भनेको मनको निरन्तर आन्तरिक संघर्ष हो ... हाम्रो आफ्नै चंचल बाँदर जस्तै मस्तिष्कसँग!

आफूलाई सधैं तपाईं त्यो व्यक्तिका जग्गामा राखेर हेर्नुहोस् जसले तपाईंलाई सधैं चाहन्छ।। डर हट्नेछ, र साहसले तपाईंलाई नयाँ यात्रामा लैजानेछ।

तपाईंलाई धेरै साहसको आवश्यकता छैन। तपाईंले नयाँ चाल सिक्न वा आफ्नो बारेमा कसरी राम्रो महसुस गर्ने भन्ने बारे पाठ्यक्रम लिन पैसा खर्च गर्न आवश्यक पर्दैन। अब तपाईं भित्र तपाईंले चाहेको सबै कुरा छ। तपाईं साहसी हुनुहुन्छ। तपाईंका भित्र सधैं साहस रहेको छ।

तपाईं बाहेक कोही पनि तपाईंको भित्र पुगेर डरलाई बाहिर निकाल्न सक्दैन।

आगामी महिनाहरूमा, मैले नयाँ मस्तिष्क निर्माणमा ध्यान केन्द्रित गरें। म दिनको तीस मिनेट बसेर आफ्नो बारेमा सोच्ने गर्थे। मैले जिम रान, टोनी रॉबिन्स र जिग जिगलर जस्ता महान दार्शनिकहरू र व्यक्तित्व विकास मास्टरहरूद्वारा लेखिएका पुस्तकहरू पढें।

मैले मेरो निराशालाई उद्देश्यपूर्ण मिशनमा परिणत गरें। म भित्र विकास भएको शान्तिको अनुभूति मैले पहिले कहिल्यै महसुस गरेको थिएन। मलाई यस्तो लाग्थो मानौं म अराजकतामा बाँचिरहेको थियो, त्यो अहिले शान्त भएको छ।

आत्म-अस्वीकार, निर्णय र आत्म-प्रतिबन्धहरूको अब म मा पकड थिएन।

मैले छोडेको स्वतन्त्रताको भावनालाई मैले बुझें। हेर्नुहोस्, मैले कसरी मेरो डरलाई बन्द गरें र एक पटक समय यसको साथ बोतलमा बन्दी थिए!

यदि तपाईंले कहिले काँचको छत/भित्ताको अवधारणाको बारेमा सुन्नुभएको छ भने, यो एक रूपक हो जुन 80 को दशकमा महिला वा अल्पसंख्यकहरूलाई वर्णन गर्नको लागि उत्पन्न भएको थियो जसलाई काममा पदोन्नति प्राप्त गर्नबाट रोकिएको थियो। हामी यसलाई हाम्रो व्यक्तिगत सीमितताहरू वर्णन गर्न प्रयोग गर्न सक्छौं।

यो तब हुन्छ जब तपाईं एक निश्चित चरणमा पुग्नुहुन्छ जहाँ तपाईं अब बढ्न वा प्रगति गर्नुहुन्न। तपाईं जहाँ हुनुहुन्छ त्यहीं अड्किनुहुन्छ। अरु सबैले पदोन्नति कमाउँछन्, आफ्नो जीवनमा अघि बढ्छन्, र महत्त्वपूर्ण प्रगति गर्छन्।

म मेरो मस्तिष्कमा सिसाको छत/पर्खालसँग जुझिरहेको थिए र जब त्यो भत्कियो म जे पनि गर्न स्वतन्त्र थिएँ। यो सिसाको छतले मैले आफैंमा लगाएको सीमितताहरू प्रतिनिधित्व गरिरहेको थियो। निस्सन्देह, यो अवरोध म आफै थिए।

अब समस्याको पर्दाफास भएपछि मैले त्यसमा व्यापक रूपमा काम गरें र अगाडि बढ्न थालें। त्यसमा फसिरहनु पीडादायक थियो।

अब उही गल्ती दोहोर्‍याउनु र मेरो सीमित क्षमताको सबैभन्दा खराब बनाउनु मलाई अस्वीकार्य थियो। मानिसको रूपमा, हामी अन्वेषण र बढ्नको लागि हो, र महानताको बाटो कठिनाइहरू मार्फत जान्छ।

जब म त्यो पुरानो शत्रु, डर, मेरो मनमा उठेको महसुस गर्छु, म एक क्षण रोकिन्छु, गहिरो सास फेर्छु र आफैलाई सोध्छु, "तँलाई कोसँग डरलाग्छ?" त किन डराउँछस्? के कुनै नकारात्मक नतिजाको भविष्यवाणी गर्दैछस्?

धेरै जसो अवस्थामा, मेरो दिमाग अस्वीकार, असफलता, वा तुलनाको डर वरिपरि बेरिएको छ। यदि यो डर ममा यसरी फैलियो भने, यसले मलाई मूर्ख वा, नराम्रो, अयोग्य जस्तो देखिन बनाउन सक्छ।

मन भित्रको डर वास्तविक देखिन्छ। तपाईंसँग कुरा गर्ने आवाजहरू छुट्टै इकाई हुन् भनी विश्वास गर्न आफैलाई छल गर्न सजिलो छ। तर वास्तविकतामा त्यो आवाज 'तपाईं नै' हो।

तपाईंभित्रको बच्चा अन्धकारमा लुकेको छ। यो तपाईंको अहंकार हो जुन इच्छित परिणाम नपाएर लज्जित हुन्छ।

त्यहाँ एक उत्तम योजना जस्तो कुनै चीज छैन त्यसैले त्यहाँ कहिल्यै पूर्ण परिणाम हुनेछैन। हामीसँग एउटै ग्यारेन्टी छ कि डर राख्ने र प्रत्यक्ष कारबाही नगर्दा असफलता निम्त्याउने निश्चित छ।

यहाँ एकजना सल्लाहकारले मलाई एक पटक दिएको सल्लाह छ:

"परिवर्तनको साथ सहज हुनुहोस्। आफ्नो लक्ष्यहरूलाई समर्थन गर्न नयाँ बानीहरू सिर्जना गर्नुहोस्। त्यसपछि डर कसरी मासिन्छ हेर्नुहोस्।"

मेरो डरले मलाई आरामको बानीमा आत्मसमर्पण गरेर हँसाइरहेको थियो। यदि म साँच्चै नियतका साथ जीवन बिताउन चाहन्छु भने मैले पुरानो दिनचर्या तोडेर नयाँ बानीहरू र राम्रो बानीहरू सिर्जना गर्न आवश्यक छ जुन जीवनको सपनाहरूको वास्तविकतामा म बाँच्न चाहन्छु।

यी डरहरू हटाउन, मैले हरेक दिन नयाँ दृष्टिकोण अपनाउनु पर्‍यो। डरले निष्क्रियता र मानसिक पक्षाघात तर्फ तानी लान्छ। यस डरको धेरै जसो खराब बानीहरूसँग जोडिएको छ जसले डरलाई प्रोत्साहन दिन्छ। परिवर्तनको अर्थ नयाँ तरिकामा चीजहरू गर्नु, नयाँ प्रयास गर्दा जोखिम लिनु, र असहज चुनौतीहरूको जिम्मा लिनु हो।

जब अगाडि बढ्ने डरले रोकिने डर बढ्छ, तब काम गर्नुपर्छ। मेरो सम्पूर्ण डर असफलतामा केन्द्रित थियो। मलाई थाहा नभएका कामहरूमा असफल हुने डर थियो। आफूले सक्दो सर्वश्रेष्ठ गर्न सक्दिन कि भन्ने डर थियो।

मलाई डर थियो कि यदि मैले गल्ती गरें भने संसारले मलाई जज गर्नेछ भनि। मलाई मेरो निराशाजनक नतिजाले मेरो परिवारलाई निराश पार्ने डर थियो।

म असफलतासँग डराउँछु, र यो डर गरी-टोपल्ने बानीमा हुर्किन्छ। हामी आफैंलाई निराश गर्न चाहँदैनौं र यो डरले कठिन काम गर्नबाट बच्न चाहन्छौं, तर सबैभन्दा ठूलो निराशा भनेको प्रयासमा असफल हुनु होइन, प्रयास नगर्नु र आफ्नो जीवनलाई डरको हातमा सुम्पि दिनु हो, यो आफैमा सबैभन्दा ठूलो निराशा हो। असफलता हो।

आफ्नो भित्रबाट आएको असफलताको डरको आवाज सुनेर र आफ्नो अपेक्षा पूरा नगर्दा मेरो डर बढ्दै गइरहेको थियो। यो प्रतिक्रिया तपाईं भित्र डर को एक बलियो फाँसी बन्छ। मैले मेरो धेरै समय दिशाहीन, यता उता घुम्दै बिताएँ। तर व्यस्त हुनु र सकारात्मक प्रगति गर्नु एउटै कुरा होइन।

आफ्नो भित्री डरमा आफूभन्दा बढी विश्वास गर्नाले डरको अवस्थालाई बलियो बनाउँछ। यसले तपाईंलाई गर्न डराउनु भएको सबै कुरामा तपाईंको संलग्नतालाई बलियो बनाउँछ।

कठिन कामहरू पहिली गर्नुहोसको (डु दा हार्ड थिंग्स फ़र्स्ट) उद्देश्य तपाईंको डरलाई जिल्नु र डरलाग्दो लक्ष्यहरूतर्फ प्रत्यक्ष कारबाही गर्नु हो। जब तपाईं तपाईंको डरको रक्षा गर्नुहुन्छ तपाईं "आनन्द वा आराम गतिविधिहरु" मा संलग्न हुनुहुन्छ। त्यसपछि यी पुराना बानीहरू वरिपरि रहन्छन्, किनभने तिनीहरूको नतिजा अनुमान गर्न सकिन्छ।

यदि तपाईं एक अनुमानित जीवन बिताइरहनुभएको छ भने, तपाईं आफ्नो पुरानो बानीहरू र दिनचर्याहरू पछ्याउने ठाउँमा अड्किनुभएको छ।

मलाई पुरानो तरिकाले काम गर्ने र फरक नतिजाको अपेक्षा गर्ने लत थियो। जुन वास्तविकताबाट टाढा मात्र होइन, असफलताको नुस्खा पनि हो।

अल्बर्ट आइन्स्टाइनले भनेजस्तै, "पागलपनको परिभाषा भनेको एउटै कुरा बारम्बार गर्नु र फरक परिणामको अपेक्षा गर्नु हो।"

वास्तविक विजय उच्च स्थानहरूमा तपाईंको लागि पर्खिरहेको छ, तर त्यहाँ पुग्न नयाँ बानीहरू सिर्जना गर्नुहोस्। यदि तपाईं शीर्षमा पुग्नको लागि एउटै चयन सिँढीहरू चढिरहनुभयो भने, तपाईं सधैं एउटै गन्तव्यमा समाप्त हुनुहुनेछ केवल, शीर्षमा होइन।

याद राख्नु......

कि तपाईंमा उत्कृष्टता छ। तपाईं साहसी हुनुहुन्छ। तपाईं निडर हुनुहुन्छ।

तपाईंको अनन्त ब्रह्माण्डको साँचोहरू समात्न यी मध्ये कुनै पनि चीजहरूको अभाव नगर्नुहोस्।

निम्न मन्त्रलाई दिनहुँ सकेसम्म धेरै पटक दोहोर्याउनुहोस्:

> *"म महान छु। म निडर छु। म साहसी छु।"*

अगाडि बढ्नु

अब तपाईंले आफ्नो भित्र पर्दा पछाडि दौडिरहेका सबै डर, शंका, अनिश्चितता र डरहरू बुझ्नुहुन्छ। तर, 'कसरी' को आवश्यकतानै छैन?

अर्को खण्डमा, तपाईंले मेरो व्यवस्थित दृष्टिकोण पढ्नुहुनेछ जसले तपाईंलाई ढिलाइको बानी हटाउन मद्दत गर्ने छ।

गतिलाई जारी राखौं र हामी किन कठिन कार्यहरूमा ढिलाइ गर्छौं भन्ने कारणहरूमा गहिरो विचार गरौं। यदि हामी यसलाई पूर्ण रूपमा अन्त्य गर्न चाहन्छौं भने ....

दसवोटा कारण जसले गर्दा हामी कामहरू आगामी दिनलाई भनि छोडिदिन्छु

"मलाई लाग्छ जति मेहनत गर्छु, त्यति नै भाग्यलाई पनि पाउँछु।"

—थॉमस जेफ़रसन

पछिल्लो अध्यायमा हामीले पाँचवटा मुख्य डरहरूका बारेमा चर्चा गर्यो/आशङ्काहरूका बारेमा ध्यान दियौं, जसको कारणले हामी भित्र गरी-टोपल्ने बानी विकास हुन्छ। अब, यहाँ दस कारणहरू छन् जुन हाम्रो दिमागलाई छल गर्छ र जीवनमा महत्त्वपूर्ण कार्यहरू ढिलाइको लागि जिम्मेवार छन्।

यदि तपाइँ सोच्दै हुनुहुन्छ कि तपाइँ किन काममा ढिलाइ गर्नुहुन्छ, यो सूची जाँच गर्नुहोस्, र यी मध्ये कुन कारणहरू तपाईंमा लागू हुन्छन् भनेर पत्ता लगाउन प्रयास गर्नुहोस्। यसो गर्दा आफैसँग इमानदार हुने प्रयास गर्नुहोस्, किनकि तपाईंको ढिलाइ गर्ने बानीलाई सफलतापूर्वक सच्याउनको लागि अन्तर्निहित कारणहरू पत्ता लगाउन महत्त्वपूर्ण छ।

तपाईंको ढिलाइसँग सफलतापूर्वक सम्झौता गर्न, तपाइँ किन ढिलाइ गर्नुहुन्छ, र तपाईंको ढिलाइले तपाईंलाई तपाईंको लक्ष्यहरू प्राप्त गर्नबाट कसरी रोक्छ भनेर पत्तो लगाउन आवश्यक छ ताकि तपाइँ उचित टार-टुर गर्ने विरोधी प्रविधिहरूमा आधारित ठोस योजनाको साथ आउन सक्नुहोस्। यी प्रविधिहरूले तपाईंलाई तपाईंको गरी-टोपल्न ट्रिगर गर्ने(उक्साउने) कुरासँग सम्झौता गर्न मद्दत गर्नेछ।

पाँच प्रमुख डरहरूको अतिरिक्त, यहाँ ढिलाइको लागि दस सबैभन्दा सामान्य कारणहरू छन्। ढिलाइको कारणहरू जान्नुहोस् जसले तपाईंलाई बहानाको रूपमा चिनाएको छ। यो अभ्यास नछोड्नुहोस्। तपाई यहाँ व्यवहार सिक्नु हुन्छ र कुनै पनि अपूर्णताको लागि आफैलाई जज नगर्नुहोस्।

यस क्षणबाट म तपाईंलाई एक अद्भुत व्यक्तिको रूपमा स्थापित गर्न चाहन्छु। तपाई आफैं तब कति सर्वश्रेष्ठ बन्न सक्नुहुन्छ हामीले ढिलाइबाट अनुभव गर्ने पीडालाई निको पार्दा, जुन कार्य हामी अगाडिको लागि भनेर छोड्दछौं।

हामीलाई थाहा छ हामी डराउँछौं; हामीलाई थाहा छ हामीसँग कमजोरीहरू छन्। यो मानव अनुभव हो, यसको स्वागत गर्नुहोस्।

स्पष्ट रूपमा बुझ्नको लागि यी प्रत्येक कारणहरूमा गहिरिएर हेरौं। तपाई कार्यहरूबाट टाढै रहनुको एक देखि तीनवटा कारणहरू पहिचान गर्नुहोस्। यसले तपाईलाई छिटो ठिक हुनुमा मद्दत गर्नेछ। तपाईले यस प्रणाली मार्फत काम गर्दा, तपाईले झूटको पर्दा हटाउनुहुन्छ र तपाईले चाहानु भएको सबै कुरा अर्को तिर तपाईको पर्खाइमा छ।

सम्भावित भविष्य पुरस्कारहरू

मानिसहरूले कार्य पूरा गर्नका लागि मात्र पुरस्कार र इनामहरूसँग सम्बन्धित कार्यहरू गरेपछि मात्रै पाउन सकिन्छ। किनभने मानिसहरूले टाढाको भविष्यको पुरस्कारको मूल्यलाई कम आँकलन गर्छन्। यसलाई अस्थायी वा छुटको रूपमा चिनिन्छ।

हामी भविष्यमा बचत गर्ने लक्ष्य राख्छौं, तर वर्तमानमा पैसा बचत गर्ने मूल्य हाम्रो तुलनामा कम देखिन्छ। भविष्य स्वयम् धन चाहन्छ, तर वर्तमान आत्म जीवनको आनन्द उठाउन र खर्च गर्न चाहन्छ।

छोटो अवधिमा पुरस्कृत हुने गतिविधिहरूमा संलग्न भएर तपाई वर्तमान पूर्वाग्रही मानसिकताको एक हिस्सा बन्न सक्नुहुन्छ। जुन तपाईले दीर्घकालीन कार्यहरूको खर्चमा छान्नुहुन्छ जसले सम्भावित रूपमा राम्रो परिणामहरू निम्त्याउँछ।

याद गर्नुहोस् कि पुरस्कार प्राप्त गर्नको लागि लिइएको समय र त्यो पुरस्कारको कथित मूल्य बिचको सम्बन्ध सामान्यतया स्थिर हुन्छ, जसको मतलब पुरस्कार प्राप्त गर्न लाग्रे समय बढ्दै जाँदा, पुरस्कारको मूल्य उही दरमा घट्छ।

अर्थात्, भविष्यमा पुरस्कार प्राप्त गर्न जति लामो समय लाग्छ, प्राप्तकर्तालाई पुरस्कारको मूल्य त्यति नै कम हुनेछ।

हामीले पुरस्कारहरू प्राप्त गर्ने तरिकामा ठुलो भिन्नता छ। एउटा उदाहरणबाट बुझौं। उदाहरणका लागि, हामीले प्राप्त गर्नुपर्ने पुरस्कारहरू बिचको समय हामीलाई सप्ताह पछि प्राप्त हुने पुरस्कारहरू भन्दा लामो लाग्छ। तर यदि हामीले एक वर्षपछि अर्को र एक वर्ष एक सप्ताहपछि अर्को अवार्ड पाउनुपर्यो भने दुवै पाउनुमा फरक उस्तै भए पनि धेरै कम देखिन्छ।

त्यसैगरी, एक दिनमा पुरस्कार प्राप्त गर्नुको तुलनामा एक वर्षपछि पुरस्कार पाउनेमा ठुलो भिन्नता छ। र एक वर्षमा अवार्ड पाएको तुलनामा दुई वर्षमा पाएको भिन्नता कम देखिन्छ।

यस दृष्टिकोणलाई मनोविज्ञानमा *हाइपरबाँलिक डिस्काउंटिंग* (अतिशयोक्तिपूर्ण छुट) भनिन्छ। यो अर्को मनोवैज्ञानिक दृष्टिकोणसँग विपरित छ, घातीय छुट, जुन अस्थायी छुटको समय-सुसंगत मोडेल हो। जसमा पुरस्कार प्राप्त गर्नको लागि ढिलाइ वा समयले पुरस्कारको कथित मूल्यमा कुनै प्रभाव पार्दैन, चाहे त्यो समय भविष्यमा जतिसुकै टाढा होस्।

यस कारणले गर्दा, केही व्यक्तिहरूले आफ्नो दैनिक आहारमा स्वस्थ आहार(healthy diet) समावेश गर्न टार-टुर गर्न सक्छन्, यद्यपि यो उनीहरूको लागि महत्त्वपूर्ण छ किनभने तिनीहरूको वर्तमान आहारको हानिकारक प्रभावहरू केही वर्षहरूमा मात्र देख्छन् जसरी अरुको समस्या गम्भीर समस्या बन्न थाल्छ। (अर्थात् आज अरुले भोग्नु परेको पीडा उनीहरुको भविष्य हो)

वर्तमान र भविष्य बिचको सम्बन्धको यो अभावले मानिसहरूलाई विभिन्न तरिकामा टार-टुर गर्छ। उदाहरणका लागि, यसले उनीहरूलाई सोच्न प्रेरित गर्न सक्छ कि तिनीहरूको वर्तमान स्वयंले चिन्ता लिनु आवश्यक छैन, किनभने तिनीहरूको भविष्यको स्वयंले तिनीहरूले रोकेका सबै कार्यहरूको ख्याल राख्नेछ वा समयमै पूरा नभएका कार्यहरूको परिणामहरू पनि सामना गर्नेछ। भन्नुको अर्थ जे हुन्छ देखा जान्छ।।

त्यसैगरी, यसले उनीहरूलाई आफ्नो वर्तमान कामको प्रतिफल भविष्यमा प्राप्त हुने भएकाले अहिलेको काम गरेर आफ्नो वर्तमान स्वयम्लाई अप्ठ्यारोमा पार्नु हुँदैन भन्ने सोच्न पनि प्रेरित गर्न सक्छ।

तदनुसार, मानिसहरूले प्रायः गतिविधिहरूमा संलग्न हुन छनौट गरेर वर्तमान पूर्वाग्रह देखाउँछन् जसले तिनीहरूलाई छोटो अवधिमा दीर्घकालीन रूपमा राम्रो नतिजा ल्याउने कार्यहरूको किमत पुरस्कृत गर्दछ।

आत्म-नियन्त्रण विनियमित गर्न कमजोर क्षमता

आत्म-नियन्त्रण वा आत्म-नियमनले व्यक्तिको भावनात्मक र बानी व्यवहार मार्फत आफ्नै गतिविधिहरू नियन्त्रण गर्ने क्षमतालाई बुझाउँछ।

कमजोर स्वास्थ्य वा कमजोर संज्ञानात्मक कार्यको कारणले आत्म-नियन्त्रण असफल हुन्छ मानिसहरूलाई ढिलाइ हुने सम्भावना हुन्छ, किनभने यो सीधा आफ्नो नियमित रूपमा व्यवस्थापन गर्ने क्षमतासँग सम्बन्धित छ।

थोरै आत्म-नियन्त्रण भएको व्यक्तिले टिभी हेर्दै घण्टा बिताउन सक्छ, लगातार आफूलाई शो समाप्त हुने बित्तिकै काममा फर्किनेछ भनेर।

अपर्याप्त वा कम आत्म-नियन्त्रणले मानिसहरूलाई सजिलै पुग्नेयोग्य व्यवहारहरूमा संलग्न गराउन सक्छ। तिनीहरू स्वाभाविक रूपमा संलग्न कार्यहरूमा काम गर्नुको सट्टा धेरै सजिलो कार्यहरू तिर आकर्षित हुन्छन्। यसको मतलब तिनीहरू केहि फरक प्रयास गर्नुको सट्टा सजिलोमा आकर्षित हुन्छन्।

*डु द हार्ड थिंग्स फर्स्ट*मा, हामी आत्म-नियन्त्रणको बारेमा तपाईंको जागरूकता बढाउन र छनौट गर्दा नियन्त्रण बाहिर भएको महसुस गर्दा ती पलहरूलाई व्यवस्थापन गर्न मद्दत गर्नको लागि हामी उत्कृष्ट रणनीतिहरूमा काम गर्नेछौं।

कामबाट विमुखता/कार्यहरूमा टालमटोल

मानिसहरू प्राय: राम्रो प्रदर्शन चाहिने कार्यहरूबाट बच्न वा बेवास्ता गर्न चाहन्छन्। यो मानसिक प्रतिरोध हो जसले दिमागलाई मनोरञ्जनको माध्यमको रूपमा आनन्द-आधारित गतिविधिहरू खोज्न उत्प्रेरित गर्दछ।

उदाहरणका लागि, यदि तपाईंले मन नपराउने व्यक्तिलाई महत्त्वपूर्ण फोन कल गर्नु पर्छ भने, तपाईंले कल गर्नुको सट्टा टिभी हेर्न वा भिडियो गेम खेल्न थाल्नुहुन्छ।

यो तब हुन्छ जब कुनै विशेष कार्य तपाईंलाई आकर्षक देखिन्छ। तपाईंलाई कुनै कार्य जति धेरै मन पर्दैन, तपाईंले त्यसलाई बेवास्ता गर्ने सम्भावना बढी हुन्छ र तपाईंले एक्शन लिन ढिलाइ गर्ने सम्भावना बढी हुन्छ। त्यहाँ धेरै चीजहरू छन् जसले व्यक्तिलाई कुनै पनि कामबाट टाढा लैजान सक्छ वा अनिच्छा उत्पन्न गर्न सक्छ। उदाहरणका लागि, एक व्यक्तिलाई कुनै काम निराशाजनक, थकाऊ, वा बिरक्ति लाग्न सक्छ। तिनीहरूले कामबाट बच्न पनि सक्छन् किनभने तिनीहरू विश्वास गर्छन् कि कामको कठिनाइ र यो गर्न सक्ने तिनीहरूको क्षमता बिच अन्तर छ, त्यसैले तिनीहरूले कामलाई ह्यान्डल गर्न धेरै गाह्रो महसुस गर्न सक्छन्।

चिन्ता(Anxiety)सम्बन्धीत कार्यहरू

के तपाइँ कहिले कुनै विशेष कार्य गर्न सोच्दा तनाव महसुस गर्नुहुन्छ? यदि त्यसो हो भने, तपाईंले यस कार्यमा टालमटोल गर्ने अधिक सम्भावना छ।

तसर्थ, चिन्ता वा चिन्ता निम्त्याउने काम जतिसुकै महत्त्वपूर्ण होस्, तपाई टालमाटोल गरेर त्यसलाई गर्नबाट जोगिन खोज्नुहुन्छ।

टार-टुरको कारण तपाईंको चिन्ता बढ्द छ तब यो एक समस्या बनिन्छ। यसले तपाईंलाई प्रक्रियाप्रति संवेदनशील बनाउन सक्छ अर्थात् प्रतिक्रिया(फ़ीडबैक) लूप प्रति लैजान्छ जहाँ तपाई कुनै विशेष कार्यको बारेमा चिन्ता महसुस गर्नुहुन्छ (बिल तिर्न, कुनै विशेष कुराकानीमा कठिनाइ)। यी केही कारणहरू हुन सक्छन् जसका कारण तपाईंले कामलाई सीधै लिनुको सट्टा काममा ढिलाइ गर्नुभयो।

यो ढिलाइको जालले तपाईंलाई थप बेचैन बनाउँछ र यसरी तपाई यस काल टालमटोलको चक्रमा फँस्दै जानुहुन्छ।

उदाहरणका लागि, कहिलेकाहीँ यस्तो हुन सक्छ कि तपाईंको तल्लो ढाडमा हल्का दुखाइ छ जुन निको भएको छैन। तर तपाई डाक्टरसँग भेटघाट गर्न डराउनुहुन्छ र तपाई आफैंमा राम्रो हुने प्रतीक्षा गर्नुहुन्छ। तर तपाई आफ्नो मनमा साँच्चै चिन्तित हुनुहुन्छ कि पीडा ठीक भएको छैन र तपाई अब जानु पर्छ।

त्यस्ता धेरै चीजहरू छन् जुन हामी प्राय: बेवास्ता गर्छौं कि तिनीहरू "गायब" हुनेछन् वा आफैंमा राम्रो हुनेछन्, तर केहि चीजहरू त्यसरी काम गर्दैनन्। जबसम्म तपाइँ तिनीहरूलाई बेवास्ता गरिरहनु हुन्छ, तपाइँ खराब महसुस गरिरहनु हुनेछ।

ढिलाइ यस्तै एक युक्ति हो, जसको उपयोग असहज गतिविधि वा तनाव निम्त्याउने कार्यहरूको पीडाबाट बच्नको लागि गरिन्छ। यहाँ यो उल्लेख गर्न महत्त्वपूर्ण छ कि तपाइँको तनाव, चिन्ता वा भारीपन को भावना सीधा तपाईँले सिर्जना गरिरहनु भएको विचार संग सम्बन्धित छ। हो, अनुभवहरू विचारहरूद्वारा सिर्जना हुन्छन्।

जब तपाईँको विचार काम गर्न र सकारात्मक परिणाम प्राप्त गर्न दिसामा हुन्छ, त्यसपछि अर्को पटक काम गर्दा अप्ठ्यारो महसुस गर्नुहुन्छ, त्यसको परिणामको बारेमा सोच्नुहोस्।

तीस मिनेट आफ्नो कार्यमा काम गरेपछि तपाईँलाई कस्तो लाग्छ? तपाईँले काम पूरा नगर्नुभए पनि, तपाईँले केहि सुरु गर्नुभएको छ। अब तपाईँसँग त्यो डाक्टरलाई कल गर्ने वा अनलाइन अपाँइंटमेंट लिने आत्मविश्वास छ, नि? अब तपाई राम्रो महसुस गर्दै हुनुहुन्छ र तपाईँको चिन्ताको भावना राहतमा परिणत भएको छ।

चिन्ता वा बेचैनी महसुस गर्नुका अन्य कारण पनि हुन सक्छन्, तर यहाँ हामीले बहाना बनाउने र महत्त्वपूर्ण काममा ढिलाइ गर्ने विषयमा मात्र कुरा गरिरहेका छौं।

बस, कुरा यो हो कि तपाईँले गर्नु अघि कामको भारीपन महसुस गर्नुहुन्छ र पछि ठुलो राहत महसुस गर्नुहुन्छ।

एडीएचडी(अटेंशन डेफ़िसिट हाइपरएक्टिविटी डिसऑर्डर))

यो पुस्तक विशेष गरी ADHD विकारको गहिराइमा डुबुल्की लगाउँदैन। यद्यपि, एडीएचडी ले 20% बालबालिका र वयस्कहरूलाई असर गर्छ। अनुसन्धानले प्रमाणित गर्छ कि एडीएचडी-सम्बन्धित व्यवहार र ढिलाइ बिचको प्रत्यक्ष सम्बन्ध छ। यदि त्यसो हो भने, म तीनवटा सिफारिसहरू प्रस्ताव गर्नेछु।

1. जाँच गर्न र सल्लाह प्राप्त गर्न आफ्नो स्थानीय डाक्टरमा जानुहोस्।
2. एउटा पुस्तक जसले मलाई धेरै मद्दत गरेको छ (परीक्षण बाहेक) एडवर्ड एम. हेलोवेल एम.डी. र जोन जे.रेटी, एम.डी. द्वारा लेखिएको ड्राइभन टु डिस्ट्रेक्सन हो।
3. निम्न लिङ्कमा गएर अमेरिकन साइकियाट्रिक एसोसिएसनमा थप जान्नुहोस्: https://www.psychiatry.org/patientsfamilies/adhd/what-is-adhd काल्पनिक वा अस्पष्ट लक्ष्यहरू

जब तपाईंका लक्ष्यहरू अस्पष्ट, काल्पनिक, वा समयसीमा बिना हुन्छन्, तिनीहरू ढिलाइ वा बन्द हुने सम्भावना बढी हुन्छ।

जब तपाईंसँग ठोस, स्पष्ट र समयबद्ध लक्ष्यहरू छन्, तपाई बढी सक्रिय र काममा केन्द्रित हुनुहुन्छ।

उदाहरणका लागि, म "मेरो शरीरलाई एउटा आकारमा प्राप्त गर्न" वा "व्यायाम सुरु गर्न" वा "म यस वर्ष पैसा बचत गर्न चाहन्छु," यी लक्ष्यहरू कुनै पनि प्रेरणात्मक ऊर्जा प्रदान गर्न अस्पष्ट छन्।

अस्पष्ट लक्ष्यहरू छोड्नुहोस् र स्पष्ट रणनीति सिर्जना गरेर तपाइँ के चाहानुहुन्छ पछि जानुहोस्। जस्तै-

"म आगामी साठी दिनमा 5 किलोग्राम वजन घटाउन चाहन्छु, र यो लक्ष्य हासिल गर्न म सप्ताहको तीन दिन सोमबार, बुधवार र शुक्रबार कसरत गर्नेछु। साथै, म चिनी हालेर बनाइएको खाजा खान छोड्नेछु र "म प्रतिदिन बीस मिनेट कार्डियोको सेट गर्नेछु।"

यदि तपाइँ यस वर्ष पैसा बचत गर्न चाहनुहुन्छ भने: "म प्रति महिना $ 300 बचत गर्ने योजना गर्छु र पहिले आफैलाई तिर्ने छु र प्रत्येक महिनाको सुरुमा, म पैसा यो छुट्टै खातामा राख्नेछु।"

थप पैसा कसरी कमाउने वा खर्चहरू बचत गर्ने भनेर विस्तृत रूपमा विचार गरेर तपाईं आफ्नो लक्ष्यहरूमा गहिरो जान सक्नुहुन्छ। यसका लागि तपाईंले नयाँ विधिहरू प्राप्त गर्नुहुन्छ।

म अर्को खण्डमा थप विवरणमा लक्ष्य निर्धारणको बारेमा अधिक विस्तारमा व्याख्या गर्नेछु।

पूर्णतावाद संग आन्तरिक संघर्ष

पूर्णतावादीहरू एक संसारमा विश्वास गर्छन् जुन पूर्ण हुनुपर्छ, र तिनीहरूले आफ्नो सबै ऊर्जा र स्रोतहरू सही वातावरण, उत्तम क्यारियर, र जीवनको सही तरिका सिर्जना गर्न लगाउँछन्। पूर्णतावाद एक शक्तिशाली भ्रम हो। यो परम झूट हो।

यद्यपि 'पूर्णता' अवस्थित छैन, यो अथक जोशका साथ यसलाई पछ्याउनेहरूको दिमागमा छ।

पूर्णतावादीहरू कालो र सेतोको संसारमा बस्छन्। यो एक सबै-वा-कुनै पनि दृष्टिकोण हो जसले विश्वासलाई बढावा दिन्छ कि सानो विवरण पनि पूर्णताको साथ अमिट रूपमा छापिएको हुनुपर्छ। त्यहाँ कुनै मध्यस्थता छैन र गल्ती वा असफलताहरू (तपाईंको आफ्नै वा अरु) को लागि क्षमा छैन।

पूर्णतावादले धेरै तरिकाले टार-टुरको बानीलाई जन्मदिन सक्छ, जस्तै कसैले गल्ती गर्न यति डराउनु कि उसले काम गर्न छोड्यो, वा यति चिन्तित महसुस गराउनु कि उनीहरूले समयमै काम पूरा गर्नुको सट्टा कुनै कमीको बारेमा चिन्ता गर्नेछन्। वा गल्तीको डरले अनिश्चित कालसम्म त्यही काम गर्न थाल्छ।

उदाहरणका लागि, कसैले आफ्नो पुस्तकमा काम गर्न ढिलाइ गर्न सक्छ किनभने उनीहरूले लेखेका हरेक पङ्क्तिलाई सुरुदेखि नै सही होस् भन्ने चाहन्छन्। जसका कारण उनीहरु केही लेख्न सक्दैनन्।

त्यसै गरी, भखरै आफ्नो पुस्तक लेख्ने व्यक्तिले प्रतिक्रिया जान्नका डरले यसलाई पठाउन बारम्बार ढिलाइ गर्न सक्छ किनभने ऊ पहिले यो निश्चित गर्न चाहन्छ कि काहीँ केही गल्ती रहेकोत छैन भनेर सुनिश्चित गर्न चाहन्छ। त्यसपछि ऊ अघि सार्छ।

यद्यपि कामलाई उच्च गुणस्तर र प्रसिद्ध बनाउनमा केही गलत छैन, समस्या तब सुरु हुन्छ जब मानिसहरूमा अप्राप्य त्रुटिरहितताको लागि पूर्णतावादी लक्ष्यहरू हुन्छन्, जसले तिनीहरूलाई अनावश्यक ढिलाइ र टार-टुर गर्नका लागि राम्रो बहाना दिन्छ।

पूर्णतावाद सधैं नकारात्मक कुरा होइन। यसले तपाईंलाई मुद्दा तिर मात्रै पुऱ्याउँछ तर धेरै पटक यसले मानिसहरूलाई अनावश्यक रूपमा काममा ढिलाइ गराउँछ किनभने तिनीहरू आफ्नो काम दैषरहित भएको बारे अत्यधिक चिन्तित हुन्छन्।

सायद तपाईंले पूर्णतावादीको जालमा अपार आनन्द र लाभहरू प्राप्त गर्नुहुनेछ। तब मात्र यो व्यवहारले तपाईंलाई आफ्नो काममा अगाडि बढ्नबाट रोक्छ। तर सत्य यो हो कि जीवनमा सबै कुरा त्रुटिपूर्ण हुन्छ। मानिसहरू, ठाउँहरू र चीजहरू, तपाईंको वरपरका सबै कुराहरूमा त्रुटिहरू छन्।

आत्म-घात(Self-Sabotage) को आकर्षण

आत्म-घात वा आत्म-हानि (भावनात्मक/शारीरिक) आत्म-पराजय हो र दीर्घकालीन हानिकारक प्रभावहरू रहन्छन्। त्यहाँ धेरै कारणहरू छन् कि कसैलाई शारीरिक वा मानसिक रूपमा हानि गर्ने व्यवहारमा संलग्न रहन सक्छ। जानाजानी ढिलाइको कार्यले आत्म-विनाशको लामो बाटोमा डोऱ्याउँछ किनकि तपाईंले आफ्नै प्रगतिलामा अर्चन हाल्ने प्रयास गर्नुहुन्छ।

यही व्यवहारका कारणले, व्यक्तिले नयाँ जागिरको लागि आवेदन दिन ढिलाइ गर्न सक्छ, यद्यपि उसलाई थाहा छ कि यो क्यारियरको उन्नतिको लागि ठुलो अवसर हो। डाक्टरले मोटोपनाको खतराबारे चेतावनी दिए पनि कसैले दिनहुँ जंक फूड खाने गर्छन्।

हामी अर्को खण्डमा विस्तृत रूपमा पढ्नेछौं कि यो आत्म-हानिपूर्ण व्यवहार के हो र यसलाई कसरी निको पार्न सकिन्छ?

प्रेरणाको कमी, ऊर्जा वा आलस्य

न्यून ऊर्जा स्तरहरूले तपाईंलाई अनिश्चित कालका लागि सबै कुरा रोकि राख्न प्रलोभित गर्न सक्छ। यसका धेरै कारणहरू हुन सक्छन् जस्तै यदि तपाईं लामो समयसम्म काम गर्नुहुन्छ, व्यायामको कमि वा नकारात्मक खाना खानुहुन्छ भने यसले ऊर्जाको स्तर कम गर्न सक्छ र ऊर्जाको कमीको कारण पनि तपाईं आलस्य र प्रेरणाको कमीको शिकार हुन सक्नुहुन्छ।

आलस्यले आफ्नो लक्ष्य हासिल गर्न प्रयास गर्न व्यक्तिको आन्तरिक अनिच्छालाई जनाउँछ। आलस्यको अवस्थामा, एक व्यक्ति आफूले गर्न सक्ने कामहरू पनि गर्न अनिच्छुक हुन्छ।

उदाहरणका लागि, तपाईंले आफ्नो घर सफा गर्न ढिलाइ गर्न सक्नुहुन्छ किनभने तपाईंलाई यो गर्न मन लाग्दैन।

यहाँ मैले आफ्नै लागि प्रयोग गर्ने एउटा सानो उपाय हो: 5-मिनेट रणनीतिको साथ केहि काम गर्न सुरु गर्नुहोस्, र प्रेरणा र ऊर्जा आउनेछ।

आउनुहोस्, अब सुरु गरौं।

धेरै परिस्थितिहरूमा, मानिसहरूले विश्वास गर्न सक्छन् कि तिनीहरूको ढिलाइ आलस्य द्वारा संचालित हो जब यो वास्तवमा अन्य अन्तर्निहित कारणहरू जस्तै चिन्ता वा असफलताको डरको कारण हो।

यदि तपाइँ त्यस्तो सोच्नुहुन्छ वा कुनै उद्देश्य वा उत्साह बिना आफैलाई महसुस गर्नुहुन्छ भने, हामी त्यही समस्या समाधान गर्न यहाँ छौं।

"म असफल हुँ" भन्ने गलत विश्वासलाई पन्साएर अगाडि बढ्न र राम्रो प्रगति गर्न सकोस् भनेर आफ्नो काममा आफ्नो उत्कृष्टता दिनुहोस्।

यदि तपाईंसँग प्रेरणाको कमी छ भने तपाइँ असफल हुनुहुन्न। तपाईंले दायाँ नसो समातेर सक्रिय गर्न आवश्यक छ।

निर्णयको थकाइको कारणले उत्पन्न भ्रम

'निर्णयको थकाइ' ढिलाइको एक टार-टुरको रूप हो, र यसलाई 'डिसीजनल प्रोक्रेस्टीनेशन'(निर्णय गरेपछि ढिलाइ) वा एनालिसिस पैरालिसिस (अत्यधिक सोचाइ पछि दिमागको पंगु स्थिति) को रूपमा उल्लेख गरिन्छ।

धेरै विकल्पहरू उपलब्ध हुँदा निर्णय लिन सामान्यतया ढिलाइ हुन्छ। जसलाई हामी यस व्यवहारमा समावेश गर्न सक्छौं।

यो एउटा मुद्दा हुन सक्छ जुन तपाईंलाई अनिश्चितकालको लागि पहिले के समाधान गर्ने निर्णय गर्नबाट रोक्छ। यो अवस्था हो, के मैले ढोका A वा ढोका B रोज्नुपर्छ अर्थात् मैले यो वा त्यो पहिले गर्नुपर्छ। यदि तेस्रो विकल्प पनि अवस्थित छ भने, छनोट अधिक भारी हुन्छ, जसको परिणामस्वरूप निर्णय लिन असमर्थ हुन्छ। यस्तो अवस्थामा तपाईंले 'ना' निर्णय लिने निर्णय गर्नुहुन्छ। तपाईं भन्नुहुन्छ, "म यसलाई पछि गर्नेछु" वा "मलाई यसको बारेमा सोच्न आवश्यक छ।" म यो अवस्था धेरै पटक सामना गर्छु। त्यसपछि म कुनै निर्णय नगरी घटनास्थलबाट टाढा जान्छु, र त्यसपछि म यो कमजोर परिस्थितिलाई जोडेर सच्याउँछु। जब मेरो निर्णय आधा भएर माझमा लट्किन्छ, अनि मलाई धेरै भारीपन महसुस हुन्छ।

निर्णयमा ढिलाइले दीर्घकालीन हानिकारक प्रभाव पार्छ। निर्णय नगरी अगाडि बढ्न सकिदैन। म धेरै पटक एउटै कुरामा महिनौं र कहिलेकाहीं वर्षौंसम्म अड्किएको छु। यदि तपाई निर्णय लिन असमर्थ हुनुहुन्छ वा अइच्छुक हुनुहुन्छ भने, कार्य कहिल्यै पूरा हुँदैन, तर विचार तपाईंको दिमागमा रहन्छ।

उदाहरणका लागि: तपाईंले व्यायाम योजनाको बारेमा निर्णय गर्न सक्नुहुन्न वा चाँडै बन्द हुने सस्तो जिम वा दिनको 24 घण्टा खुल्ला हुने महँगो जिम बिचमा निर्णय गर्न सक्नुहुन्न किनभने तपाईंले व्यायाम गर्ने परिकल्पना निर्धारण गर्न सक्नुहुन्न।

तपाई आफ्नो बाथरूम पुन: निर्माण गर्न कसलाई दिने निर्णय गर्न अड्किएको हुन सक्नुहुन्छ किनभने तपाईसँग तीन फरक विचारहरू छन् र ती सबै तपाईलाई राम्रो लाग्दछ!

जब च्वाइस *पैरालिसिस*को सामना गर्नु पर्दा, यहाँ विचार गर्नुपर्ने मुख्य कारकहरू छन्:

तपाईंसँग जति धेरै विकल्पहरू छन्, तपाईलाई छनोट गर्न त्यति नै गाह्रो हुनेछ। तपाईंले जति धेरै विकल्पहरू पाउनु हुन्छ, तपाईंलाई तिनीहरुको मूल्याङ्कन गर्न र उत्तम विकल्पको निर्णय गर्न त्यति नै गाह्रो हुन्छ।

तपाईंका विकल्पहरू एकअर्कासँग जति समान छन्, छनोट तपाईंको लागि त्यति नै गाह्रो हुनेछ। त्यहाँ जति धेरै समान विकल्पहरू छन्, तपाईंको लागि कुन राम्रो हो भनेर निर्णय गर्न अझ गाह्रो हुनेछ। विशेष गरी जब कुनै एकल विकल्प स्पष्ट रूपमा अरु भन्दा राम्रो छैन।

यदि तपाईंको मनपर्ने विकल्पहरू मूल्यमा लगभग समान छन् भने, छनोट अधिक चुनौतीपूर्ण बन्छ।

छनोट जति महत्त्वपूर्ण छ, तपाईंलाई छनोट गर्न त्यति नै गाह्रो हुनेछ। कार्य योजनाको बारेमा निर्णय गर्दा जति ठूलो परिणाम हुनेछ, तपाईंलाई तपाईंको निर्णय कार्यान्वयन गर्न झन् गाह्रो हुनेछ। तपाईंले सानो निर्णय गर्नु भन्दा ठूलो निर्णय गर्नु राम्रो छ। ढिलाइ हुने सम्भावना बढी छ।

यो याद राख्नु महत्त्वपूर्ण छ कि प्रत्येक चोटि तपाई निर्णय लिने वा नगर्ने दुविधामा फँस्नु हुन्छ, तपाईंले आफ्नो मानसिक स्रोतहरू समाप्त गर्नुहुनेछ।

तपाईंले दिइएको अवधिमा जति धेरै निर्णयहरू लिनुपर्छ, तपाईंको आत्म-नियन्त्रण गर्ने क्षमता कम हुन्छ र तपाईंले भविष्यका निर्णयहरू लिने र थप टालमटोल गर्ने सम्भावना बढी हुन्छ। कम्तिमा जब सम्म तपाईंले आफैलाई मानसिक रूपमा तयार गर्ने मौका पाउनुहुन्छ।

निर्णय लिनु कहिल्यै सजिलो छैन, तर धेरै महत्त्वपूर्ण छ। टोनी रॉबिंसले भनेझैं, "तपाईंको भाग्य तपाईंको निर्णयहरूको क्षणहरूमा आकार लिन्छ।"

तर निर्णय गर्नु पहिलो चरण मात्र हो। आफ्नो निर्णयमा प्रतिबद्ध हुनुहोस् र वांछित नतिजामा पुग्न पूर्ण इरादाका साथ काम गर्नुहोस्।

आफैलाई यी दुई महत्त्वपूर्ण प्रश्नहरू सोध्न महत्त्वपूर्ण छ:

1. यदि तपाइँ निर्णय गर्न सक्नुहुन्छ भने, तपाइँ अहिले के कदम (एक्शन) चाल्नुहुन्छ?

2. तपाईंको लागि सबै कुरा परिवर्तन गर्न सक्ने एउटा निर्णय के हो?

नतिजा वा अन्तिम परिणामको बारेमा सोच्नुहोस्। तपाईंले लामो समयदेखि संघर्ष गरिरहनुभएको चीजहरूमा क्षणभरमा निर्णय लिनुहोस्। त्यसपछि ति कार्यहरूमा ध्यान केन्द्रित गर्नुहोस् जसले तपाईंलाई सीधै तपाईंको लक्ष्यमा लैजान्छ।

"हरेक प्रगति आराम क्षेत्र बाहिर हुन्छ।"

— माइकल जोन बोबाक

अब जब हामीले पाँचवटा ठुला डरहरू र मुख्य कारणहरू बुझ्यौ, जुन सम्भावित रूपमा तपाईंलाई पछाडि समातिरहेका छन्। अब यसको कार्यन्वयनको गहिराइमा डुब्ने बेला आएको छ। अघिल्लो खण्डमा, हामी टालमटोलबाट पुन: प्राप्तिको प्रणाली बुझ्नेछौं। नोटहरू लिन सजिलो बनाउनको लागि म कलम र कागज लिनु सल्लाह दिन्छु।अब रणनीतिहरू गहिराइमा बुझ्ने समय हो।

सीमाहरू सधैँ हुन्छन्, र तिनै सधैँ अवसर पनि हुन्छन्।
तर हामी अभ्यास र ध्यानको केन्द्रित तिनैहरूमा मात्रै गछौँ,
जसमा हामीलाई काम गर्नुहुन्छ।

—सेठ गोदिन

भाग - II

पहिँले कडा काम गर्न व्यावहारिक कदम
काम गर्न रणनीति युक्ति

"तपाईंले केहि चीज त्याग्नु हुन्छ जब सम्म तपाइँ सोच्न सक्नुहुन्छ कि तपाइँ यसलाई वहन गर्न सक्नुहुन्छ, वा जब समय सही छ, अथवा तपाइँ यसलाई कसरी गर्ने थाहा छ। तर यो खुशीको सबैभन्दा ठूलो चोर पनि हो। तपाईं जे गर्न चाहनुहुन्छ, सावधानीपूर्वक गर्नु, तर एकचोटि तपाईंले आफ्नो मन बनाइसकेपछि - त्यसमा हामफाल्नुहोस्।"

चार्ल्स आर. स्विन्डोल

यस खण्डमा, म तपाईंलाई ढिलाईलाई हराउन र तपाईंले बेवास्ता गरिरहनुभएको ती कठिन कार्यहरू गर्नका लागि उत्तम रणनीतिहरूको परिचय दिनेछु।

यस प्रणालीको ट्रायल रनको रूपमा तपाईंसँग भएको एउटा अवरोध वा अवरोधमा फोकस गर्नुहोस्। तपाई आफ्नो गतिमा अगाडि बढ्न सक्नुहुन्छ, तर म पहिले रणनीतिमा काम गर्ने र त्यसपछि यसलाई सिद्ध गरेपछि अगाडि बढ्न सुझाव दिनेछु।

तपाईंले सम्पूर्ण सामग्री उपलब्ध नभई केही चरणहरूमा यसलाई एकैछिनमा पूरा गर्न सक्नुहुन्छ। यदि हो, भने सानदार!

कुनै बाधा वा अवरोध छान्नुहोस् जसले तपाईंलाई पछिल्लो महिना, वा इमानदारीपूर्वक, कहिल्यै चुनौती दिएको छ। परीक्षणको लागि यो बाधा प्रयोग गर्नुहोस्।

नोटहरू लिनुहोस् र भविष्यका कार्यहरूका लागि तपाईंले सिकेका कुराहरू प्रयोग गर्नुहोस्। समय बित्दै जाँदा, तपाईंले यस प्रक्रियामा राम्ररी काम गर्दा, तपाईंले टालमटोल गर्ने बानीलाई कति हदसम्म कम गर्नुभएको छ भनी तपाईंले देख्नुहुनेछ।

तपाईंले महसुस गर्नुहुनेछ कि तपाईको कामको बोझ उल्लेखनीय रूपमा घटेको छ र तपाईंले आफ्नो इच्छाशक्तिमा ठूलो पकड देख्नुहुनेछ। लामो समय पछि पहिलो पटक, तपाईंले स्वतन्त्रताको नयाँ अनुभूति अनुभव गर्नुहुनेछ।

चरण 1 : व्यवहार परिवर्तनको पूर्ण नियन्त्रण/ स्वामित्व लिनुहोस्

तपाई आफ्नो व्यवहारको लागि सयम जिम्मेवार हुनुहुन्छ। तपाईंको व्यवहार तपाईंको बानी, विचार, कार्य र निर्णयको सत्यता हो। तपाई आफ्नो सफलता, असफलता र आफ्नो जीवन शैली को गुणस्तर को लागी जिम्मेवार हुनुहुन्छ। जब तपाई अगाडि बढ्नुहुन्छ र तपाईंको हरेक राम्रो र खराबको मालिक अफोई हुनुहुन्छ, तब तपाईंले केहि पनि हुनको लागि पर्खनु पर्दैन छ।

त्यसपछि तपाई आफ्नो जहाजको कप्तान हुनुहुन्छ जसलाई "सफल जीवन" भनिन्छ र पूर्ण जिम्मेवारी लिएर तपाई गहिरो प्रभावको व्यक्ति बन्नुहुन्छ।

असफलताको कथा पनि त्यस्तै हो। जब सबै कुरा भयानक रूपमा गलत हुन्छ, तपाई कसैलाई दोष लगाउन खोज्नुहुन्छ। तपाई आफ्नो असफलताको लागि बहाना बनाउनुहुन्छ र तपाईंको ढिलाइको लागि अरुलाई दोष दिनुहुन्छ। तपाई प्रेरणाको लागि पर्खनु हुन्छ जब जीवनले तपाईंको स्वास्थ्य वा आर्थिक अवस्थालाई डरलाग्दो धक्का दिन्छ, तपाईंले अरुलाई जिम्मेवार ठान्नुहुन्छ र गुनासो गर्नुहुन्छ।

यो जान्न महत्त्वपूर्ण छ कि तपाईँ बाहारी घटनाहरू रोक्न सक्नुहुन्न। तपाई यो जवाफको प्रकार चयन गर्नुहोस्।

तपाईंले आफ्नो ढिलाइ ढाँचाको नियन्त्रण लिन सुरु गर्नुहुन्छ त्यसपछि सबै कुरा परिवर्तन हुनेछ। तपाई आफ्नो व्यवहार परिवर्तन गर्न सक्नुहुन्छ, र अरुलाई कसरी गर्ने भनेर सिकाउन सक्नुहुन्छ, त्यसैले तिनीहरूसँग जीवनको पूर्ण नियन्त्रण लिन नमुनाको उदाहरण हुनेछ। जान्छ।

जब मैले मेरो जीवनमा दोस्रो पटक दिवालियापनको सामना गरें थिए, त्यहाँ धेरै व्यक्ति र ठाउँहरू दोष दिने थिए।

उदाहरणका लागि-

- धेरै कार्डहरू जारी गर्नु बैंकहरूको गल्ती थियो।
- मेरो फुर्सदको खर्चमा राम्रो नजर नराख्नुमा मेरी श्रीमतीको गल्ती थियो (उनले प्रयास गरे, तर मैले मेरो शौकलाई उनको हस्तक्षेप भन्दा बढी मूल्यवान गर्थें।) यसका लागि स्मार्ट तरिकाहरू फेला पर्‍यो।)
- Amazon मा सँधै किनमेलको लागि धेरै उत्कृष्ट सामानहरू उपलब्ध छन्। यो एक गल्ती थियो। (मेरो मतलब 'अब किन्नुहोस्' बटन धेरै आकर्षक छ) अचानक आफ्नो आवेगलाई कसरी नियन्त्रण गर्ने?
- मेरो प्रतिभालाई कम मूल्याङ्कन गर्नु र मलाई काम बेतन राख्नु मेरो कम्पनीको गल्ती थियो। पर्याप्त तलब भुक्तान गरेन।

वास्तविकताले मलाई हिर्काउने बित्तिकै एक दिन एक सहकर्मीले मलाई भने औंल्याए:

"तपाईंलाई थाहा छ, यदि यो ऋणबाट बच्न र फिजुल खर्ची रोक्न हो, तपाईं संग जे थियो तेसैमा गुजारा गरेको भए यसलाई रोक्न सक्नु हुनेथियो।"

मैले आफ्नो अवस्था हेरें। पर्दा पछाडि बस्ने मेरो पुरानो बानीले काम गरेको देख्न पाइयो।

खर्चमा नजर राख्नुको सट्टा - धेरै मानिसहरूले जस्तै - म यसको लागि बहाना बनौने गर्दथ्ये।

"म यसमा कहिल्यै राम्रो थिन।" (किनभने म यो कहिल्यै राम्रो भएको छैन विचारले मलाई उही व्यवहार जारी राख्न अनुमति दियो।)

"मसँग पैसा पनि छैन। किनभने मलाई थाहा छ म केमा खर्च गर्दैछु।" (सत्य यो थियो, मलाई थाहा थिएन) लगानी गर्नुको सट्टा, मैले आफैलाई भनें, "त्यसको लागि पछि समय आउनेछ। अहिलेत म खर्च गरु।"

मेरी श्रीमतीसँग बैंकिङ र पैसाको समस्याको बारेमा कुरा गर्नुको सट्टा, म आफैलाई सान्त्वना दिन्छु, "उनीलाई थाहा छ के भइरहेको छ। यदि उह जन्दिनाथी भनि कहिं भन्थी। "मलाई उहाँसँग बहस गर्न गाह्रो थियो र म यसलाई टाल्दे थिएँ।

जब घर जलिरहेको हुन्छ, सबै दर्दनाक दृश्यहरू स्पष्ट हुन्छन्।

जब तपाई आगजनी गर्नेलाई खोज्नुहुन्छ, तपाईंले पत्ता लगाउनुहुनेछ कि यो तपाईंनै हुनुहुन्छ जसले आगो सल्काउनुभएको थियो। । अरु सबैले जलिरहेको भवनबाट निस्किसकेका थिए। कठिन चीजहरू गर्नको लागि पहिलो चरण भनेको आफ्नो जीवनलाई पूरा स्वामित्व स्थापित गर्नुपर्छ।

> आफ्नो बाटोमा आउने चुनौतिहरुलाई पन्छाएर अगाडि बढ्नको लागि आफ्नो अघि आउने चुनाती हरुलाई कुचल्न तयार हुनु पर्दछ ,यो बोझ होइन, तर यो एक महान उपहार हो। जब अरुले आफैँलाई मद्दत गर्छ तपाईँलाई विश्वास गर्दछन, यो जिम्मेवारी आवश्यक सेवामा परिणत हुन्छ तपाईँले संसारलाई के प्रदान गर्दै हुनुहुन्छ।

यसको अर्थ तपाईँले सोच्चु, भन्नु र गर्नुहुने सबै कुराको विश्लेषण गर्नु हो।

तपाई कस्तो सोच्चुहुन्छ (तपाईँको विश्वास) तपाई कस्तो महसुस गर्नुहुन्छ (तपाईँका भावनाहरू) र तपाईँलाई कार्य गर्न उत्प्रेरित गर्दछ (तपाईँको व्यवहार)। महत्त्वपूर्ण कार्यहरू "म पछि गर्छु" जस्तो ढिलाइ र यदि मैले गरेन भने, के यसले फरक पार्छ? म पक्का छु कि यदि मैले नगरेको खण्डमा अरु कसैले गर्नेछ।" यो व्यवहार खण्डित सोचबाट सुरु हुन्छ।

तर अरु कसैले गर्न सक्दैन, गर्न चाहन्छ वा गर्न चाहँदैन। आगो लग्यु भन्दा अघि, तपाईँले आफ्नो घर जलाउनबाट रोक्नु पर्छ। यदि तपाई आफैलाई मद्दत गर्नुहुन भनि यदि सक्नुहुन्न भने अरु कसले तपाईँलाई बचाउनेछ?

वास्तवमा, तपाई आफैले काम स्थगित गर्न छनौट गर्दै हुनुहुन्छ। पहिले तपाईँ आफ्नो काम गर्नु यसलाई लिनुहोस् र आफ्नो दिमागबाट बन्द गर्नुहोस्। त्यसपछि बहानाको पर्खाल किन बनाउनुहोस् गर्न सकिँदैन। त्यसपछि तपाईँले सिर्जना गर्नुभएको पर्खालको रक्षा गर्न सीमाहरू सिर्जना गर्नुहोस्। त्यसोभए तपाईँ रक्षाको त्यो पर्खाल पछाडि अड्किरहनु भएको छ, केहि पनि आशा गर्दै गरिने छैन। तर तपाईँले जे गर्नुभयो त्यो व्यवहार तपाईँको मनका लागि एउटा जेल सरह बन्यो।

तपाई संसारबाट आफ्नो रक्षा गरि रहनु भएको छैन, तर तपाईँको युद्ध आफ्नै विरुद्ध छ। र तपाईँको मिशन तपाईँको महलको नियन्त्रण लिन हो। आफ्नो जीवन संग सुरक्षित राख्नुहोस्। तपाईँको जे छ त्यसमा पूर्ण नियन्त्रण लिनुहोस्।

आफ्नो सुरक्षा निर्माण गर्नुहोस्

आफ्नो जीवनको पूर्ण स्वामित्व लिएर आफ्नो अनुभव सिर्जना गर्नुहोस्। सफल हुनु आधा लडाई तपाईँले बनाएको बहानाको पर्खाल भत्काएर लडेर अरुलाई दोष लगाउन बन्द गर्नुहोस्। पुराना बानी जगाउने रणनीति त्यागेर मात्रै जित्न सकिन्छ।

म आफैलाई सोध्ने गर्थे, "मलाई अझै कति चाहिन्छ? म र म कति पटक, आफ्नो परिवार र सहकर्मीहरूलाई निराश गर्न चाहनुहुन्छ? म प्रगति गर्न चाहन्छु प्रभावशाली चीजहरू गर्न म कति ढिलो गर्नेछु? **अब तपाईँको यो बानी छोड्न केहि गर्न तयार हुनुहुन्छ?**

त्यसैले यहाँबाट सुरु गरौं।

म हरेक बिहान उठेर आफैलाई यो प्रश्न सोध्छु,

"के म यो ढिलाइबाट मुक्त हुन जे पनि गर्न तयार छु?"

हो! स्वतन्त्रता भनेको परिवर्तन गर्ने क्षमता हो, र तपाईंले जे चाहानुहुन्छ त्यो गर्नुहोस्। तपाईंसँग गर्ने शक्ति छ। ढिलाइ गर्ने बानीले तपाईंलाई हरेक हिसाबले कमजोर बनाउँछ।

यसले तपाईंलाई कमजोर बनाउँछ र घोर असफलताको लागि सेटअप गर्दछ। हाम्रो लागि प्रयोगको नियत राख्नको लागि सोच बदल्नुपर्छ। अब यो मनसाय बनाउनुहोस्।

तपाईंको जीवनमा सबै कुरामा पूर्ण नियन्त्रण हुनुले तपाईंलाई धेरै टाढा लैजान्छ। हो आज नयाँ मसेरातीको सिटमा यात्रु बनेर बस्ने सम्भावना छ। हो, यसलाई आफ्नो उच्च इरादाका साथ भोलि एक मास्टर जस्तै ड्राइभ गर्नुहोस्। तपाईंको यहाँबाट त्यहाँसम्म पुग्ने यात्रा तपाईंको नियन्त्रणमा छ। मौसम वा सडक अवस्थाको पर्वाह नगरी तपाईं बिना आफ्नो बाटो नेभिगेट गर्न के कदम चाल्ने निर्णय गर्नु पर्ने।

यो प्रगति मार्फत निर्मित यात्रा हो, र यो एक पटक मा एक माइल लिन्छ। त्यसलाई टुंग्याएर पूरा गर्नुपर्छ।

एउटा निश्चित निर्णय लिनुहोस्

अब, तपाईं व्यवहार र पुराना बानीहरू छोड्न सक्नुहुन्छ जुन तपाईंलाई असफल भइरहेको छ र यो नयाँ अँगालो वास्तविकता सिर्जना गर्न सक्छ।

जसरी तपाईं आफ्नो व्यक्तिगत जीवनको जिम्मेवारी लिनुहुन्छ, त्यसरी नै आफ्नो कामको पनि जिम्मेवारी लिनुहोस् जुन तपाईं मात्र गर्न सक्नुहुन्छ।

तपाईं जिम्मेवारी लिन असफल हुनुभयो जब तपाईं:

- यो किन गर्न सकिँदैन भनेर बहाना बनाउनुहोस्।
- कम महत्त्वपूर्ण कार्यहरूलाई प्राथमिकता दिनुहोस्।
- आफ्नो असफलताको लागि अरुलाई दोष दिनुहोस्।

आफ्नो ढिलाइ गर्ने बानी तोड्न र सफल हुन, तपाईंले यो गर्नै पर्छ :

- बहाना बनाउन बन्द गर्नुहोस् र आफैलाई सोध्न थाल्नुहोस्, "किन होइन?"
- बेकारका कामहरूलाई प्राथमिकता दिनुको सट्टा ती उच्च प्राथमिकताहरूमा ध्यान दिनुहोस्। तपाईंले चाहानु भएको परिणामहरू लागू गर्नुहोस्।
- दोष लगाउने बानी त्याग्नुहोस् र आफ्नो दिमाग र मस्तिष्कमा पूर्ण नियन्त्रण राख्नुहोस्।
- अरुको जज र आलोचना गर्न छोड्नुहोस् र मानिसहरूलाई तिनीहरूको लागि स्वीकार गर्नुहोस्। तिनीहरूको उत्कृष्ट कामको लागि प्रशंसा गर्नुहोस्।

बहानाको सिलसिला अन्त्य गर्नुहोस्

मेरो जीवन मैले चाहेको जस्तो भएन भनेर बुझाउन धेरै बहाना बनाउँथें। किन यसले काम गरिरहेको छैन? मेरो बहानाको श्रृंखला, "यो पछि गर्न सकिन्छ।" "म यसमा राम्रो छैन," वा, "अरु कसैले लिनेछ।" तर यो समाप्त हुँदै थियो।

मैले यति धेरै बहाना बनाए कि मैले आफैंमा पीडित मानसिकता विकास गरें। मैले अनन्त झूटा सीमाहरू बनाएको थिएँ। म त्यो आवाज अझै सुन्न सक्छु, यो मेरो हृदय र दिमागमा प्रतिध्वनित छ:

"तपाईँलाई थाहा छ यो तपाईँको गल्ती थिएन। यदि..."

"मैले उसलाई ख्याल गर्न भनें। उहाँले नै मलाई यो दुविधा, न्यून अवस्थामा राख्नुभएको छ। मैले यो बुझाएको छु।" (पत्नीलाई)

"किन तिनीहरू सधैं मेरो पछि लाग्छन्?"

त्यहाँ सधैं कोही दोषी थियो, मालिक, आमा जस्तै। बुबा, बच्चा, वा परिस्थिति जुन मसँग कुनै सरोकार थिएन। (भए पनि सबै मेरो कारण हुनुपर्छ।)

जब सबै रमाइलो थियो, म आफैंले त्यो सुखद अनुभवको श्रेय लिएँ। तर जब केहि तपाईँको बाटोमा जाँदैन वा तपाईँलाई नराम्रो अनुभव हुन्छ, तपाईँले अरु कसैलाई दोष दिन थाल्नुहुन्छ। असफलताको बाटो अपराध, लाज र दोषले भरिएको हुन्छ। थाहा थियो

त्यो असफल हुनुको अर्थ हो कि एक व्यक्तिको असफलता कुनै बाहिरी घटना, परिस्थिति वा कारण हो व्यक्ति दोषी छ र यो सबै भविष्यमा कुनै ठूलो असफलताको लागि संकेत हो। त्यहाँ एक नुस्खा छ।

जसरी समुन्द्र भित्रको कुनै चीज फुट्दा सुनामी आउँछ, त्यसैगरी तपाईँले पनि जीवनमा केहि तोड्दा सफलता वा असफलता सँधै सृजना हुन सक्छ। तपाई आफ्नो परिणामको लागि जिम्मेवार हुनुहुन्छ। असफलता नराम्रो कुरा होइन – मलाई

आशा छ कि तपाईँले असफलताबाट धेरै सिक्न सक्नुहुन्छ - तर मात्र यदि तपाईँले सक्नुहुन्छ, जब सही तरिकामा स्वीकार गर्नुहुन्छ।

जुन क्षण तपाईँले आफूलाई पीडित ठान्नुहुन्छ र गुनासो गर्न थाल्नुहुन्छ तपाईँ व्यक्तिगत रूपमा शक्तिहीन बन्नुहुन्छ। कृतज्ञता, प्रेम र स्वीकृतिको बहुमूल्यता इन्धन बर्बाद गर्न बन्द गर्नुहोस्।

पहिले गाह्रो काम गर्न गाह्रो छैन। गर्ने निर्णय लिनु मात्रै यसको बाटोमा अवरोध हो। तपाईँको अर्को चरण यसलाई प्राथमिकतामा राख्नु हो।

तपाईँसँग अहिले वा पछि यो गर्ने विकल्प छ।

तपाईँसँग दुई विकल्पहरू छन्:

(1) गुनासो गरेर, आफैलाई भविष्यको परिस्थितिको शिकार बनाउनुहोस्, जसले तपाईँलाई हानि पुर्‍याउन सक्छ।जो नियन्त्रण बाहिर हुनुहोस्।

(2) आफ्नो विचार, छनोट र कार्यमा पूर्ण नियन्त्रण स्थापित गरेर इच्छित अवस्थाहरू सिर्जना गर्नुहोस्।

कार्यान्वयन कार्य (Implementation Task)

(1) पाँच जना व्यक्तिको नाम लेख्नुहोस् जसको बारेमा तपाईं प्रायः गुनासो गर्नुहुन्छ। तिनीहरूको छेउमा प्रत्येक नामको बारेमा पाँच सकारात्मक विशेषताहरू/गुणहरू लेख्नुहोस्। भविष्यमा, जब तपाईं आफैंले गुनासो पाउनुहुन्छ, व्यक्तिसँग सम्बन्धित यी पाँच गुणहरू याद गर्नुहोस्।

(2) तपाईंको जीवनको एउटा क्षेत्र, तपाईंको सम्बन्ध, आर्थिक वा काम के हो? के तपाईं जिम्मेवारी लिनबाट जोगिनुहुन्छ? उसलाई पहिचान गर्नुहोस्। शीर्षमा यसरी सबैभन्दा बढी ध्यान चाहिने क्षेत्र पहिचान गर्नुहोस्।

(3) अन्तमा, जब तपाईं हरेक बिहान उठ्नुहुन्छ, आफैंलाई मन्त्र पढेर सुरु गर्नुहोस्, "यो मेरो जीवन हो, र म यसको लागि पूर्ण रूपमा जिम्मेवार छु। अब यो दिनको सुरु गरऔं।"

बाँकी मन्त्र तपाईं मा निर्भर छ। जब सम्म तपाईं आफ्नो मन्त्र आफै बनाउनुहुन्छ। यस अध्यायमा दिइएको मन्त्र प्रयोग गर्नुहोस्।

"ढिलाइ अवसरको हत्यारा हो।"

- विक्टर कैम

Illustration courtesy of Tim Urban @ waitbutwhy.com

चरण 2 : आफ्नो पूरा गर्नुपर्ने कामको सूची बनाउनुहोस्

यो गतिविधि मलाई घर र आफ्नो व्यवसायमा कठिन कार्यहरूसँग संघर्ष गरिरहेको मेरो एक साथीले परिचय गराएको थियो। वास्तवमा उसले दुवै ठाउँमा नतिजा हारको रुपमा पाएको थियो।

अन्ततः, उसले पहिले महत्त्वपूर्ण कुराहरू गर्ने मूल्य सिके ताकि ती नगर्दा उसलाई बढी खर्च लाग्न सक्छ। तपाई भित्र लुकेको 'लेटलाइफ' सूची धेरै मनपर्छ।

म त्यस्ता गर्नुपर्ने कामहरूको सूचीको साथ मेरा दिनहरू सम्झन्छु।

- मेरो अर्को पुस्तकको लागि दुई हजार शब्दहरू लेख्नुपर्छ।
- बाथरूम सफा गर्नुपर्छ।
- इ-मेल जाँच गर्नुपर्छ र पहिलो दस सन्देशहरूको जवाफ दिनुपर्छ।
- एक ब्लग पोस्ट लेख्नुपर्छ।
- मेरो कामको सूची परिमार्जन गर्न आवश्यक छ।
- इ-मेल फेरि जाँच गर्नुछ र अर्को दस सन्देशहरूको जवाफ दिनुछ।

यसरी दिनको सुरुवात हुने थियो, सबै महत्त्वपूर्ण कार्यहरू र गर्नका लागि सूचीहरू पछ्याउँदै, र म खाजाको समयबाट अत्यन्तै थकित भएँ। बिहानको पहिलो केही घण्टामा, म आफ्नो कम्प्युटरमा तीस भन्दा बढी खुला ट्याबहरू र तीन फरक कार्य सूचीहरू, म सजिलै दस पटक कार्यहरू स्विच गर्न सक्छु।

ढिलाइकर्ताहरूले यस प्रकारको सूची मन पराउँछन् र तिनीहरू व्यस्त पनि देखिन्छन्। हामी केवल काममा डुब्न चाहन्छौं, यो पूरा नभए पनि। हामी योजना गर्न, हाम्रो योजनाहरूको

लागि योजना बनाउन, र हामीले गर्ने योजना र वास्तवमा कहिल्यै नगर्ने सबै चीजहरूको सूची बनाउन मनपर्छ।

मैले बनाएका योजनाहरूको सबै लिस्ट र नोटबुक ल्याएँ भने कुनै पनि वास्तुविद्ले बनाएका योजनाहरू पनि तुलनात्मक रूपमा सानो देखिन्छन्।

वास्तवमा, हाम्रो योजनाहरू वास्तवमा असफल हुनको लागि हो। यसरी हामी आधा-निर्मित पुलहरू बनाउँछौं जसले गन्तव्यमा पुरियौदैन। म चाहन्छु कि तपाई यस बारे सोच्नुहोस् जब तपाई आफ्नो योजनाहरूको रूपरेखा बनाउन बस्नुहुन्छ।

हामी मध्ये थेरै जसो पुरानो ढिलाइकर्ताहरू जस्तै, तपाईसँग कडा परिश्रम गर्ने र चीजहरू पूरा गर्ने उत्तम इरादाहरू छन्। तर तपाईको ध्यान आकर्षित गर्ने काम सधैं महत्त्वपूर्ण छैन, तर थेरै महत्त्वपूर्ण र नगण्य हुन सक्छ।

हामी जीवनबाट बच्न सक्दैनौं! हामीले पूर्ण इरादाका साथ काम गर्नुपर्दछ र हाम्रो स्वयं-लापित गिलासको छत तोड्नुपर्दछ।

हामी पूर्ण स्पष्टताका साथ यो प्रक्रिया सुरु गर्छौं।

इरादा संग काम गर्न, तपाई कहाँ काम गर्दै हुनुहुन्छ थाहा हुनुपर्छ। यो कामको सूची बनाएर सुरु गर्नुपर्छ। म यसलाई "विलम्ब विरोधी" सूची भन्छु। यो सूचीमा सबै कुरा समावेश छ:

- घर, कार्यालय वा व्यक्तिगत जीवनमा अधूरा कार्यहरू।
- परियोजनाहरू जुन तपाईले सुरु गर्न चाहनुहुन्थ्यो, तर अहिलेसम्म सुरु गर्नुभएको छैन।
- चीजहरू जुन सकेसम्म चाँडो गर्नुपर्छ किनभने तिनीहरू थेरै महत्त्वपूर्ण छन्। जस्तै - गत महिना तिर्नु पर्ने बिल र अझै भुक्तान गरिएको छैन।
- भाँचिएका चीजहरूको थुप्रो कुनाहरूमा थुप्रिन्छ।
- लामो कपाल भएका घरपालुवा जनावरहरू जसको कपाल वर्षौंदेखि कोरिएको छैन।
- तपाईको दिमागमा बस्ने र तुरुन्तै गर्न आवश्यक कुनै पनि कुरा।

तपाईको सूची निर्माण कसरी सुरु गर्ने

एउटा कठिन कार्यको बारेमा सोच्नुहोस् जुन तपाई गर्नबाट टाढा हुनुहुन्छ। तपाईलाई गाहो लाग्ने काम के हो? आफ्नो वित्तीय रेकर्ड अद्यावधिक गर्न आवश्यक छ? व्यायाम दिनचर्या सुरु गर्न छ? आफ्नो बच्चा संग एक कठिन विषय को बारे मा कुरा गर्न आवश्यक छ? नयाँ कामको लागि तपाई आफ्नो रिजुमे अपडेट गर्न चाहनुहुन्छ वा अनावश्यक सामग्री हटाएर आफ्नो कम्प्युटर डेस्कटप सफा गर्न चाहनुहुन्छ?

अहिले नै, दिमागमा आउने पहिलो पाँच चीजहरूको सूची बनाउनुहोस्। यो यस्तो छ तपाईँले सुरु नगरेको (वा समाप्त) वा तपाईँले पूरा नगरेको केही परियोजनाहरू हुन सक्छन्। सुरु गर्यो तर आधामा छोडियो।

अर्को पाँच मिनेटको लागि, तपाईँलाई गर्न मन लागेका सबै कुरा लेखन आवश्यक छ। त्यो काम के हो त्यो फरक पर्दैन। यदि तपाईँको डेस्कटप तपाईँलाई व्यवस्थित गर्न आवश्यक छ भने, यसलाई सूचीमा थप्नुहोस्। एउटा बुकशेल्फमा धेरै वर्षौँदेखि नछोएका किताबहरू छन् भने यो पनि लेख्नुहोस्।यदि फारम भर्न बाँकी छ भने सूचीमा थप्नुहोस्। तपाईँले तीन वर्षमा कर दायर गर्नुभएको छैन (हो!) त्यसैले यसलाई सूचीमा राख्नुहोस्।

Graphics @Waitbutwhy.com

यस प्रकारको सूची बनाउनु एउटा दिमागी काम हो। तपाईँलाई चाहिने सबै कलम र कागज हो दौडन तयार हुनुपर्छ। Word Docs वा Google Docs यदि तपाईं चाहनुहुन्छ भने प्रयोग गर्नुहोस्।

यो गतिविधिले तपाईँको दिमागको अँध्यारो ठाउँहरूमा जाने काममा तपाईँको आँखा खोल्नेछ। जुन लुकेका छन्, तिनीहरूलाई स्पष्ट गर्न मद्दत गर्नेछ।

तपाईँको सूचीमा लामो समयदेखि बाँकी रहेका लक्ष्यहरू, रिपोर्टहरू, वा अनुप्रयोगहरू समावेश हुन सक्छन्। जुन तपाईँले लेख्नुभएन / जुन पूरा गर्न आवश्यक छ, घर वरिपरि भाँचिएका चीजहरू छन् जुन अझै भाँचिएका छन्, र सम्भवतः

यसबाट काम गर्दा कमजोरीहरूको पहाड देखापर्नेछ।

थप ठुला कमजोरीहरू पछि सच्याउनुपर्नेछ, तर अहिलेको लागि, तपाईँले यो बुझ्नुपर्छ। तपाईँले कुन महत्त्वपूर्ण कार्यहरूलाई बेवास्ता गरिरहनुभएको छ भनेर जान्न आवश्यक छ।

अर्को महत्त्वपूर्ण बिन्दु यो सूचीलाई दस वा कम कार्यहरूमा घटाउनु हो। यसलाई सीमित राख्नुहोस्। हामी राम्रो तयारी गर्न चाहन्छौँ, तर यसलाई बोझिलो नबनाउनुहोस्।

जब हामीसँग धेरै विकल्पहरू हुन्छन् तब भारी हुन्छ। (अर्थात गर्नुपर्ने सूचीमा धेरै फरक कार्यहरू)

अब तपाई कलम र कागज संग तयार हुनुहुन्छ?

कार्य योजना रणनीति: कठिन कार्यहरू गर्नुहोस् जुन तपाई टाढै हुनुहुन्छ, तिनीहरूलाई सूची बनाउनुहोस ....

जानुहोस् ! तपाइँको सूची बनाउनुहोस् र तपाइँ अर्को पाँचमा हुन चाहनुहुने सबै कुराहरू लेख्नुहोस् मिनेटमा सोच्न सकिन्छ।

यो सूची पूरा (complete) गर्न आवश्यक छैन। बाँकी किताब पढ्दा, तपाईँले यसमा काम गर्दा, तपाई यसमा थप चीजहरू थप्न सक्नुहुन्छ।

सुरु गर्नु 'विशेष' भाग हो

ध्यान दिनुहोस् कि यो कार्य सूची होइन। तपाईँले अझै केही गरिरहनुभएको छैन, तर पछि केवल सेट अप गर्न योजना बनुदै हुनुहुन्छ।

यो सुरुगर्नका लागि हो।

अहिले सुरु गर्नुहोस्।

सफलता तब आउँछ जब तपाइँ सुरु गर्नुहुन्छ।

"अन कानी गरेर केही पनि हासिल हुँदैन।"

—कहावत

"ढिलाइ गर्नेहरू महान दूरदर्शी हुन् - तिनीहरूले आफ्नो कल्पनामा सुन्दर महलहरू निर्माण गर्नेछन्, तर घर बनाउनको लागि धुलोले भरिएको मजदुर बनु पर्छ।जो हर दिन व्यवस्थित ढंगले काम गर्दछ, बिना हार। त्यसपछि घर नबन्दासम्म उसले एक एक इँटा राख्छ।"

—टिम अर्बन, प्रोफ़ेशनल प्रोक्रै स्टिनेटर और टेड स्पीकर से बात करें@waitbutwhy.com

चरण 3: निर्णय गर्नुहोस् की तपाईं अहिले यो गरिरहनुहोस्

तपाईंले अघिल्लो चरणमा सिर्जना गर्नुभएको सूची हेर्नुहोस्। तपाईंसँग कम्तिमा पनि पाँच यस्तो कार्यहरूको लामो सूची छ, जसलाई तपाईंले स्थगित गरिरहनुभएको छ जबदेखि तपाईंलाई याद छ।

तपाईंसँग पाँचवटा कामहरू छन् वा ४७, जति थोरै भए पनि राम्रो। त्यसैले तपाई अहिले तपाई आफ्नो शीर्ष पाँच कार्यहरूमा यो सूची सीमित गर्न सक्नुहुन्छ।

अबको लागि बाँकी काम बिर्सन सक्नुहुन्छ। बाथरुम सफा गर्नु जस्तै काम तपाईंको सूचीमा महिनौं भइसक्यो, तर तपाईं अझै पनि यसलाई प्रयोग गर्न सक्षम हुनुहुन्छ वा यदि यसले तपाईंको जीवनमा धेरै थोरै बाधा उत्पन्न गरिरहेको छ भने, यसलाई केही दिन वा हप्ता दिनुहोस्। यसले कुनै फरक पार्दैन।

तर तपाईंको सूचीमा शीर्ष पाँच वस्तुहरू तपाईंको लागि महत्त्वपूर्ण हुन आवश्यक छ। सबैभन्दा बढी प्रभाव पार्छ।

अब, आफ्नो सूचीबाट एउटा कुरा छान्नुहोस्। यो तपाइको ठूलो जित हो। आदर्श रुपमा, र वास्तवमा, यो तपाईंले आज गर्न सक्ने कुरा हो। यदि धेरै समय लाग्छ भने, यदि आवश्यक छ भने, तपाइँ यसलाई छिटो पूरा गर्न सक्षम हुनुहुने छैन र यसलाई बीचमा छोड्न सक्नुहुन्छ।

तपाईंसँग दस मिनेट वा कम भए पनि त्यसमा गर्न सकिने र तपाईंले गर्न सक्ने केहि छनौट गर्नुहोस्। यो दिन को लागी तपाईंको सानो जीत हुनेछ।

अर्को, यो एउटा काम गर्ने निर्णय गर्नुहोस्। अब पहिलो कदम पछि तपाई सबैभन्दा सजिलो निर्णय गर्दै हुनुहुन्छ - फेरि सुरु गर्न। धेरैजसो मानिसहरू सुरु गर्छन् केवल तिनीहरू

असफल हुन्छन् किनभने तिनीहरू सबैभन्दा सानो कामबाट सुरु गर्दैनन्। जुन लिनुहोस् जे भए पनि, तपाईंले मात्र काम गर्ने निर्णय गर्नुहुन्छ। र भन्नुहोस्, "म अहिले त्यही गरिरहेको छु!"

तपाईंलाई यो पनि थाहा छ कि तपाईंले गर्न सक्ने अन्य धेरै चीजहरू छन्, तर मात्र तपाईंले 'अब' गर्नु पर्ने एउटा मात्र कुरा छ। यो गर्न गाह्रो काम हो। अहिले, तपाई पुस्तक मार्फत काम गर्दै हुनुहुन्छ, मलाई यो पुस्तकको अन्तिम भाग भन्नुहोस्। तयार गरी सम्पादकका लागि फेरि तयार गर्न करिब तीन महिना लाग्यो। मलाई किताब लेख्न सामान्यतया तीन हप्ता लाग्छ, तर मेरो यहाँ महिना बित्यो।

जब म यो पुस्तकमा काम गरिरहेको थिएँ (कसरी ढिलाइलाई हराउने भन्ने पुस्तक) म केही मिनेट बसेँ भने, म सोचमा हराउँथें र केहि गर्ने सोचें। सत्य यो हो की म अर्को परियोजनामा जानु अघि पूरा गर्न चाहनथे। तर प्रतिवद्ध थिईन।

कार्यको अन्त्य वा मुख्य भागमा पुग्नको लागि, तपाईंले पहिले त्यसमा काम गर्नुपर्छ। गर्न थाल्नुपर्छ। र एक पटक मात्र होइन, तपाईंले काम पूरा नभएसम्म हरेक दिन यो गर्नुपर्छ। प्रतिबद्धता देखाउनुपर्छ।

अब निर्णय तपाईंले लिनु पर्छ ... म यो गर्छु कि गर्दैन? यदि उत्तर हो हो भने, यो मेरो लागि आफैलाई वाचा गरेर काममा डुब्नुहोस् कुराहरू र म यो गर्देछु... **अहिले।** तपाईंलाई पहिलो चरण थाहा भए पनि नहुनुहोस्। कार्यमा प्रतिबद्ध हुनुहोस् र सुरु गर्नुहोस्।

परियोजना सुरु नगर्नुको सबैभन्दा ठूलो बाधा भनेको परियोजना सुरु गर्नु होस्। मैले सय पटक भन्दा बढी काम सुरु गर्ने प्रयास गरे, तर सुरु गर्न सकिन। तर तपाईंले निर्णय लिनु पर्छ र काम गर्न प्रतिबद्ध हुनुपर्छ।

ठोस निर्णय गर्नु कार्य वा कार्यको लागि एक शक्तिशाली कदम हो। यसको मतलब तपाई एक अडान लिनुहुन्छ। तपाई पूर्ण जिम्मेवारी लिनुहुन्छ।

निर्णयले आफै गति बढाउँछ। यो परिवर्तन तिर तपाईंको पहिलो कदम हो। यदि तपाई जीवनमा अड्किनुभएको छ भने, तपाईंले वास्तवमै निर्णय गर्नुभएको छैन तपाई कहाँ जाँदै हुनुहुन्छ।

यो कुनै स्पष्ट गन्तव्य बिना आफ्नो कार मा सफर गरे जस्तै हो। कल्पना गर्नुहोस्, ड्राइभिङको सट्टा, तपाई केवल ड्राइभरको सिटमा बसिरहनुभएको छ, अलमल्लमा जानुहोस् अब के गर्नुपर्छ? वैकल्पिक रूपमा, तपाईंलाई थाहा छ तपाई कहाँ

जान मन छ, तर बाटो थाहा छैन। हामी विभिन्न कार्यहरू गर्न थप छलफल गर्नेछौं। हामी चरणहरूमा काम गर्नेछौं, तर आज मात्र यो काम सुरु गर्ने निर्णय गर्नुहोस्।

चुनौती:

अब कार्य तिर आफ्नो पहिलो कदम चाल्नुहोस्

नोट: तपाईंले लिने निर्णयहरूको संख्या न्यूनतम राख्नुहोस्। एक निश्चित समय तपाईंले अवधिमा जति धेरै निर्णयहरू लिनुहुन्छ, त्यति नै थकित हुनुहुनेछ, र तपाईंले निर्णय गर्नमा ढिलाइ गर्ने सम्भावना छ।

यदि तपाईंले निर्णयहरूको संख्यालाई न्यूनतम राख्नुभयो भने, तपाई छिटो निर्णयहरू गर्न सक्षम हुनुहुनेछ।

तपाईंले आफ्नो बाटोमा आउने प्रतिरोधलाई हटाएर आफ्नो निर्णय गर्ने क्षमतामा सुधार गर्न सक्नुहुन्छ।

कार्यान्वयन कार्य:

निर्णय लिनुहोस् : आफ्नो वरिपरि अधूरा कार्यहरू हेर्नुहोस् जुन तपाईंलाई आवश्यक छ तत्काल ध्यान दिन आवश्यक छ। सही निर्णय लिनुहोस्। अब काम गर्दा यो चिन्ता नगर्नुहोस्। कति समय लाग्न सक्छ वा तपाईंसँग सही कौशल छ कि छैन अनुमान गर्नुहोस्। जस्तै- तपाई सँगै जाँदा यो पत्ता लगाउनुहुनेछ। तपाईंले लिनुभएको निर्णय नोट गर्नुहोस्। उदाहरणको लागि:

- पाँच मिनेटमा, म कोठो सफा गर्न जाँदैछु।
- म यो जागिरको आवेदनको पहिलो केही स्तम्भहरू भर्दैछु।
- म मेरो कारको ट्रंक सफा गर्दैछु (नोट: यो कारको ट्रंक हो यो केवल एक भाग हो र तपाईंले अझै सम्पूर्ण कार सफा गर्नु पर्दैन। (सम्पूर्ण सफाईलाई धेरै साना भागहरूमा विभाजन गर्नुहोस्)

तपाई अहिले यो गर्न संघर्ष गर्दै हुनुहुन्छ। अर्को चरणले तपाईंलाई एक कदम अगाडि लैजान्छ।

"ढिलो गर्नु भनेको केहि नगर्नु जस्तै होइन। बेलाबेलामा रचनात्मक पनि हुन्छ। तर अक्सर ढिलाइमा त्यहाँ डर छ र डर रचनात्मक छैन।"

—जोन हैरिस

चरण 4 : यो पाँच पटक लेखुहोस्

अनुसन्धानले देखाएको छ कि तपाईंका कार्यहरू लेखुले तपाईंलाई तपाईंको लक्ष्यहरूमा सफल हुने सम्भावना बढाउँछ। सम्भावना 70% सम्म बढ्छ। यो सम्झने सरल तरिका मात्र होइन। जसले लेख्दा सुधार हुन्छ। **यो लेख्दा** तपाईंको महत्त्वपूर्ण जानकारीको सम्झना हुनेछ। शक्तिमा सुधार आउनेछ।

कार्यहरू लेखेर, तपाईंले लिनुभएको महत्त्वपूर्ण कार्यहरूमा ध्यान केन्द्रित गर्नुहोस्। यसले ध्यान केन्द्रित गर्न मद्दत गर्छ। यसरी तपाईंले आफ्नो दिमागलाई अझ प्रभावकारी बनाउन सक्नुहुन्छ।

तपाईंको दिमाग अल्छी छैन, यसलाई केवल केहि नयाँ व्यवहार संग अनुशासित गर्न आवश्यक छ। त्यसपछि काममा ध्यान केन्द्रित गर्न थाल्छ।

चीजहरू बारेमा लेख्दा कार्यमा तपाईंको फोकसको स्तर बढ्छ। किनकी अब तपाईंको दिमाग सबै कुरा सम्झन व्यस्त छैन, तपाईंको दिमाग जे पनि प्रशोधन गर्न सक्छ। यस कारणले गर्दा, चीजहरू लेख्दा हाम्रो दिमागलाई मद्दत गर्दछ। हामीले ध्यान दिनु पर्ने कामलाई प्राथमिकता दिन मद्दत गर्छ। यो आवश्यक कुरा हो।

यहाँ चार कारणहरू छन् किन तपाईंले आफ्नो कामहरू लेखुपर्छ। यदि तपाईं पनि यो गर्न चाहनुहुन्छ भने लेख्न सुरु गर्नुहोस्!

1. चीजहरू लेख्दा तपाईंलाई आफ्रो मनसाय स्पष्ट गर्न मद्दत गर्दछ

चीजहरू लेखुले कार्यलाई भावनाहरूसँग जोड्न मद्दत गर्दछ र प्रक्रियालाई सजिलो बनाउँदछ। कार्यहरू लेख्दा तपाईंसँग तपाईंको कठिन कार्यहरूको रिमाइन्डर हुन्छ।

शब्दहरू कागजमा राखेर प्रस्तुत गर्दा, मनमा काम गर्ने उकेरछ। यसले तपाईंको स्मरणशक्ति बढाउँछ। लेखेर आफ्नो कामको लागि इरादाहरू सिर्जना गर्ने सम्भावना बढ्छ।

कार्यहरू लेख्नुले तपाईंलाई महत्त्वपूर्ण कार्यहरूमा ध्यान केन्द्रित गर्न मद्दत गर्दछ। यसले तपाईंको दिमागको क्षमता बढाउँछ।

2. कार्यहरू लेख्दा तपाईंले सफलतापूर्वक पूरा गर्नुभएको कुरा देखाउँछ।

वास्तवमा एक दिन वा हप्ताको लागि कार्यहरूको जर्नल वा नोटबुक राख्दै एउटा रेकर्ड वा कागजात हो जसले तपाईंलाई अहिले कहाँ छ भनेर पत्ता लगाउन मद्दत गर्दछ अहिलेसम्म के उपलब्धि हासिल गर्नुभयो?

यदि तपाईं प्रत्येक महिनाको अन्त्यमा तपाईंका नोटहरू पुनः भ्रमण गर्नुहुन्छ भने, जान्नुहोस् यो बाहिर जान्छ कि तपाईंले धेरै कठिन कार्यहरू पूरा गर्नुभएको छ जुन तपाईंले सायद उमेरका लागि स्थगित गरिरहनुभएको थियो।

तपाईंले गर्नुभएका सबै कठिन कार्यहरूको रेकर्ड हुनेछ। जब तपाईं तपाईंको कार्यहरू पूरा गरेपछि, तपाईंको सूचीलाई फ्याँक्नुहोस्, तर तपाईंको नोटबुकमा राख्नुहोस्। यसलाई लिनुहोस् र यसलाई तपाईंको काम हटाउनको लागि एक विधिको रूपमा प्रयोग गर्नुहोस्। यसो गरेर तपाईंको उपलब्धिको भावना तपाईंमा विस्तार हुनेछ।

3. लेखन कार्यहरूले तपाईंको केन्द्रित कार्यलाई बढावा दिन्छ।

यदि तपाईंले काम गरिरहनुभएको काम तपाईंको अगाडि अड्किएको छ भने, काममा फोकस कायम राख्न सजिलो हुन्छ। यसको लागि मेरो विधि सीधा स्टिकी नोट मा जानु हो म यसलाई नोटमा लेख्छु र यसलाई मेरो म्याकबुकमा टचप्याडको छेउको किनारमा टाँस्छु। र म काम गरिरहेको बेला यसलाई तल हेर्न सक्छु। मैले गर्ने काम त्यो काममा मैले काम नगरेको खण्डमा मेरो ध्यान हट्ने निश्चित छ। यसको अर्थ हो, पक्कै पनि मेरो मन बहकिएको होला।

4. कार्य लेख्नु आगामी घटनाहरूको पूर्वावलोकन हो

जब तपाईं आफूले चाहेको कुराको कल्पना गर्नुहुन्छ, तपाईंको दिमागले यसलाई वास्तविकता बनाउन काम गर्न थाल्छ। बाटो खोज्छ। अनुसन्धानले देखाउँछ कि लेखन कार्यहरू - हाम्रो मस्तिष्क यस्तो तरिकाले चिंतित हुन्छ की हामीलाई लाग्छ – हामीले अहिले त्यो काम गरिरहेका छौं।

लेखनले हाम्रो भविष्यका कार्यहरूको लागि पूर्वाभ्यासको रूपमा कार्य गर्दछ।

कार्यान्वयन कार्य:

आफ्नो कार्य पाँच पटक लेख्नुहोस्। यसको लागि छुट्टै नोटबुक प्रयोग गर्नुहोस्। पृष्ठ को शीर्षमा मिति लेख्नुहोस् र प्रति दिन एक पृष्ठ प्रयोग गर्नुहोस्।

मसँग एउटा नोटबुक/जर्नल छ र यसलाई मेरो सबै मेहनतको ट्रयाक राख्न प्रयोग गर्नुहोस् वा लेख्नको लागि मेहनत गर्छु। जब म तिनीहरूलाई लेख्छु, म त्यो कार्य वा बारे सोच्दछु मैले गरेको कार्यप्रति म गम्भीर छु। लेखनले कामलाई वास्तविक बनाउँछ।

"जीवन सधैं तपाईंको कॉम्फोर्टजोन बाहिर छ
"यो पहिलो कदम चालेर सुरु हुन्छ।"

—शैनन एल. एल्डर

चरण 5 : सुरु गर्नलाई पाँच मिनटको समय निर्धारण गर्नुहोस्

कुनै सजिलो कार्यमा लग्त्तै काम सुरु गर्नलाई पाँच मिनटको समय निर्धारण (ब्लक) गर्नु सबैभन्दा सरल रणनीति हो। जब तपाई कुनै सजिलो काम अनदेखा गर्दै हुनुहुन्छ भने, यस्ता कामलाई भनेर केवल पाँच मिनटको समय निर्धारित गर्नुहोस्। पाँच मिनटको समय ब्लक गर्दा काम सरल पार्ने उद्देश्यले तपाईंको ऊर्जा बढाउँछ। केही गर्नेतर्फ तपाईंको ध्यान आकर्षण गराउनलाई यो समय सारै थोरै हो।

पाँच मिनटको समय त्यो कामका लागि निर्धारित गरेर तपाईं काममा देखा परेको बाधालाई निप्ट्याउनुहुन्छ। यसले गर्दा तपाईं पुनः गतिशील बन्नु हुने छ। जब तपाईं कुनै विशेष लक्ष्यलाई अघि राखेर काम गर्नुहुन्छ तब तपाईंसँग एउटा स्पष्ट रूपले निर्कोल गरिएको समय सीमा हुन्छ। तपाईं आफ्नो समयलाई ब्लक गरेर सम्पूर्ण ध्यान त्यो विशेष लक्ष्यमा केन्द्रित गर्न सक्नुहुने छ।

जसरी गेरी केलरले आफ्नो किताब 'द वान थिङ्ग'मा भनेका छन् –

"समयलाई रोक्नु, समयलाई हेर्नु र उपयोग गर्नु एउटा सारै परिणामयुक्त तरिका हो। यो त्यो तरिका हो, जसले यो सुनिश्चित गर्दछ कि जे गरिनु पर्ने छ त्यो भयो।"

यो रणनीतिको लक्ष्य तपाईंको जटिल कामलाई पूरा गर्ने होइन, अपितु केही गर्ने बेलामा आइपरेका बाधाहरू वा अडचनहरूलाई टाढा पन्साउनु हो- त्यो बाधा हो 'सुरु गर्ने।'

त्यो सबैथोक जसलाई तपाईंले (र मैले) सँधै टार-टुर गर्यौं, त्यसका लागि हामीले कहिलै पनि समयलाई आफ्नो कामका लागि ब्लक गरिनौं। यो कुरा म विश्वासको साथ भन्न सक्छु यदि हामीले समय अवरुद्ध (ब्लक) गरेका थियौं भने हाम्रा काम कहिलै अधूरा रहने थिएनन्, अपितु एउटा जटिल काम पूर भइ सकेको हुनेथियो।

तपाईंले आफ्नो सूचीमा लेखिएको **अधूरा जटिल कामदेखि** त्यसका दाँहिनेतर्फ लेखिएको **जटिल काम अब शेष भयो**, तर्फ अघि बढ्नु पर्दछ। तब मात्र तपाईंले आफ्नो प्रगति देख्न सक्नुहुन् छ र भन्न सक्नुहुने छ, "यो भयो किनकि मैले यसका लागि केही गरेथ्ये !"

पाँच मिनट समयलाई ब्लक गर्नु एउटा छोटो समयावधि हो, तर तपाईं जुन कामलाई नदेखेझैं गर्दै हुनुहुन्छ, त्यसको सुरुका लागि यो पर्याप्त हो। कुनै जटिल काम गर्नमा त्यसको 80 प्रतिशत परिश्रम त्यसको थालनिमा हुन्छ। बाधा वा समस्या काम गर्नेमा होइन अपितु काम गर्ने बारेमा सोच्नुमा हुन्छ।

तपाईं आफ्नो दिमागमा कामको प्रति यस्तो अवरोध निर्माण गर्नुहुन्छ जसलेगर्दा तपाईंको ऊर्जा काम गर्ने उद्देश्यबाट टाढा जान्छ।

काम अहिले गर्नेका उद्देश्य तपाईंलाई प्रेरित र सक्रिय बनाउनु हो। साथै यसले तपाईंमा एउटा उपलब्धिको भावना जागृत गराउछ, "मैले यो काम गर्न सुरु गरे, जुन काम गर्न म सँधै डराउदथ्ये।"

यो सोच्नु हुँदैन पाँच मिनटपछि के हुन्छ। पाँच मिनटको समय ब्लक गर्नुहोस् अनि काम सुरु गर्नहोस्।

म प्रत्येक बिहान ध्यान र गहिरो साँस लिनेखाले व्यायम पछि, कामको सुरुवात गर्ने पाँच मिनट समय ब्लकबाटै थाल्ने गर्दछु। म हिजो राती नै ठिक गर्दछु मैले भोली के गर्नु पर्ने छ र फेरि आफ्नो दिनको सुरुवात त्यही कामबाट गर्दछु।

यसका लागि तपाईंले आफ्नो फोनमा कुनै एउटा राम्रो एलार्म सेट गर्नु पर्ने आवश्यक छैन। तपाईंको मन मस्तिष्कमा त्यो पाँच मिनटको राम्रोसँग अनुभव छ। त्यसोहुँदा खाली बस्नु छ र काममा लाग्नु छ। आफ्नो अभिलाषा कागजमा लेख्नुहोस्। यसलाई तपाईं पाँचचोटी लेख्न सक्नुहुने छ जसरी पछिल्लोचोटी लेख्नु भएको थियो।

यसरी आफ्नो पाँच मिनट ब्लक गरेर समय बचाउनुहोस्, तर यदि तपाईं हिँडि रहन चाहनुहुन्छ भने पाँच मिनट पछि उभिनुहुँदैन। तपाईंको उद्देश्य तपाईंको काम, गतिलाई अघि बढाउनु र आत्मविश्वासलाई निर्माण गर्नु हो। जटिल लाग्नेखाले काम सुरुगर्ने अघि पन्साउनुहोस् जसले तपाईंलाई त्यसको भूवँरीमा फँसाएर राख्छ यो भिन्ने अर्को दिन गर्ने छ र फेरि सप्ताह वा महिनापछि तपाईं त्यो कामका बारेमा केवल सोचि नै रहनुभएको हुन्छ।

यदि तपाईं काम गर्ने बारेमा सोच्दै हुनुहुन्छ, तर गर्नु भएको छैन, कवल सोच्दामा केहीं हुँदैन। म प्रत्येक दिन आफ्नो मस्तिष्कलाई ती कार्यहरूका बारेमा केवल सोच्न बन्द गराउन प्रशिक्षित गर्दै छ, जुन कामहरू मैले गर्नै पर्दछ, गर्नु पर्दछ र गर्नु पर्ने हो। म ठिक गर्दछु कि काम म अहिले गर्दै छु। म पाँच मिनट ब्लक गरेर काम गर्दछु। कुनै आपत्ति नगरी, कुनै डर नगरी खाली कामको थालनि गर्दछु।

कुनै पनि काम गर्ने क्षेत्रमा पहिलो पाइलो चाल्नु वा पहिलो एक्शन लिनु सबैभन्दा जटिल काम हो। पहिलो पाइलो चाल्नु पनि सबैभन्दा सजिलो हुन्छ यदि तपाईंले यो पाइलो किन चाल्नुभयो? तपाईं पाइलो चाल्नेको एउटा उद्देश्य बनाउनुहोस्।

अहिले गर्नुहोस्। अहिले होइन भने कहिले त?

भयो अब अरु 'भरे गरौंला' होइन। तपाईंसँग केवल यो दिनमात्रै छ। अहिले जे गर्न सकिन्छ त्यो काम पछि गर्नभनि राखेमा मनले टारी दिन्छ। तपाईंसँग आफ्नो कामका लागि पाँच मिनटको समय छ।

कार्यान्वयन कार्य:

- निर्णय लिनुहोस् के जटिल काम गर्ने हो। (पछिल्लो कदममा)
- यसलाई पाँचचेटी लेख्नुहोस्।
- आफ्नो क्यालेन्डारमा पाँच मिनट ब्लक गर्नुहोस्।
- यसमाथि काम गर्न सुरु गर्नुहोस्।
- यदि तपाईंले आफ्नो काममा गति प्राप्त गर्न सक्नुभयो भने ब्लक गर्ने समयको अवधि दस मिनटसम्म बढुन सक्नुहुने छ।

यस्ता स-साना कामहरू सनाख्त गर्नहोस् जसलाई पाँच मिनट अथवा त्योभन्दा थोरै समय भित्रमा सम्पूर्ण गर्न सकिन्छ। यो तपाईंको एउटा सानो जीत हो ! तपाईंको एक्शन सुरु गर्नुनै यसको उद्देश्य हो।

"तपाईंले सम्पूर्ण सीढी हेर्न के खाँचो छ,
तपाईं केवल पहिलो कदम अघि सार्नुहोस्"

—मार्टिन लुथर किंग जूनियर

चरण 6 : कसैलाई सुनाउनुहोस् तपाईं यो काम गर्दै हुनुहुन्छ भनेर

स म्भ्रान्त अथवा विशिष्ट ओहोदाका व्यक्तिहरू, सीईओ, कलाकार र उच्चस्तरीय उद्यमीहरू आफ्ना लागि सल्लाहकारहरू र प्रशिक्षकहरू नियुक्त गर्दछन्, जसको कारण होः

जवाबदेही/जिम्मेदारी

भखरै टीम फेरिससँग भएको एउटा अन्तर्वातामा विश्वप्रसिद्ध फिल्म वोल्वरिन अभिनेता ह्यूग जैकमैनले भनेका थिए-उनका एकजना निजी कोच (प्रशिक्षक) छन्। उनी प्रत्येक दिनको अन्तिममा यिनै कोचलाई आफ्नो कामहरूका बारेमा एउटा म्यासेज पढाउछन् जसमा उनले पूरा गरेका र पूरा गर्न नसकेका (असफल भएका) कामहरूको ब्योरा हुन्छ। अनि उनको एक्शन सूचीबाट कुनै काम पूरा भएन भने, कोचले त्यो काम किन सफलतापूर्वक भएन त्यसको कारण स्पष्ट रूपले भन्ने गर्दथ्ये।

यदि ह्यूग जैकमैनलाई आफ्ना कार्यहरू र लक्ष्यका लागि कोही जवाबदेह हुनेवाला मान्छेको खाँचो हुन्छभने तपाईं मलाई किन हुँदैन होला !

तपाईं कुनै व्यक्तिसँग आफ्ना लक्ष्य र प्रगतिका बारेमा कुरा गर्न सक्नुहुने छ, जो प्रकृत अर्थमा आफ्नो वचनबद्धतामा सही सावित भएर तपाईंको साथ दिनेछ। यसो गर्दा तपाईंमा कामलाई लिएर एउटा फूर्तीलोपनको भावना विकशित हुन्छ। आफ्ना लागि बनाइएका नियमहरू हामीलाई अरु मान्छेका लागि भत्काइ दिन सजिलो छ, तर थुप्रै अनुशासित र केन्द्रित अभिजात मान्छेहरू नियम नभत्काएर अर्कै बाटो खोज्दछन् कारण उनीहरूसँग सघाउका लागि मान्छ तैनात छन्। उनीहरूसँग जवाबदिनलाई (जवाबदेही) साथी (पार्टनर) छन्।

जब तपाईं पनि यस्तै जिम्मेदार पार्टनरसँग काम गर्नहुन्छ चाहे त्यो कोच होस् अथवा सल्लाहकार- तब तपाईंमाथिको दबावको भारी पन्सिन्छ। तपाईंले एउटा संकेत गरेमा उनी तपाईंको मददका लागि अघि बढेर आउछन्। हामी चाहे कामका लागि कुनै मनसाय राख्दिनौं, तर अरु कसैका लागि उनीहरू काम गर्नेछन्।

जिम्मेदारी महत्वपूर्ण हो

यदि कोइ अर्काप्रति जवाबदेही हुनाको भाव देखाउँदैन भने यसको अर्थ उसमा कसैप्रति पनि जवाबदेही हुनाको भावना छैन।

मलाई तपाईंको बारेमा थाहा छैन, तर यदि म केवल मेरा लागि जिम्मेदार छु भने आफूप्रति यो भावनालाई झटारिदिन धेरै सजिलो हुन्छ। कारण आफूप्रति म जिम्मेदार भइन भने कसैले मलाई गाली-गलोज अथवा टोक्स्ने छैनन्। म आफूलाई लिएर फेरि शिथिल हुन्छु र बहाना बाजी फेरि सुरु गर्ने छु। जस्तै-

"यो कुनै ठुलो कामकुरा होइन। म यसलाई भोली गर्नेछु।"

"सायद मैले यसको समय-सीमा बढाउनु पर्दछ होला।"

"त्यसै पनि म के गर्दै छु कसलाई मेरो परवाह छ र? अनि म पिन व्यर्थमै समय खेर फाल्न सक्ने छु।"

कामचोरहरूका लागि जवाबदेही सारै अप्ठेरो माखेसाङ्लो हो। (अमिलो खीर)

यदि तपाईं यो जान्नुहुन्छ तपाईंले कसैसँग अंशीदार भएर काम गर्नुपऱ्यो भने यो कुरा काममा लागिपर्नका लागि एउटा प्रमुख प्रेरक हो। तपाईंले देख्नुहुने छ तपाईंले काम शेष गर्न नसकेर अतिरिक्त घन्टा लगाउनुभयो र तपाईं लगभग सफल हुनुभयो।

तर यदि तपाईंको कामलाई अधूलै छोड्ने बानी छ भने काम पुरा गर्नलाई एउटा संघर्ष हुन्छ। उत्तरदायित्व लिएमा तपाईंलाई ती कामहरूको परिचय हुन्छ, जसलाई पुरा गर्नु अवश्यक छ।

जब तपाईं कुनै मित्र, कोच अथवा व्यवसायी मित्र प्रति जवाबदेह हुनुहुन्छ तब तपाईंसँग न केवल परिणामको अपितु त्यहाँ पुग्नलाई तपाईंले उठाएका कदमहरूका बारेमा पनि उत्तर दिनुहुन्छ भनेर अपेक्षा गर्दछन्।

जवाबदेही लक्ष्यहरू प्राप्तगर्ने एउटा चाबी हो। जुन दिन तपाईं यो सोच्नुहुन्छ "भयो अब यसो गर्न मन छैन।" त्यो दिन यो (जवाबदेही) नै तपाईंको नौकायान पार लगाउने 'माझी' सरह बन्दछ। हुनसक्छ बिहान तपाईं आकास समान इच्छाहरू लिएर ब्युझनुहुन्छ तर दिउँसोको खाना खाएपछि कथा उल्टापुल्टा हुन्छ।

जवाबदेही धेरै कारणले काम गर्दछः

- यसले तपाईंलाई एउटा सही बाटोमा (ट्रेक) यात्रामान हुनमा सघाउ पुऱ्याउछ र ध्यानभङ्ग हुनेबाट जोग्गिनुहुन्छ। भट्किने भाव वा विचलन हामीसँगै हिंड्दछन्। यो प्रगतिको शत्रु हो र हामीलाई ट्रेकबाट खँदार्नलाई पर्याप्त हो। कोही पनि विचलनबाट बाँचेका छैनन, यहाँसम्म कि हामी बीचका सबैभन्दा सफलतम् मान्छे पनि।

- जवाबदेहीको भावनाले तपाईंलाई काम गर्ने दिशामा लगनशील बनाउनमा एउटा महत्वपूर्ण भूमिका निभाउछ। यसले ध्यान भङ्ग गर्नेखाले गतिविधि र अनुत्पादक व्यवहारमा खर्चिने समय र प्रयासलाई घटाउछ।

- जवाबदेही वा जिम्मेदारीबाट आत्मविश्वास बढदछ। कसैले एक्लै जीत्न सक्दैन। यदि तपाईं यसो गर्नुहुन्छ भने पनि जवाबदेहीले तपाईंको आत्मविश्वास र ऊर्जालाई बढाइदिन्छ र जब तपाईंलाई ठुलो जीत प्राप्तहुन्छ, तब तपाईंको उत्तरदायी मित्रलाई अरु धेरै परिश्रम गर्नलाई प्रेरणा प्राप्तहुन्छ। यो जीतले दुबैको आत्मविश्वास बढाउछ।

- जवाबदेहले चरित्रको निर्माण गर्दछ। यसद्वारा तपाईं विश्वासिलो र भरपर्दो हुनाको महत्व सिक्नु हुने छ। तपाईंको मित्र न केवल आफ्नो जीत (र हार) को खुलस्थ गर्न भनेर तपाईं माथि भरोसा गरि रहेको छ अपितु तपाईं जे पनि साझा गर्दै हुनुहुन्छ त्यसलाई उत्साहले सुन्न पनि चाहन्छ।

एकजना उत्तरदायी भागीदारसँग पहिले जटिल काम गर्नुहोस्...

तपाईं सोच्दै हुनुहुन्छ होला यस्तो उत्तरदायित्व सुम्पिनलाई म कसलाई भेट्छुहोला भनेर? जो कोही पनि हुन सक्छ, तर खासगरी यस्तो मान्छे हुनुपऱ्यो जसले तपाईंलाई सजिलोसँग फँस्न दिंदैन। म ती मान्छेहरूसँग काम गर्दछु जसले अनलाइन मास्टरमाइन्ड समूहमा हिस्सा लिएका थिए। वैकल्पिक रूपले, तपाईं आफ्नी जीवन साथी र पार्टनरहरूसँग काम गर्न सक्नुहुन्छ।

तपाईं को प्रति जवाबदेह हुनुहुन्छ, त्यो महत्वपूर्ण होइन तर जबसम्म उनीहरू तपाईंसँगै छन्, तबसम्म उनीहरू अन्तिम चरणको पाइलो चालुन्जेलसम्म तपाईंलाई सघाँउने छन्।

म जटिल कार्यहरूमा असफल हुनाको एउटा ठुलो कारण यो पनि थियो कि मसँग कहिलै कुनै जिम्मेदारी थिएनन्। यदि म सफल भएको भए राम्रो हुनेथियो, म खुदै साब्बासी दिने थिए, तर म सफल भइन त्यो पनि ठिकै छ, किनकि मलाई कोही, "यसो गर र उसो नगर !" भन्दैनन थिए। त्यसकारण, आफै प्रति जवाबदेह हुनु अथवा आत्म-जवाबदेही सायदै लामो समयसम्म काम गर्दछ। जब तपाईं आफ्नै दिमागको जालमा फँस्नु भएको छ भने तपाईंमाथि कडा कारवाही गर्न मुस्किल छ।

कार्यान्वयन कार्यः

आफ्नो व्यवसायी मित्र, साथी अथवा मास्टरमाइन्ड ग्रुपको कुनै एकजना सदस्यलाई तपाईंको जवाबदेह मित्र भइदिनलाई भन्नुहोस्। यसका लागि दिनमा एकचोटी अथवा सप्ताहको अन्त्यमा चर्चा गर्न सकिन्छ।

एकचोटी उत्तरदायित्व स्थापित भएपछि त्यो विषयमा चर्चा गर्नलाई दिनको एउटा नियमित समय निर्धारण गर्नुहोस्। यो एउटा साधारण सन्देसका मार्फत् पनि हुन सक्छ, तर यसले तपाईंलाई तपाईंको जम्मै दिनभरीका लागि जीत दिलाउनलाई प्रेरित गर्दछ।

साइड नोटः म यस्ता थुप्रै मान्छेलाई जान्दछु, जो अर्को प्रति जिम्मेदार हुनमा हिचकिचाउछन्, कारण उनीहरूलाई डर छ कि कसैले उनको कारणले गर्दा होच्चिनु नपरोस्। असफलताको डरका कारण आफूलाई पछि हट्न नदिनुहोस्। तपाई यो किताब पढ्दै हुनुहुन्छ, तपाईं एकजना बहादुर मान्छे हो। त्यसकारण एकजना जवाबदेह पार्टनरलाई साइन अप गर्नुहोस् र आफ्नो जीत प्राप्त गर्नुहोस्।

> "जब हामी आफ्नो सीमाहरू निर्धारित गर्न र मान्छेलाई जिम्मेदार बनाउनमा विफल हुन्छौं तब हामी आफैलाई ठगिएको र पीडितझैं अनुभव गर्दछौं। फेरि हामी कहिले काहिं उनीमाथि जसरी आफ्नो आक्रोश निकाल्छौं, त्यसले उनलाई केवल उनको व्यवहार अथवा उनको पसन्दको निन्दा गर्नु भन्दा धेरै आहत गर्ने खालको हुन्छ।"

—ब्रेन ब्राउन, द गिफ्ट्स अफ इम्परफेक्शन के बेस्ट सेलिंग लेखक

चरण 7 : यसलाई आफ्नो केलेन्डारमा लेखुहोस्

"एउटा पराकाष्ठा छ जसले गर्दा हामी आफ्नो सपनाहरूमा बाँच्न पाउँदिनौं! यसको अर्थ हो हामीमाथि आफूभन्दा धेरै हाम्रो कम्फर्ट जोनको नियन्त्रण छ।"

—पीटर मैकविलियम्स

केलेन्डार केवल तारीख हेर्नलाई अथवा दन्त चिकित्सकको एपइन्टमेन्ट लेख्नका लागि होइन, यसको अरु पनि प्रयोग छ। जब कुरा जटिल कामका लागि कठोर परिश्रम गर्नाको हुन्छ तब इमानदारीले त्यसको समापनको समय पनि निर्धारित गर्नु जरूरी छ। व्यक्तिगत रूपमा, म काम शेष गर्ने मितिलाई "समय सीमा"को रूप दिन रुचाउँदिन, कारण यो डरलाग्दो हुन्छ।

तपाईँ जे पनि काम गर्ने निर्णय लिनुहुन्छ, ती जम्मै जटिल काम आज अथवा यही सप्ताह भित्रमा तपाईँको केलेन्डारमा हुनुपर्दछ। यो कामलाई पाँच चोटी डायरीमा लेखे उपरान्त गर्नु पनि पर्दछ।

वास्तवमा, म यसलाई पाँच चोटी लेख्छु, र फेरि लगत्तै यसलाई पूरा गर्नलाई एउटा मिति तय गर्दछु। यो तरिका दुईवोटा कारणले उपयोगी छ-

1. मसँग मेरा लागि जटिल कामहरूको एउटा लामो सूची छ, जसलाई मैले कहिलै टुङ्ग्याउन सकिनँ, कारण त्यसको कुनै समय सीमा थिएन।

2. मैले जुन पनि काम सम्पूर्ण गरें, त्यसलाई पूरा गर्नलाई मैले केलेन्डारमा एउटा निश्चित मिति लेखेर आफ्नो डेस्कको माथि झुन्ड्याएको छु।

जस्तै 'बिग ड्रीम' लेख्ने न्यूयार्क टाइम्सको बेस्टसेलिङ लेखक बाब गोफले भने, "खुसीका लागि हाम्रो लडाँई केलेन्डारका पन्नामा सुरुहुन्छ।"

तपाईंको केलेन्डर एउटा राम्रो मूल्य राख्दछ। तपाईंका जरूरी कामहरू केलेन्डारमा प्रमुख प्राथमिकताका साथ अङ्कित गर्नुहोस् कि तपाईं आफ्ना लागि कस्तो जीवन डिजाइन गर्नुहुन्छ, जो प्रामाणिक, पूर्ण र सन्तोषजनक देखियोस्।

म सूची बनाउनमा विश्वास राख्छु, तर केवल सूची बनाएर काम चल्दैन। तपाईंको सफलता सुनिश्चित गर्नलाई यो प्रक्रियामा अन्य थुप्रै पाइला चाल्नु पर्ने हुन्छ र यदि प्रतिबद्धताका कुरा गर्ने हो भने केलेन्डार तपाईंको सबैभन्दा राम्रो मित्र हुन सक्छ। तपाईं एउटा 'डे प्लानर'को प्रयोग गर्नसक्नुहुन्छ अथवा भित्तामा एउटा केलेन्डार झुन्डाउन सक्नुहुन्छ। म दुबै गर्दछु।

म आफ्नो यो उद्देश्यलाई अरु दर्बिलो बनाउनलाई फोन र कम्प्यूयर एलार्टको पनि प्रयोग गर्दछु जो टाइम ब्लक लायकको प्रक्रियाको साथ साथ हिँड्दछ।

जब तपाईं आफ्नो कामका लागि टाइम ब्लक्कको सूची बनाउनुहुन्छ तब तपाईं दिनमा एउटा विशिष्ट समयमा आफ्नो कामका लागि प्रतिबद्ध बन्नुहुन्छ। आफ्नो कामलाई केलेन्डरमा चिन्हित गर्नुको अर्थ हो यसलाई आज गरिँदै छ र तपाईंको निर्धारित मितिसम्ममा यसलाई पूरा गरिन्छ होला भन्ने संकेत दिनु।

मेरो सल्लाह यो हो- **तपाईं शृङ्खलालाई नभत्काई यो तरिकालाई** चालु गर्नुहोस्।

जेरी सीनफेल्डसँग उनको लेखन माथि नजर राख्नलाई एउटा प्रणाली थियो। उनी आफ्नो प्रत्येक दिन हास्य र व्यङ्ग लेख्नलाई समर्पित गर्दथ्ये र जब उनी आफ्नो कार्य सम्पूर्ण गर्दथ्ये तब केलेन्डरमा एउटा एक्सको चिनो लगाउँथ्ये। उनी यो केलेन्डरलाई यस्तो ठाउँमा राख्दथ्ये भने त्यो उनले दिखि रहन्थ्ये र सप्ताह अथवा महिनाको अन्त्यमा उनी यो बानीका कारणले गर्दा प्राप्त भएको प्रगति हेर्न सक्थे।

उदाहरणका लागि, यदि तपाईंण एउटा प्रत्याह्वानपूर्ण काम गर्दै हुनुहुन्छ, जसलाई एक सप्ताहमा सम्पूर्ण गर्नु पर्दछ भने हर दिन एक घन्टाको समय टाइम ब्लक (समय अवरुद्ध) गरेमा तपाईं यसलाई गर्न भूल्नु हुँने छैन। हो, यदि यो काम तपाईंको डिजिटेल केलेन्डारमा लेखिएको अथवा सूचीबद्ध गरिएको र यो अहिले पूरा भएको छैन भने, यसको कारण हेर्नुहोस् किन यस्तो भयो? आँफै आफमा सम्पूर्ण इमानदार रहनुहोस्। के तपाईंले जानि-बुझि कामलाई नदेखेझैं गर्नुभएको हो, कि अथवा केही तपाईंका सामु आयो जसले तपाईंलाई आफ्नो काम गर्नेबाट रोक्यो?

यो खाले व्यक्तिगत जवाबदेही पनि प्रभावशाली हो, कारण यसले काम गर्नका लागि एउटा दबाव बनाउदछ। यस वाहेक, यसमा चुक्ने जो अन्तिम व्यक्ति निराश हुन्छ त्यो तपाईं स्वयम् हो !

कार्यान्वयन कार्यः

तपाईंका लागि एउटा भित्तामा टाँस्ने केलेन्डार लिनुहोस्-यो जति ठुलो हुन्छ, त्यति नै राम्रो। फेरि, त्यो दिन अथवा सप्ताहका लागि तपाईंको प्राथमिकता रहेका/दिने खाले काम सनाख्त गर्नुहोस्। त्यो (निर्धारित) दिनमा गर्नु पर्ने काममा 'एक्स'को चिनो लगाउनुहोस्। हाम्रो लक्ष्य हो कामको शृङ्खला नटुटोस् भन्ने। यदि यसो भयो भने भोलीपल्ट तपाईंका लागि काम दुगुणा हुने छ। जब मैले काम गर्ने अथवा काम नगर्नाको परिणाम देखें तब मैले एकदिन छोड्नु पनि धेरै जटिल थियो। तपाईं यो डाटा आफ्नो जवाबदेह मित्रसँग साझा गर्न सक्नुहुन्छ।

काम सम्पूर्ण गर्न आफूलाई पर्याप्त समय दिनुहोस्। उदाहरणका लागि, मैले एउटा कोठो धेरै वर्षसम्म सफा गरेको थिइन। यसलाई सफा गर्नु मेरा लागि एउटा कठिनतम् कामहरूमा एउटा थियो (मैले यसलाई प्राथमिकता दिइन, तर यो मेरो सूचीमा थियो) त्यसकारण यो कामका लागि मैले तीन घन्टा तोकेको थिए। मेरो घट्दो सहनशीलताको कारणले गर्दा मैले त्यसमा दिनभरीको तीस मिनट समय गरेर काम गरें र लगभग एक सप्ताह भित्रमा त्यो काम समाप्त गरें त्यो पनि काम समाप्त गर्न निर्धारण गरेको मिति भन्दा एक दिन अघि नै।

यदि यो काम मेरो केलेन्डारमा एक्सको चिनाको साथ तल एउटा निशान लगाएको थिइन भने आज पनि म त्यो कसिङ्गर फ्याँक्नलाई एउटा नयाँ ठाउँ खोजी रहेको हुने थिए होला।

चरण 8 : आफ्नो कल्पनामा (visualization) कठिन कामहरू पूरा भएको हेर्नु

अफ्ट्यारा कार्यहरू स्थगित गर्ने बानी तपाईंको भ्रमबाट सुरु हुन्छ। तपाईंलाई लाग्छ कि तपाईंले स्थगित गरिरहनुभएका धेरै कामहरू पछि, कुनै न कुनै तरिकाले पूरा हुनेछन्। कुनै पनि काम टालिरहेको क्षणमा, तपाई भविष्यको त्यो मिठो कल्पनामा बाँचिरहनु भएको हुनुहुन्छ जहाँ तपाईंले भविष्यमा ती कार्यहरू पूरा भएको देख्नुहुन्छ, तर त्यस्तो हुनु प्रायः असम्भव कुरो हो।

रचनात्मक विजुअलाइज़ेशनको कला

रचनात्मक कल्पना दृश्य ध्यानको (meditation) एउटा रूप हो। यो आफ्नो जीवनमा सकारात्मक बदलाव ल्याउनको निम्ति मानसिक कल्पना र ज्ञान प्रयोग गर्ने एउटा कला हो।

वर्तमान जुन काम तपाई गरिरहनुभएको छ, त्यो काम पूरा भएको कल्पना गरेरै, तपाईंले आफ्नो मष्तिस्कलाई छलेर त्यो काम पूरा हुँदैछ भन्ने विश्वास दिलाउन सक्नुहुन्छ।

आफ्नो महत्वपूर्ण पुस्तक 'क्रिएटिभ भिजुअलाइजेशन'मा लेखिका शक्ति गवैन भन्छिन् –

अनुसन्धानले प्रमाणित गरेको छ कि एथलीटहरूले मैदान भित्र र बाहिर दुबै प्रशिक्षण गरेर ओलम्पिकको लागि तयारी गर्छन्। अन्वेषकहरू एलेन रोजिन र लिसा कुएङ्कका अनुसार शारीरिक तालिम मात्र होइन, दृश्यात्मक रूपमा मानसिक प्रशिक्षणले पनि खेलाडीको सफलतालाई प्रभाव पार्छ।

आफ्नो सफलताको लागि प्रतिबद्ध खेलाडीहरू पहिले आफ्नो कल्पना मार्फत आफ्नो दिमागमा सफलता सिर्जना गर्छन्।

पहिले, एथलीटहरूले कल्पनात्मक दृश्यको साथ मानसिक कसरतको अभ्यास गर्छन, जसमा उनीहरू आफैलाई दर्शकको दृष्टिकोणबाट खेलिरहेको देख्छन्। यस दृश्यलाई लागू गरेर, विश्व स्तरका खेलाडीहरूले वास्तविक/शारीरिक प्रदर्शन सुधार गरेर आफ्नो सपनाहरू हासिल गर्न सक्छन्।

'द सक्सेस प्रिन्सिपल्स' का लेखक ज्याक क्यानफिल्डका अनुसार:

> "यस अभ्यासले केही उच्च उपलब्धिहरूलाई सुपर पावरहरू पनि दिन्छ, उनीहरूलाई उच्च फोकस र पूर्ण आत्मविश्वासका साथ लक्ष्य वा कार्य पूरा गर्न अनुमति दिन्छ। तपाईंलाई आफ्नो सपनाको जीवन सिर्जना गर्न मद्दत गर्दछ। श्रेष्ठ श्रेणीका एथलीटहरू र धेरै धनी व्यक्तिहरूले यसलाई प्रयोग गर्छन्। र हिजाज सबै क्षेत्रका शीर्ष कलाकारहरूले पनि यसलाई प्रयोग गर्छन्।
> यो शक्तिलाई दृश्य (visualization) भनिन्छ।"

अब, यदि तपाईँ दिनमा केवल दस मिनेटको लागि भिजुअलाइजेशन गर्न प्रतिबद्ध हुनुहुन्छ भने तपाईँ कति गर्न सक्नुहुन्छ? कसलाई थाहा छ तपाईंले कुन लक्ष्यहरू हासिल गर्न सक्नुहुन्छ? तपाईंले दिन भरीमा वा अर्को बीस मिनेटमा कतिवटा कठिन कार्यहरू पूरा गर्न सक्नुहुन्छ?

यो अभ्यास हो जुन मैले जीवनमा सबै कठिन चीजहरू प्राप्त गर्न प्रयोग गरेको छु। मैले प्रक्रियाको कल्पना नगरेसम्म र वास्तवमा केही गर्नका लागि कदमहरू नचल्दासम्म मैले लगभग सबै कुरा बन्द गरें। जब यो हुन्छ मेरो अवचेतन मन जो कर्मको सम्बन्धमा पक्षाघाती/निष्क्रिय थियो, कार्यकर्तामा परिणत हुन्छ। त्यसपछि म दृढ संकल्पका साथ काम गर्छु।

भिजुअलाइजेशन सबै प्रकारका ढोकाहरू खोल्ने चाबी जस्तै हो। भिजुअलाइजेशनले तपाईंलाई तपाईंको लक्ष्य प्राप्त गर्न मद्दत गर्ने सबै विवरणहरूमा ध्यान दिन मद्दत गर्दछ।

भिजुअलाइजेशनको माध्यमबाट, तपाईँ कमिहरू हटाउन सक्नुहुन्छ जुन तपाईँ त्यसपछि प्रक्रियाको क्रममा गर्नुहुनेछ वा तपाईंले सोच्नुभएन भनेर केही गर्नुहुनेछ।

सोच शक्तिशाली छ। भिजुअल रिहर्सल मार्फत आफैलाई स्थितिमा राखेर तपाईले कुनै पनि भौतिक कार्य गर्नु अघि प्रक्रिया सिर्जना गर्दै हुनुहुन्छ।

तपाईको आन्तरिक शिथिलता तोड्नको लागि, भिजुअलाइजेशन एक प्राथमिक हतियार बन्छ जसले तपाईको दिमागबाट डर हटाउँछ। नतिजाको रूपमा, तपाईको कामको प्रतिरोध पग्लन्छ, र तपाई निराश हुनुको सट्टा आशावादी महसुस गर्न थाल्नुहुन्छ।

जब तपाइँ पहिले कार्यको कल्पना गर्नुहुन्छ र त्यसपछि यो गर्नुहुन्छ, मानसिक पूर्वाभ्यासको यो अवस्थाले तपाईंलाई सफलताको लागि सेट अप गर्दछ।

तपाईको दिमागले तपाईको कल्पनामा के भइरहेको छ र शारीरिक रूपमा के भइरहेको छ बीचको भिन्नतालाई पहिचान गर्दैन।

भिजुअलाइजेशनले अवचेतन मनको रचनात्मक शक्तिहरूलाई सक्रिय बनाउँछ र समाधानहरू खोज्न कडा मेहनत गर्न उत्प्रेरित गर्दछ। भिजुअलाइजेशन प्रयोग गरेर तपाईले प्रेरणाको नयाँ स्तरहरू अनुभव गर्नुहुनेछ र कठिन कार्यहरू गर्न सक्षम हुनुहुनेछ जुन तपाई सामान्यतया बेवास्ता गर्नुहुन्छ।

कार्यान्वयन कार्य:

तपाई आफ्नो जीवन के बनाउन चाहनुहुन्छ कल्पना गर्न बिहान पन्ध्र मिनेट अलग गर्नुहोस्। यसका लागि तल दिइएको प्रक्रिया प्रयोग गर्नुहोस्। तपाईको दिमागमा सबैभन्दा कठिन कार्यको छवि सिर्जना गर्नुहोस् र त्यसमा काम गर्ने कल्पना गर्नुहोस्।

अर्को केही दिनको लागि, आफ्नो काम पूरा गर्न आवश्यक कदमहरू लिने कल्पना गर्न जारी राख्नुहोस्।

यसो गरेर तपाईले आफ्नो मस्तिष्कलाई त्यो कार्यको लागि उपयुक्त बनाउनुहुन्छ।

यहाँ कसरी भिजुअलाइजेशन गर्ने त्यसको तरिका बताइएको छ:

1. कठिन कार्यहरूको सूचीबाट एउटा कठिन कार्य छान्नुहोस्।

2. तपाईंले यो अभ्यासको लागि पन्ध्र मिनेट समय रोक्नको लागि टाइमर सेट गर्न सक्नुहुन्छ। म डिजिटल एप बी **फोकस्ड प्रो** प्रयोग गर्न सिफारिस गर्दछु।

3. तपाई सहज हुँदै सुरु गर्न सक्नुहुन्छ। यो कठिन काम गर्नका लागि पहिलो कदम (step) कल्पना गर्नुहोस्। एउटा उदाहरणबाट बुझौं। मानौं तपाईको कार महिनौं भइसक्यो सफा गरिएको छैन र तपाईले यसलाई हेर्दा हरेक चोटि दोषी महसुस गर्नुहुन्छ। यसलाई सफा गर्न धेरै महत्त्वपूर्ण छ। त्यसोभए तपाईंले पहिलो कुरा के गर्नुहुन्छ?

4. पहिलो चरण रिहर्सल गर्नुहोस्। यो सुरु गर्ने बारे हो। यो पहिलो ब्लक सबैभन्दा कठिन छ। केही नगर्नुको कारण वास्तवमा सुरु नहुनु हो। यो पहिलो कदम चालेको कल्पना गर्नुहोस्।

5. आफूलाई चलचित्र (motion picture) हेरिरहेको कल्पना गर्नुहोस्। जस्तो कि तपाईंले आफ्नो चलचित्रमा केहि देख्न सक्नुहुन्छ जुन तपाईंले गर्नुभएन। तैपनि, यो दृश्यले तपाईंको मस्तिष्कलाई त्यो घटनासँग जोड्दछ।

6. पहिले यसलाई कल्पना गर्नुहोस्, र त्यसपछि यो गर्न व्यस्त हुनुहोस्!

"कार्यविनाको तपाईंको दूरदृष्टि (vision) फगत् एउटा सपना मात्र हो तर विना दूरदृष्टि(vision)को कार्य दुःस्वप्न हो।"

—पेट्र लुडविग, 'विलम्ब का अन्त' के लेखक

चरण 9 : आफ्ना प्वालहरू बन्द गर्नुहोस् वा आफ्ना कमजोरीहरू पहिचान गर्नुहोस् र तिनीहरूलाई ठीक गर्नुहोस्

"व्यस्त हुनुको सट्टा, उत्पादनशील हुनुमा ध्यान दिनुहोस्।"

—टिम फेरिस

वर्षौं अघि, मैले एउटा कम्पनीमा काम गरें जहाँ प्रत्येक शुक्रबार कामको अन्त्यमा सबै कर्मचारीहरूलाई घर जान एक घण्टा अघि रोकिन्थ्यो र उनीहरूलाई सोधिन्थ्यो उनीहरूले आफ्ना कमजोरीहरू सुधार्न के गर्दैछन् भनेर।

त्यहाँका प्रबन्धक आफैं केही मापन गर्ने कुशल व्यक्ति थिए। उनको एउटा बानी थियो उनी प्रत्येक साँझ आफ्नो लक्ष्य र आफ्नो सूचीमा भएका अधूरा कामहरूको समीक्षा गर्नलाई 30-45 मिनेट समय खर्च गर्दथ्ये। उनको भनाइ थियो काममा कमीपन अथवा अधूरोपनबाट परेसानी जन्मिन्छ र पछिका क्रममा यो चिन्तामा बदलिन्छ।

उनी एउटा प्रश्न सोध्ने गर्दथ्ये "के तपाईं आफ्नो रहल वीकेन्ड (सप्ताहन्त) एउटा इमेल गर्नेका बारेमा सोचेरै बिताउन चाहनुहुन्छ, जसलाई तपाईं गर्न सक्नुहुन्थ्यो वा एउटा पेपर जसलाई तपाईंले फाइल गर्नु भएन, अथवा त्यो फर्म जसलाई तपाईंले एउटा निर्दिष्ट मितिमा जमा गर्नु थियो?"

उनी सही भन्द थिए। यदि मैले अफिसमा केही अधूरो कामहरू छोडें भने यो मेरो दिमागमा पूरै सप्ताहसम्म रहने छ।

यसरी आफ्नो ढिलाइ गर्ने बानी सुधार्न खोज्ने म जस्ता मानिसहरूले "सोमबार बिहानै गर्छु" भन्ने जालमा पर्नबाट जोगाउनेछन्।

हरेक शुक्रबार म आफैलाई सोध्ने गर्छु, "आजको भन्दा सोमबारको बिहान राम्रो होला? अफिस पुगेर एक घण्टा निकालेर यो काम पूरा गर्न सक्छु भन्ने के ग्यारेन्टी छ?"

अर्को हप्ता तपाईंलाई पर्याप्त अहिले (वर्तमान क्षण) भन्दा बढी समय पर्याप्त समय मिल्ने छ भन्नु एउटा समस्या हो। मसँग यो बानीलाई हराउने रणनीति छ। म आफ्ना अधूरा कामहरू पूरा गर्ने दृढ संकल्पका साथ अर्को हप्ता काममा आउने कल्पना गर्छु, तर त्यसपछि मैले आज पूरा गर्न नसकेको तर गर्न आवश्यक पर्ने एउटा अत्यन्तै महत्त्वपूर्ण कार्यको जिम्मा पाएको छु, जसलाई आजै मैले पूरा गर्नु थियो तर सकिनँ।

यदि मैले आज मेरो काममा ढिलाइ गरे भने, तनाव, दबाब र पीडा सोमबार मलाई पर्खिरहेका छन्।

त्यो रात, मैले मेरो जीवनका सबै कमजोर बस्तुहरूको सूची बनाउन थाले, काम र घर दुवैमा, र मैले मेरो भित्तामा देख्न सक्ने स्थितिमा सूची टाँसें। सम्झनुहोस्, म मेरो दिमागसँग काम गरिरहेको थिएँ जसलाई गाह्रो लाग्ने कामहरूलाई बेवास्ता गर्ने बानी छ।

यसरी नोट लेखेर आफ्नो अगाडि राख्दा, यसलाई बेवास्ता गर्न धेरै गाह्रो छ। वास्तवमा, नोटबुकमा लेख्नु पनि धेरै राम्रो विचार हो, तर तपाईंले नोटबुक बन्द गरेर यसलाई सजिलै पछाडी धकेलिदिनुहुने छ।

जो नजरबाट गायब हुन्छ त्यो मस्तिष्कबाट पनि गायब हुन्छ।

तपाईंले आफ्नो कमजोरीहरूको सूची (खुला लूपहरू) को लागी आफैलाई जवाफदेही बनाउनु पर्छ। तपाईंको लिस्टमा बीसवोटा यस्ता कुरा वा चीजहरू हुन सक्छन् तर संख्या महत्त्वपूर्ण छैन, बरु आफ्नो कमजोरीहरू पहिचान गर्न महत्त्वपूर्ण छ। एक पटकमा आफ्नो कमजोरी मध्ये एक मात्र काम गर्नुहोस्।

मैले चीजहरू सुरु गर्ने र तिनीहरूलाई कहिल्यै पूरा नगर्ने खराब बानी विकास गरें। म एउटा परियोजना सुरु गर्छु, यसलाई बीचमा छोड्छु, र त्यसपछि अर्को सुरु गर्छु। म एउटा काम सुरु गर्छु, केही मिनेट पछि वा आधा बाटोमा रोकेर अर्को सुरु गर्छु।

समस्या यो थियो कि मैले सुरु गरेको काम सम्झनु पर्ने थियो ताकि मैले यसलाई पूरा गर्न सकूँ। यो बाँच्न र काम गर्न एक थकाऊ तरिका हो। अन्तमा तपाईं थकित र सुस्त हुनुहुनेछ।

त्यस्ता कमजोरीहरूले तपाईंलाई विगतसँग जोडि राख्छ र तपाईंलाई निरन्तर तनावमा राख्छ। तपाईंको अवचेतन दिमागमा यी सबै अधूरा कार्यहरूको दोष र तनावको भारी बोझ रहन्छ।

अहिले नै, तपाईंले कहिल्यै पूरा नगरेका तीनवटा कुराहरू सोच्नुहोस्। तपाईं अहिले कस्तो महसुस गर्नु हुन्छ?

आफ्ना कमजोरीहरूलाई सम्बोधन गर्नाले तपाईंको तनाव कम हुन्छ र तपाईंको आत्म-विश्वास र आफ्ना दिमागमाथि नियन्त्रण पनि बढाउँछ।

एउटा कमीलाई हटाएर अर्कोमा काम गर्न अगाडि बढ्नुहुन्छ। जब तपाईं सफलताको सानो पहाड चढ्नुहुन्छ, आफैलाई भन्नुहोस्, "ठीक छ, अब मलाई थाहा छ म यो गर्न सक्छु र अब के हुन्छ?"

प्रत्येक पाइलाले तपाईलाई अगाडि लैजान्छ। प्राचीन चिनियाँ दार्शनिक र लेखक लाओ जुले भनेझैं, "हरेक यात्रा पहिलो पाइलाबाट सुरु हुन्छ।"

चालिएको हरेक पाइलाले तपाईलाई अगाडी लैजान्छ र अन्त्यमा तपाईले यति धेरै कोसेढुङ्गाहरू जित्नुहुनेछ कि तपाई आफैलाई सोध्न थाल्नुहुन्छ, तपाईलाई सुरु गर्न केले रोकेको थियो?

कार्यान्वयन कार्य:

आफ्नो एउटा कमजोरीलाई जित्ने काम लिनुहोस् र त्यसलाई हटाउन दिनको अन्त्यमा पन्ध्र मिनेट समय दिनुहोस्।

यदि यसले धेरै समय लिन्छ भने, पहिले सुरु गर्नुहोस् वा यसलाई पूरा गर्न आफ्नो कार्य समय बढाउनुहोस्।

तपाईले अहिले नै सुरु गर्न हामीले पहिले छलफल गरेका सबै सीपहरू प्रयोग गर्न सक्नुहुन्छ।

समय रोक्नुहोस्, कार्य लेख्नुहोस्, र यसलाई तपाईको पात्रोमा थपेर गर्न प्रतिबद्ध गर्नुहोस्।

यसलाई पूरा गर्नको लागि अहिले आफैंसँग वाचा गर्नुहोस्।

"साँच्चै धन्य हुन् ती मानिसहरू जसले ढिलाइको साङ्लाहरू तोडेका छन्, जसले आफ्ना हातमा भएको काम गरेर सन्तुष्टि पाएका छन्। उनीहरू जिज्ञासा, उत्साह र उत्पादकताले भरिएका मान्छे हुन्। तपाईं पनि यस्तै हुन सक्नु हुने छ।"

**—नॉर्मन विंसेट पील (The Power of positive thinking)
सकारात्मक सोच की शक्ति के लेखक**

चरण 10 : तपाईको दैनिक #1 कार्यलाई प्राथमिकता दिनुहोस्

काम गर्दाको समयमा वास्तविकताको धरातलमा रहेर, आफ्नो जटिल कार्यमा काम गरेमा तपाईँको निहुन्याइ (झुकाउ) भविष्यतर्फ हुन्छ।

गैरी केलरको अभूतपूर्व किताब द व थिङ्गमा उनी भन्छनः

"सफलताको सत्य यो हो कि हाम्रो भविष्यमा एक-एक गरेर जादुलाई टुक्राटुक्रा पार्ने क्षमताले तपाईको वर्तमान र भविष्यको आकार निर्धारण गर्दछ प्राथमिकताहरू तपाईले तत्कालै छनोट गर्नुहुन्छ। प्राथमिकताको छनोट तपाईको 'वर्तमान' र 'भविष्य'को बीचको लडाई जित्ने निर्णायक कारक हो।"

केलरले भनेझैं, तपाईले आफ्नो क्रियान्वयनलाई (actions) प्राथमिकता दिनुपर्छ। जबसम्म कठिन कार्यहरू तपाईँको प्राथमिकतामा छैनन्, यी तपाइँको कार्य सूचीमै रहनेछन्। तपाई यी चीजहरू तब मात्र गर्न सक्षम हुनुहुनेछ जब तपाई तिनीहरूका लागि तयार हुनुहुन्छ, चाहे अहिले होस् वा अर्को पाँच वर्षको अवधिमा। तपाईले आफ्नो सूचीमा दस # 1 पाउनु हुन्छ। प्राथमिकताहरूको आवश्यकता छैन।

तपाईको लागि एक पटकमा एउटा मात्र काम महत्त्वपूर्ण छ। तपाईले एउटा मात्र काम गर्नुपर्छ। एउटै काममा मात्र ध्यान दिनुपर्छ। एउटै काममा ध्यान केन्द्रित गर्नुपर्छ।

जब तपाइँ केवल एउटा कार्यलाई प्राथमिकता दिने निर्णय गर्नुहुन्छ, तब बाकी सबै कामलाई होइन भन्नु हो। यदि तपाईंसँग तपाईंको सूचीमा एक भन्दा बढी कार्यहरू छन् भने, तपाइँ एकै समयमा सबै फरक कार्यहरू गर्ने प्रयास गर्नुहुनेछ, जसले तपाइँको ध्यान बिभिन्न कार्यतर्फ भौतारिन्छ।

त्यसोभए, स्वाभाविक रूपमा, तपाइँ तपाइँको सूचीको सबैभन्दा महत्त्वपूर्ण कार्यबाट सबैभन्दा सजिलो कार्यहरूमा जानुहुन्छ जुन सामान्यतया तपाइँको प्राथमिकता होइन।

म मेरो दिन मेरो डेस्कमा टाँसिएको नोटमा लेखिएको कार्यबाट सुरु गर्छु। चेकलिस्टमा अरु जे छ वा मेरो दिमागमा अरु केही छ, म त्यसबाट मेरो ध्यान हटाउँछु। म जति थोरै विचलित हुन्छ, म मेरो काम त्यति नै छिटो गर्न सक्छु।

यसरी, जब तपाइँ एक कार्य पूरा गर्नुहुन्छ, यसलाई सूचीबाट हटाइ दिनुहोस् र तपाइँको अर्को प्राथमिकता कार्यमा जानुहोस्।

यदि तपाईंको #1 प्राथमिकता दैनिक बानी हो जसले तपाईंलाई तपाईंको ठुलो लक्ष्यको नजिक पुग्न उत्प्रेरित गर्दछ, त्यसपछि तपाइँ यसलाई कुनै पनि किन्तु-परन्तु बिना बिहानको पहिलो चीजको रूपमा रोज्न सक्नुहुन्छ।

तपाईंको सूचीमा "गर्न सक्छ" वा "गर्न चाहन्छ" लागयकका कार्यहरू तपाईंको प्राथमिकता होइनन्। उदाहरणको लागि, वास्तविक जीवनका परिदृश्य हेरौं।

मेरो एउटा मित्रले कोविड महामारीको समयमा आफ्नो जागिर गुमायो। उनले अनलाइन र पूर्ण रूपमा भर्चुअल व्यवसाय गर्ने निर्णय गरे।

महामारीको समयमा सरकारबाट पाएको राहत उनको एकमात्र आम्दानी थियो र त्यो पनि सधैं टिक्नेवाला थिएन। उनले आफ्नो नयाँ व्यवसाय स्थापना गर्न छ महिना दिए।

उनले यो कसरी गरें?

यो परियोजना उनको एकमात्र मिशन बन्यो। हरेक दिन जब ऊ ब्यूँझ्यो, उसको लक्ष्य स्पष्ट थियो। पछि उनले मलाई धेरै कुराहरू भने, जसमध्ये धेरै अफ्ठ्याराहरू थिए। त्यहाँ धेरै कार्यहरू थिए जुन उनी टाढै रहन चाहन्थे। तर हरेक दिन नयाँ आशा लिएर उठेर काममा समय दिन थाले। उसको कामले समयको साथ गति प्राप्त गर्‍यो, केहि सानो जीत हासिल गर्‍यो। नौ महिना पछि, उसले आफ्नो यही काम मुख्य व्यवसायमा परिवर्तन गर्‍यो। त्यति मात्र होइन, आफूले गरेको कामलाई पनि मन पराउँथे।

उसले प्रारम्भिक प्रतिरोधलाई सम्झाउँछ:

> "यस्ता दिनहरू थिए जब म यो कामलाई समेट्न (बन्द गर्न) चाहन्थें। मैले सोचें कि म अर्कै जागिर खोज्ने छा गर्दछ यद्यपि म जागिर गर्न चाहन्न।"

उसको डरले उसलाई असफलता अगाडि छ भनी बताउँदै थियो तर उसले त्यो डरलाई बेवास्ता गर्‍यो र बरु, उसले आफ्नो अन्तर्ज्ञानलाई पछ्यायो र कठिन कार्यहरूलाई प्राथमिकता दिएर सफलता हासिल गर्‍यो।

तपाईंका लागि #1 प्राथमिकताका साथ ट्रैकमा रही रहने प्रक्रिया यहाँ छ

सफल हुन नसकेको हानिको कल्पना गर्नुहोस्। यसले हामीलाई पहिले छलफल गरेको तत्काल लाभ वा सन्तुष्टिमा फर्काउँछ। यदि तपाईंले अहिले खुशीको लागि कडा परिश्रम त्याग गर्नुभयो भने, परिणाम पीडादायी हुनेछ।

आफ्नो दिमागमा नजर राख्नुहोस्, यो भाग्ने कोशिस गर्दछ। चम्किलो वस्तुहरू अर्थात् नयाँ विचारहरू सजिलैसँग तपाईंको दिमागमा टाँसिने बानी हुन्छ। यस अवस्थामा, तपाईंले जुन चीज वा कामको पछि लाग्नु पर्छ, त्यसबाट आफ्नो ध्यान हटाउनुहोस् र अर्को कुराको पछि लाग्नुहुन्छ।

जब तपाइँ कुनै महत्त्वपूर्ण काम गर्दा अचानक तपाइँको कम्प्युटरको अर्को ट्याबमा फ्लिप गर्नुहुन्छ वा तपाइँ एकै दिनमा तेस्रो पटक अचानक तपाइँको बैंक ब्यालेन्स जाँच गर्नुहुन्छ, आफैलाई सोध्नुहोस् -

"यसको मैले गर्दै गरेका हालको कामसँग के सम्बन्ध छ?"

धेरै जसो मामिलामा, केही पनि लिनु-दिनु हुँदैन। यी यस्ता क्षणिक विचारहरू हुन् जसलाई तपाईंले नियन्त्रण गर्न सक्नुहुन्छ। जुन क्षणमा तपाइँ ध्यान भटकाउनलाई तयार हुनुहुन्छ तब तपाईं आफ्नो मस्तिष्कलाई आफ्नो काम नियन्त्रित गर्ने अनुमति दिनुहुने छ।

सबैभन्दा पहिलो, तपाईंले जानाजानी कठिन कार्यहरूलाई प्राथमिकता दिनुपर्छ। यो कार्य अर्को कार्य (एक्शन) अर्को एक्शनको अग्रणी हो। पहिले, तपाइँ पहिलो कार्य लिने निर्णय गर्नुहुन्छ, अर्थात् कारबाही लिनुहोस्, र त्यसपछि, पूर्ण मनसायका साथ, तपाईंले

लिइएको एक्सन अथवा कार्यवाहीले अर्को एउटा कार्यवाहीतिर तानेर लगेको हुन्छ। यसरी तपाईं सानो तिनो काममा संलग्न हुनु र अगाडिको लागि प्राथमिकतामा रहेको कामको श्रृंखला बनिएको होस्।

यदि तपाईं आफ्नो काममा सम्बन्ध नभएको बाहिरी काममा जोडिनु भयो भने पहिलेको कामको प्राथमिकता छुटछ। तपाईंको "अर्कै केही गर्ने" सोचले त्यसको खाका बिगार्छ। अब पुनर त्यो कामको ट्रेकमा चढन जमाना बितेर जान सक्छ।

म मेरो प्राथमिकताका बारेमा एउटा कागजी पैसोको कुनामा लेख्छु र त्यो म आफुसँगै राख्ने गर्दछु। यसरी तपाईंपनि कुनै चिजमा लेखेर आफ्नो सामु राख्न सक्नुहुन्छ। जुन लक्ष्यमा तपाई आफ्नो ध्यानाकर्षण गर्ने चाहनुहुन्छ त्यो स्फटिक जस्तो सफा र स्पष्ट हुनुपर्छ।

यदि म एउटा काम गर्दागर्दै, आकस्मिक अर्को केही गर्न थाले भने, मानौ म हिंडदै गरेको बाटोबाट भटकिए मैले गर्दैगरेका कामको श्रृंखला टुटाइ दिएको हुन्छु। अब यो कुरा बुझ्नको

लागि आफुसँग भएको बिकल्प बाट छान्नुपर्छ कि- कि त म त्यो अर्कोबाट नै हिंडिरहनु परो कि त मनलाई पहिले प्राथमिकताको कामतिर फर्काउनु उचित हुन्छ?

कार्यान्वयन गरिने कार्य :

आफ्नो भोलिको गर्नुपर्ने पहिलो कामको विवरणहरु लेख्नको निम्ति एउटा सानो टाँसिने टुक्रामा नोट गरि राख (या इन्डेक्स कार्ड)व्यवहार गर। यसलाई यस्तो ठाउँमा राख कि हर घडी तिम्रो नजरमा परेको होस। (म मेरो #१ मा काम तीन भिन्नाभिन्नै स्टिकमा लेखेर राख्छु) म एउटा कम्प्युटर स्क्रिनमा, अर्को आफ्नो घरको भित्तामा टाँगिएको पात्रोमा अनि तेस्रो फिजिकल सेड्युलरको भित्रको भित्र राख्ने गर्दछु। यसरी राखियोस कि त्यो अचुक होस। यदि तपाईंले कामको ब्योरा नोटबुकमा लेख्नु भयो भने, नोटबुक बन्द गर्ना साथ तपाई त्यो काम छाडेर अर्कोतिर जानु हुनेछ।

एउटा अतिरिक्त बेकअपको रूपमा, सधैं रिमाईन्डर पठाउने गरी आफ्नो गुगल केलेन्डार सेट गर्नोस। यस्तो काम साँझको बेला गर्ने पर्छ, जतिबेला तपाई शान्तमनले भोलिको कार्यक्रम तयारी गर्नु हुन्छ। यदि तपाई आफ्नो काम रातिनै समेट्न सक्नुहुन्छ भने विहानको निम्ति अपेक्षा नगर्नु उचित हुन्छ।

बिहान उठेर आफ्नो काममा लाग्नु प-यो भने पहिले यही काम गर्न चाहनु हुन्छ।

पुनरावृत्ति :

- तीनवोटा अलग अलग स्टिकी नोटस माथि आफ्नो #1 प्राथमिकता लेख्नोस।
- यिनरलाई तपाई त्यहाँ त्यहाँ टाँसेर राख्नु जहाँ तपाई सधैं काम गर्नुहुन्छ।
- व्यक्तिगत जवाबदेहीको लागि केलेन्डर, रिमाईन्डर अथवा अलार्म सेट गर्नुहोस।
- प्रत्येक कर्मदिनको अन्त्यमा, आफ्नो साथी (जवादेह/ सहकर्मी) सँग बातचीत गर्नोस ताकि तपाई पनि #1 प्राथमिकता रहेको काम सक्नको निम्ति जिम्मेवार भइ रहनुभएको छ।

" कहिलेकाहीं तपाईंको हातमा यति धेरै कामको सूची हुन्छ कि, टार-टुर गरेर काम सक्नु पर्ने विकल्प रहे जस्तो लाग्छ!"

—पीटर मेकगायर

चरण 11 : आकस्मिक आउने "आवेगहरूलाई" रोक्नका लागि आफ्नो मस्तिष्कलाई कसरी प्रशिक्षित गर्ने

टार-टुरको अभ्यासबाट बाहिर निस्किने तपाईंको बाटोमा एउटा जाल बिछेको, यसबाट सचेत रहनु हजुरलाई जरुरी छ। धेरै जसो हजुरलाई ज्ञात छ यस्तै हुन्छ भन्ने, तर तपाईंले अहिलेसम्म त्यो व्यवधानको पहिचानको कुनै आंकलन लगाउनुभएको छैन।

के हुन्छ जब तपाईं काम आधा अधुरो चलिरहेको स्थिति मै - अथवा सकिन आँटिको स्थितिमा हुन्छ। जस्तै, मानिलिनुहोस् कि तपाईंको अधिल्लो गीत धेरै राम्रो लेख्दै हुनुहुन्छ, जुन रेकर्ड भइसक्दा छिटै नै भाइरल हुनेछ। मात्र केही छिनको अभ्यास अनि ....

तपाईंको यस कामको आधा काम सम्पूर्ण भइसके पछाडि र यस आधा कामको माझमै तपाईंको मस्तिष्कमा एउटा विचार आउँछ। एउटा ब्रेक लिनुपऱ्यो !

त्यसैले, तपाईं आफ्नो काम आधा छोडेर दस मिनेटको समय बिरामको लागि निकाल्नुहुन्छ। तपाईंलाई मज्जाले सम्झना पनि छैन यस बिचमा के भएको थियो, तर एक घण्टा पछि, तपाईं अहिले पनि इन्टरनेटमा अरु संगीतकारको खोज गर्दै हुनुहुन्छ र उनीहरूको शानदार संगीतको तुलना आफूले बनाएको बकवास गीत सँग गर्दै हुनुहुन्छ। जुन साँच्चैमा कचरा छ, मेरो मतलब हो कसले सुन्ला यस्तो......

र यस प्रकारले तपाईंको मन तपाईंको विचारको डोरी आफ्नो हातमा लिन्छ जसले तपाईंको मस्तिष्क आफैमा शून्यताले भरिन्छ, जुन एउटा असल हातीलाई पनि पंगु पार्ने अर्थात् तपाईंको क्षमतालाई कम्ति आँकलन गरेर तपाईंमै हीन भावना भर्नको लागि पर्याप्त छ।

अब तपाईं फेरि काममा जान सक्नुहुन्। तपाईंलाई रचनात्मक केही गर्नका लागि अब फेरि समय चाहिन्छ। त्यसपछि तपाईं अधुर चेतले युट्युब भिडियो रेकर्डिंग गर्न, केही यहाँ वहाँ गरेको भिडियो हेर्न आरम्भ गर्दै आफ्नो यात्रा 'गान्धीमा वृत्तचित्र'हेरेर समाप्त गर्नुहुन्छ।

फेरि तपाईंलाई अनुभव हुन्छ कि केही सही भएको छैन। तपाईंले दिन समय बर्बाद गर्नुभएको छ, त्यसलाई ठिक गर्नको लागि, तीस मिनेटमा ई-मेल, र एक घण्टामा 28 मेसेजका जवाफ दिएर हतार हतारले आफ्नो काम समाप्त गरिदिनुहुन्छ। अब फेरि फाल्तु भिडियो बनाउनतिर लाग्नुहुन्छ...

ठिकै छ, अब यस स्तरपछि हामीलाई अनुभव हुन्छ कि अगर कहानिमा म यानि तपाईं हो, त्यसबेला अंत सुखद लाग्दैन। तर दुःखको कुरो हो कि मैले व्यक्तिगत रुपमा मेरो कामकाजी जीवनको धेरै वर्ष यसरी नै बिताएको छु। म जहिले पनि केही काम गर्दैंगर्दै उसलाई पूरा गर्ने नजिकै हुँदा मेरो मस्तिष्कले भन्छ, "अरे, होस् अहिले समाप्त नगरौं। अहिले ब्रेकको समय हो!" र म पनि त्यही थामिन्छु। फेरि त्यही ब्रेक मलाई दिउँसो, भोलि, र सत्ता समाप्तिमा(विकेन्ड) लैजान्छ।

जब मस्तिष्क आवेगिक भावनाहरूबाट भएर जान्छ त्यसबेला यस प्रकारका घटनाहरूको श्रृंखला बनिंदै जान्छ। यदि तपाईं कुनै अरु कामको माध्यममा हुनुहुँदो रहेछ भने पनि यो अचानक प्रकट हुने अनियमित विचार हरूले तपाईंलाई अरु कतै अन्तैतिर लैजान्छ। यी विचारहरू यस्तो चाँडै आउँछन् कि स्वाभाविक रूपमा तपाईंएक पटकपटक उ तिर हेर्न चाहनुहुन्छ। तर जब तपाईंले आँखा मिलाउनुभयो त तपाईं फस्नुभयो। अब तपाईं यस्तो एक मृगतृष्णको पछि लाग्नुभयो जसको बारेमा तपाईंलाई थाहा छ कि तपाईंको हात केही लाग्ने छैन। अब तपाईं एक नयाँ खेल, खेल्दै हुनुहुन्छ।

तपाईं यी विचारहरूको पछि लाग्न जारी राख्नुहुन्छ, किनकि टोलमटोल गर्ने मान्छेको मस्तिष्कलाई यही नै राम्रो लाग्दछ। हामी अन्तहीन बाटाहरूलाई पछ्याउँदै जति यी विचारहरूको गराइमा जान्छौं तब हामीलाई बुकमार्क गरेर राखेका टेब, एउटा माथि अर्को विचारको थुप्रो अनि आधा अधुरो काम मात्रै भेट्दछौं।

त्यसो भने यसैगरी आइराख्ने भावनाहरूलाई कसरी रोक्ने त?

यस प्रकारका आवेगहरू एउटा सिक्लीको गाँठाहरू जस्तै हुन्छन्। जुन वर्ष दर वर्ष मजबुत हुँदै जान्छन्। यिनै कारणहरू हुन् कि प्रायजस्तो शिथिल मानिसहरूले धेरै कार्य(मल्टि टास्क) एकैसँग गर्नेको लागि प्रवृत हुन्छन्। यो एउटा यस्तो स्थिति हो जसले मनलाई त्यो सबै गर्नको लागि प्रेरित गर्दछ, जसको कुनै अर्थ नै हुँदैन.....मान्छे प्रत्येक पाँच मिनेटमा एउटा कामबाट निस्केर अर्को काममा लाग्दछ।

भावनाहरूको अनुसार व्यवहार जस्तै गरी-टोपल्ने यस्ता इच्छाहरूको विरोध गर्नु हो। यस्तामा आफ्नो सहायता गर्ने एक तरिका यो हो कि भावनाहरूको अनुसार प्रतिक्रिया गर्नमा केही बिलम्ब (delay) गर्दिनु।

उदाहरणको लागि यदि तपाई आफ्नो फोनको केही नोटिफिकेसन हेर्न चाहनुहुन्छ भने त्योभन्दा अघि पाँच सम्म गन्ती गर्नोस्। मानि लिनुहोस्... कि तपाईंको कम्प्युटर ब्राउजरमा तीस भन्दा अधिक एउटा टेब खुलेको छ तर तपाई जुन काम गर्न जाँदै हुनुहुन्छ त्यो छोडेर भिन्नै टेबमा जान चाहनुहुन्छ भने त्यसबेला रोकिएर पाँचसम्म गन्ती गर्नु.... अनि फेरि तपाईंको द्वारा उपयोग गर्दै गरेको एबलाई छोडेर अरु उनतीस बन्द गरिदिनु। तपाईं एक घण्टामा दोस्रोचोटि फेरि फ्रिजमा केही हेर्न चाहनुहुन्छ,बस्नु.... अहिले पनि अरु दससम्म गन्ती गर्नुहोस्। यस प्रकारले भावनाहरूको अनुसार प्रतिक्रिया गर्ने आफ्नो मनको एकाग्रताको विरोध गर्नु।

जब तपाई पहिले भावनाहरूको (फेसबुक चेक गर्ने) जवाफ दिनुहुन्छ त्यसबेला तपाईं अचानक आएको तत्कालीन सोचमा प्रतिक्रिया दिनको लागि मन तयार गर्नुहुन्छ। याद राख्नु अचानक केही सोच्नु मात्रैको अर्थ यो होइन कि तपाईंले प्रतिक्रिया गर्नुपर्छ अथवा त्यो विचार हिसाबले चल्न पर्छ। त्यो विचारको बारेमा सोच्नका लागि पनि केही समय निकाल्नु।

एक दिनमै हाम्रो मनमा कमसेकम पचास हजार भन्दा अधिक विचार आउँछन्। यिनीहरूमध्ये केही तपाईंको व्यवहार या अभ्यास मा सुधारका लागि हानिकारक साबित हुन्छन्, जबसम्म तपाईंले तुरुन्तै आफ्नो केही जाँच्ने जस्तो व्यवहारलाई रोक्नु हुन्न। यो हाम्रो मिसन तत्काल सन्तुष्टिको सौता हो जसले कुनै प्रकारले हाम्रो ध्यानको केन्द्रबाट निकाल्न चाहन्छ। त्यो राक्षसलाई बन्द राख्नु, अन्तत त्यो चुप्प त लाग्छ।

अहिलेका लागि, सबैभन्दा सही कदम यो हो कि जब यी अनुभवहरू उठिरहन्छन् त्यसबेला यी आवेगहरूलाई मनन गरिरहनु.... अनि सायद तपाईंले देख्नुहुन्छ कि यिनीहरु धेरै काम गर्दा रहेछन्! मैले घरमा सुरु गरे कि म जुन काम गरिरहेको हुन्छ त्यो कामको माझमा एक घण्टामा मेरो कति चोटी अचानक त्योदेखि टाढा जान इच्छा भयो। अनि मेरो रेकर्डमा सबैभन्दा बेसी सैतालिस चोटी प्रति घण्टा थियो। अर्थात् लगभग एक मिनेटमा एकचोटि। यसमा न केवल मेरो भित्र हावी भइसकेको मल्टी-टास्किङको नराम्रो बानी, बल्की वास्तविक र कानको उपेक्षाको माझमा एउटा ठुलो पर्खाल बनिरहेको थियो।

आउँदै गरेका महिनाहरूमा मैले यी भावनाहरूको गन्ती जारी राखे, संख्या घटेर प्रति घण्टा सात मात्रै रह्यो। मेरो एकाग्रताको स्तर एक केन्द्रिक भएको थियो।

तपाईंको श्वास धेरै शक्तिशाली चिज हो, किनकि यसले तपाईंको वर्तमान पलहरूको सम्पर्कमा राख्दछ। त्यहाँ (कर्मको स्थानमा) बसेको आफूलाई मनन गर्नु र गहिरो सास बाहिर भित्र लिइरहनु। जब तपाईंको मन कामबाट भागेर केही गहिराईको पछि लुक्ने प्रयास गर्दछ त्यसबेला यस्तो गरेर हेर्नुहोला।

स्वाभाविक रूपमा यस्तो तब हुन्छ। जब तपाई कुनै यस्तो कार्यमा अथवा स्थितिको मुखामुखी हुनुपर्दछ, जुन तपाईंलाई राम्रो लाग्दैन।

कठिन कार्यहरूको बारेमा सच्चाई यो हो कि प्रारम्भको केही क्षणहरूमा तपाईंको मस्तिष्क यस्ता कामहरूको बहुत शक्तिशाली तरिकाले प्रतिरोध गर्दछ तर जब तपाई आफ्नो मस्तिष्कलाई शान्त गर्नुहुन्छ अनि ध्यान गहिरो सास लिनमा केन्द्रित गर्नुहुन्छ, तपाईं सजिलै

त्यो काममा ढल्नुहुन्छ अनि काम तपाईंको हातमा हुन्छ। यहाँ अर्थात् वर्तमानबाट भाग्नु कामबाट भाग्नु अनि लुक्नुको प्रारम्भिक भावना हुन्, जसले गर्दा बिलम्बको चक्र सुरु हुन्छ। यसलाई नियन्त्रण गर्ने को एउटै तरिका यो हो....... कि तपाईं जहाँ हुनुहुन्छ अर्थात् (वर्तमानमै) रहनु।

अब, सास भित्र लिनु अनि पाच सेकेन्डको लागि साँसलाई रोकेर राख्नुहोस्। पाँचचोटि सास छोड्नु। तपाईं काम गर्दै गरेको समय र सोच्दै गरेको समयमा यसलाई अभ्यास बनाउनु र श्वासलाई आफ्नो नियमित स्व-चिकित्साको एक अङ्ग बनाउनु।

कार्यान्वयन कार्य :

अफ्ना भवनाहरूको लहरमा डुब्ने अघि केही बिलम्ब गर्नु। जब तपाईंको मन काम छोडेर अचानक उडान भर्न लाग्छ अथवा केही अरूनै हेर्न अथवा गर्ने इच्छाहरू प्रकट गर्छ त्यसबेला पाँचसम्म गन्ती गर्नुहोस्। फेरि दससम्म गन्ती गर्नुहोस्।

गहिरो सास लिनु। काम गर्दै गरेको समयमा, गाडी चलाउँदै गरेको समयमा, हिँड्दै गर्दा अथवा तनावको क्षणमा गहिरो सास लिने बानी को अभ्यास गर्नु।

भावनाहरूमा नियन्त्रण पाउनको निम्ति, यि कार्यहरूको मजमा घटेको आवृत्ति को संख्या गन्ती गर्नुले पनि सहायता गर्दछ।

आफ्नो छेउमा एउटा नोट पैड राख्नु, जब तपाईंलाई काम छोडेर अचानक आरूनै भिन्न काम तरफ जाने इच्छा हुन्छ तब सांस लिनु अनि पाच सम्म गन्ती गर्नु। यसलाई पहिली एक आवेगको रूपमा चिन्हित गर्नु। अब अघाडि, यसलाई ढिलो अथवा कम्ती पार्नलाई कति त्रुटि भयो स्कोर गन्ती राख्नु महत्वपूर्ण छ। केही दिन र केही सप्ताहमा बिस्तारै बिस्तारै तपाईं राम्रो सठिक जागरूकता को निर्माण गर्नुहुनेछ, तपाईंको आवेग कमदै आउँछ।

"कार्य (action) गर्नेको क्षमतानै हो सफलता र असफलताको
माजको एकमात्र अंतर।"

—एलेक्ज़ेंडर ग्राहम बेल

चरण 12 : दोहोराएर गरिराखुपर्ने कार्यहरूलाई स्वचालित (ऑटोमेटिक) गर्नु

"धेरैजसो केही काम गर्नु अथवा मात्रै केही गर्नले चिन्ता र स्थितिलाई ठिक गर्नमा सहायक हुनसक्छ।"

— कैथरिन पल्सिफ़र

एउटा कुरामा धेरै मानिसहरू असफल हुन्छन्। त्यो हो, पैसा बचत। मेरो लागि, यो सँधै सबैभन्दा कठिन चीजहरू मध्ये एक थियो जुन म वर्षौंदेखि गर्न चाहन्छु। र जब "यसलाई कुनै दिन गर्न" जस्तो कार्य तपाईंको सूचीमा हुन्छ, तपाईंले अनुमान गर्न सक्नुहुन्छ कि यो कहिले पूरा हुन्छ। अथवा हुँदैन। अथवा जब तपाईंले यो गर्नुहुन्छ त्यो तपाईंले जुन सोच्नुभएको थियो, भन्दा धेरै पछि हुन्छ।

मेरो कलेजको समयमा, मैले डेभिड चिल्टनले लेखेको 'द वेल्थी बार्बर' नामक पुस्तक पढेँ। यस पुस्तकमा धनी नाईको एउटा रणनीति यो हो कि उसले आफ्नो बचतको दस प्रतिशत पहिले आफ्नो लागि राख्छ। अब, तपाईंले भन्नुहुनेछ कि यो नयाँ जानकारी होइन र हामी सबैले यो पहिले सुनेका छौं पैसा बचत गरेर पहिलो आफ्नो लागि राख्नु।

तर वास्तवमा कति जनाले यो गर्छन्?

जब मैले पहिलो पटक मेरो तलबको 10% बचत गर्न थालें, मैले यसलाई म्यानुअल रूपमा एक खाताबाट अर्को खातामा राख्न थालें। मसँग मेरो तलब आउन एक महिना थियो र धेरै काम गर्न को लागी मैले बिर्सिन्थे - अथवा पैसाको केही अझ राम्रो उपयोग गर्ने जग्गा पाँउ थिए, र बिस्तारै बिस्तारै मैले त्यो बानी छोडिदिएँ।

त्यसैले, मैले मेरो तलब खाताबाट मेरो बचत खातामा स्वतः स्थानान्तरण(ऑटोमेटिकेली) गर्न बैंकसँग प्रणाली सुरु गरें। यदि तपाई कम्पनीको लागि काम गर्नुहुन्छ भने उनीहरूले पहिले नै तपाईंको बचत खातामा सठिक मिल्दो बनाउँछ र पैसा स्थानान्तरण गर्दिन्छन्।

तर, आउनुहोस् यसलाई अरु सबैमा चीज़हरूमा लागू गरौं। जुन कामहरू गर्नबाट तपाई जोगिनुभएका सबै कार्यहरूको सूची बनाउँहोस्, ती सबैमा स्वचालनका(automation) सिद्धान्तहरू पनि प्रयोग गर्नुहोस्। यसको साथ, यी मध्ये कति कार्यहरू तपाईंको सूचीमा एक पटक मात्र थप्न सकिन्छ, यसको मतलब ती एकै पटकमा समाप्त गर्न सकिन्छ।

के तपाईंको सूचीमा केहि छ जुन मासिक स्वचालित हुन सक्छ? त्यसोभए तपाईंलाई यो प्रक्रियाको लागि केही चीज़ चाहिन्छ?

आउनुहोस्, आँटोमेशन र तपाईको प्रक्रिया माथि छलफल गरौं।

यदि तपाईं कुनै कार्यलाई स्वचालित गर्नुहुन्छ भने, यसको मतलब यो हो कि तपाईं यसलाई कसैलाई प्रत्यायोजन गर्दै हुनुहुन्छ अथवा केहि सफ्टवेयर वा टेक्नोलोजीमा भर पर्दै हुनुहुन्छ यसलाई स्वचालित गर्न ताकि तपाईंले त्यो कार्यको बारेमा सोच्नु नपरोस्। अर्कोतर्फ, तपाईंले आफ्नो प्रक्रियामा भएका कार्यहरू वा कार्य चरणहरूलाई सकेसम्म सरल बनाउनेको बारे सोच्न आवश्यक हुन्छ।

यहाँ एउटा प्रक्रियाको एउटा उदाहरण छ:

हामीले वर्षको अन्त्यमा कर रिटर्नका लागि रसिदहरू भर्न र सम्हालेर राख्नु पर्छ। करको सिजन नजिकिँदै गर्दा के तपाईंले आफ्नो अधिकांश रसिदहरू सम्हाल्न बिर्सनुभएको महसुस गर्नुहुन्छ? त्यसोभए अब तपाईंले या त तिनीहरूलाई खोज्न घण्टा बिताउनु पर्छ अथवा यदि तपाईंले डिजिटल रूपमा पैसा खर्च गर्नुभयो भने अब अनलाइन रसिदहरू फेला पार्न प्रयास गर्दै हुनुहुन्छ।

मेरो व्यवसायमा धेरैजसो खरिदहरू अनलाइन हुन्छन्, त्यसैले मैले पेपैल वा कम्पनीको सर्भरमा भण्डारण गरेको छु तर यदि मैले यी बिलहरू सँगै राख्न बिर्सें भने तिनीहरू हराउँछन्, अथवा म तिनीहरूलाई बिर्सन्छु।

त्यसोभए म यसलाई कसरी स्वंचालित बनाउन सक्छु अथवा यसलाई कम वजनको प्रक्रिया बनाउन सक्छु छु?

यहीँबाट म निर्णय लिन्छु। म या त यसका लागि सहायक नियुक्त गर्छु। अथवा म त्यसो गर्न समय निर्धारण गर्छु। मैले मेरा सबै खरिद र बिक्रीहरू समीक्षा गर्न मेरो वर्कडे (कार्यदिवस) को अन्त्यमा पन्द्र मिनेट छुट्याएँ र निर्धारित गरे।

त्यसपछि, म निश्चित फोल्डरहरूमा रसिदहरू राखेर मेरो काम सकिएको छ भनेर ढुक्क हुन सक्छु।

यो प्रक्रियामा संलग्न गर्नु भनेको मैले बाँकी वर्षको लागि यसको बारेमा चिन्ता लिनु पर्दैन।विश्वास गर्नुहोस्, तपाईंको भुक्तानहरूमा नजर राख्ने (ट्रैक) प्रणाली बिना तपाईंलाई, तपाईंको कर रिटर्न पूरा गर्न को लागी डर लाग्छ, जब तपाईंसँग समय हुँदैन।

यो ती कठिन कामहरू मध्ये एक हो जुन गर्नु आश्यक छ। यो तपाईंको लागि असामान्य अवस्था हुन सक्छ, तर जे भए पनि, सधैं आफैलाई सोध्नुहोस् -

म कसरी मेरो समय बचत गर्न यसलाई स्वचालित गर्न सक्छु?

दोहोरिने कार्यहरूका लागि निर्मित स्वचालित प्रक्रियाहरूसँग, तपाईँ गतिविधिलाई निर्बाध रूपमा गर्न सक्नुहुन्छ। यो सफलताको लागि तपाईँको "तरिका (नुस्खा)" हुन दिनुहोस्। तपाईं आफ्नो इ-मेल, वित्त र परियोजनाहरूको लागि यो प्रक्रिया अपनाउन सक्नुहुन्छ।

यदि तपाईँ यसलाई आफैंमा चलन दिएर प्रक्रियालाई ह्याण्डल गर्न सक्नुहुन्न भने, तपाईँ प्रक्रियालाई स्वचालित गर्न र तपाईँको प्रणालीको भाग बनाउन सक्नुहुन्छ। मलाई लाग्छ कि हामीले कठिन कार्यहरू गर्न ढिलाइ गर्नुको मुख्य कारण यो हो कि हामीसँग एउटा कार्यलाई कसरी स्वचालित बनाउँदा अर्को (प्रक्रिया सुरु गर्न,) सजिलो हुन्छ भन्ने स्पष्ट विचार छैन।

यदि तपाईँ जान्नुहुन्छ कि तपाईँ यसलाई तपाईँको लागि स्वत: चलित(ऑटोपाइलट) मोडमा सेट गर्न सक्नुहुन्छ, त्यसपछि तपाईँको कार्य दिनचर्यामा यसलाई फिट गर्नाले तनाव हटाउँछ र अभिभूत हुन्छ।

कार्यान्वयन कार्य :

आफ्नो दोहोरिने कार्यहरू स्वचालित गर्नुहोस्

यदि यो एक पटकमा समाप्त होने कार्य हो भने, तपाईलाई थाहा छ कि तपाईँले कार्यमा जति धेरै घण्टा समय समर्पित गर्नुहुन्छ, त्यति नै यो पूरा हुन्छ र तपाईँको सूचीबाट बाहिरिन्छ। उदाहरणका लागि, तपाईँले पहिलो पटक पासपोर्टको लागि फारम भर्नको लागि सबैभन्दा धेरै प्रयास लिन्छ, तर त्यस पछि, तपाईँले यसलाई प्रत्येक 5-10 वर्षमा मात्र नवीकरण गर्नुपर्छ (विभिन्न देशहरूमा फरक नियमहरू छन्)।

तपाईँले आफ्नो काम स्वचालित गरेपछि, तपाईँले महत्त्वपूर्ण इमेलहरू प्राप्त गर्न जारी राख्नको लागि एउटा रिमाइन्डर सेट गर्नुपर्छ। आजकल, धेरै कम्पनीहरु र संगठनहरु सबै कुरा को लागी एक प्रक्रियाहरू हुन्छन्। तपाईँले गर्नु पर्ने भनेको यसमा संलग्न हुनु हो र त्यसपछि सिस्टमले यसलाई स्वचालित रूपमा हेरचाह गर्नेछ।

आफ्नो दोहोरिने कार्यहरूको एक सूची बनाउनुहोस्। के तपाईँ ती मध्ये कुनै पनि स्वचालित गर्न सक्नुहुन्छ? यदि हो भने, हरेक सप्ताह तपाईँको बहुमूल्य समय बचाउन सक्ने कुनै प्रविधि छ? आजभोलि, हामी एप्स र सफ्टवेयरको संसारमा डुबेका छौं र तिनीहरू सबै हाम्रो ध्यान पाउनको लागि लागि रहेको छन्।

यी पाँचवोटा स्वंचालन(ऑटोमेसन) ऐप्स हुन् जुन म तपाईँको जीवन प्रवाहलाई सजिलो बनाउनको लागि सुझाव गर्न सक्छु:

मंडे.कॉम (Monday. com)

आईएफ़टीटीटी (IFTTT)

टूडूइस्ट.कॉम (todoist.com)

ट्रेलो.कॉम Trello.com

टास्कवर्ल्ड.कॉम (Taskworld.com)

"तपाईंको अवरोधहरू व्यवस्थापन गर्ने एउटा तरिका भनेको आफ्नो इच्छाशक्ति र फोकस बढाउनु हो। अन्यथा, हाम्रो विचलनले हामीलाई व्यवस्थापन गर्न थाल्छ।"

— डेनियल गोलमैन, द हिडन ड्राइवर टु एक्सीलेन्स के बेस्टसेलिंग लेखक

तपाईं सफलताबाट कम सिक्नुहुन्छ, तर असफलताबाट धेरै।
असफलताले तपाईंलाई रोक्न नदिनुहोस्।
असफलताले तपाईंको चरित्र निर्माण गर्छ।

चरण 13 : यस्ता कार्य जुन तपाईंले गर्न सक्नुहुन्न कसैलाई सुम्पि दिनु

"जे पनि काम बन्द गर्ने लायक छ त्यो पूर्ण रूपमा त्याग गर्न लायक छ।"

—एपिक्टेटस

जे पनि कारबाहीमा ढिलो हुनुमा दुईवोटा मुख्य कारण छन्-

1. तपाई यो गर्न चाहनुहुन्न।
2. तपाईंले यो गर्न सक्नुहुन्न।

तपाईंले केहि गर्नबाट जोगिनुको मुख्य कारणहरू मध्ये एक यो हो कि तपाईंलाई यो कसरी गर्ने भनेर थाहा छैन। त्यसैले लाज मान्नु पर्ने केही छैन। कसैले एक्लै सबै कुरा गर्न सक्दैन र त्यसैले हामीलाई सहायता चाहिन्छ। तपाईंले बनाउनु भएको सूची हेर्नुहोस् र आफैलाई सोध्नुहोस् - मलाई सहायता चाहिने यो सूचीमा के छ?

जब म मेरो "कठिन कामहरुको" सूची बनाउँछु म आफैलाई यी प्रश्नहरू सोध्छु:

"मलाई के सहायता चाहिन्छ?"

"मलाई यसका लागि किन सहायता चाहिन्छ? यो काममा मलाई सहायता चाहिने विशेष के छ?"

यो टेक्नोलोजीसँग सम्बन्धित मुद्दा वा तपाईंसँग नभएको कौशल (स्किल सेट) हुन सक्छ। त्यसोभए के तपाईं यो कौशल सिक्न जाँदै हुनुहुन्छ ताकि तपाईं यसलाई आफैं गर्न सक्नुहुन्छ अथवा तपाईं यस प्राविधिक हार्डवेयरसँग सम्बन्धित केहि कार्यहरूमा आफ्नो हात प्रयास गर्न सिक्नुहुनेछ, जबकि तपाईं अन्य कार्यहरू बारम्बार जारी राख्न प्रयास गर्दै हुनुहुन्छ?

मेरो कामको सूची हेरेपछि, म यो निष्कर्षमा पुगें कि मैले पहल गर्न ढिलाइ गर्नुको कारण मसँग कुनै बाहिरी सहयोग थिएन। सहायताको लागि सोध्नु सधैं सजिलो पनि छैन। सहायता मात्र हाम्रो ढिलाइले कामलाई अनिश्चितकालका लागि रोकिन्छ।

तपाईं यो सबै आफैं गर्न सक्नुहुन्न किनभने तपाईंसँग महिनौं अथवा वर्षहरू लाग्न सक्ने स्किल सिक्नको लागि समय छैन। त्यसोभएर तपाई एक कठिन कार्यमा अड्कनुभएको छ, जुन तपाईंको कार्य सूचीमा पर्खिरहेको छ। अन्ततः के हुनेछ, तपाईं यसलाई गरे बिना यो तपाईंको सूचीमा छोड्नुहुनेछ। तर लामो अवधिमा, यसले तपाईंलाई पैसा, थकान, चिन्ता वा तनावको लुकेका मार्गहरूमा पहुँचको रूपमा अड्कल बन्न सक्छ।

यो कार्य पूरा गर्नका लागि कदम चाल्ने निर्णय गर्नुहोस्। त्यसपछि उदेश्यको एक सूची बनाउनुहोस् र आफैलाई सोध्नुहोस् -

"यो काम म आफैले गर्नुपर्छ कि अरु कसैबाट गराउनुपर्छ?"

फ्रीलान्सरलाई भर्ती गर्दा केही सय डलर खर्च गरेर यो प्रक्रियालाई सजिलो बनाउन सकिन्छ। तपाई आफ्नो कार्यालयमा कसैलाई पनि सहायताको लागि सम्पर्क गर्न सक्नुहुन्छ।

बाधाहरू बन्ने बिन्दुहरू पहिचान गर्नुहोस्।

मैले आफ्नो करियरमा धेरै कुरामा काम गर्न थालेको छु। जब म आफै पूर्णतया रोकिएको थिएँ र अगाडि बढ्न सकेको थिन, स्वाभाविक रूपमा, म "पछि गर्न" को रूपमा गाह्रो देखिने कार्यहरूलाई चिन्हो लगाउँ थिए। म यो कामलाई छाडेर अरु केही गर्न थाल्दथे। यसले अनिश्चितकालीन अभाव छोडिन्थयो र यी कमजोरीहरू अपूर्ण कार्यहरू हुन् जसलाई हामी टाढै रहन्छौं।

तपाईंले काममा अवरोध हटाउन के गर्न सक्नुहुन्छ भनेर पत्ता लगाउन आवश्यक छ। तपाईंले अहिले यो नगर्ने भएपछि कसैलाई कार्य सौंपनलाई रिमाइन्डर सेट गर्नुहोस्। अहिले नै गर्न नसके पनि कामलाई अगाडि बढाउनका लागि गर्नुपर्ने कार्यहरू छिट्टै मिलाउनुपर्छ, यदि तपाईंले गर्न नसके अर्कैबाट गराउनु होस्।

अब तपाईंले गर्न सक्ने कुराहरूको सूची बनाउनुहोस्। त्यसपछि, तपाईंलाई सहायोग चाहिने कार्यहरू र स्किलहरूको अर्को सूची बनाउनुहोस्। उदाहरण को लागी, जब मैले मेरो व्यापार वेबसाइट को विकास गरें, मलाई थाहा थियो कि म साइट को लागी सामग्री प्रदान गर्न सक्छु, तर मलाई डिजाइन र लेआउट को लागी सहयोग चाहिन्छ।

म आफैले यो गर्न सिक्न सक्थें - जसले महिनौं लाग्थ्यो - अथवा कसैलाई सहयोग गर्न हायार गर्थयो। मैले यसलाई आउटसोर्स गर्न रोजें।

काम गर्न कसैलाई पैसा तिर्ने हो भने तलब तिरेर सहयोग पाउन सजिलो हुन्छ, तर काममा साथी वा सहकर्मीसँग सहयोग मागे भने के हुन्छ? यदि तपाईं एक व्यक्तिलाई उनीहरूको समयको लागि सोध्नु हुन्छ भने के हुन्छ? सहायता माग्न सधैं सजिलो हुँदैन। वास्तवमा, सहायता सम्म नपुग्नुको कारण तपाई केहिमा अड्किएको हुन सक्छ। मसँग त्स्ता धेरै कार्यहरू थिए जुन मैले सही व्यक्तिलाई सहयोगको लागि सोधेनसम्म अगाडि बढ्न सकिन।

यदि तपाईंलाई सहायोगको लागि सम्पर्क चाहिन्छ भने, तपाईंले यो प्रक्रिया प्रयोग गर्न सक्नुहुन्छ। मैले यो चरण-दर-चरण प्रणाली(सिस्टम) वर्षौंको लागि प्रयोग गरेको छु र यसले

काम गर्दछ। यद्यपि तपाईंले सधैं मानिसहरूबाट हामि प्राप्त गर्नुहुने छैन, एक्लै बसेर कामको साथ संघर्ष गर्नु भन्दा सहयोगको लागि सोध्नु राम्रो हो।

प्रणाली यस्तो छ-

यो सप्ताह सोध्न बीस विचारहरू (आइडिया) ड्राफ्ट गर्नुहोस्। तपाईंले गत सप्ताहका सुझावहरू(आईडियाज) र तपाईंले गत सप्ताह सोध्नुभएका सुझावहरूलाई पनि विचार गर्न सक्नुहुन्छ।

तर न सोध्ने - कुरालाई अगाडि बढाउने सम्भावना हुनसक्छ।

तपाईंको जीवनका क्षेत्रहरू हेर्नुहोस्, जहाँ तपाई सहयता माग्न डराउनुहुन्छ। सम्बन्ध वा यो कुनै पनि कामको अवस्थामा, कुनै पनि क्षेत्रमा हुन सक्छ। जे नै भए पनि, तपाईंले मानिसहरूलाई सहायताको लागि सोध्न सक्नुहुन्न। तपाईं बेवकूफ देखिन डराउँनु हुन्छ।

ती क्षेत्रहरूमा ध्यान दिनुहोस्, जुनमा तपाईं पछि हट्नु हुन्छ।

त्यसपछि के गर्ने......

आफ्नो डर मध्ये एक छान्नुहोस् र यसलाई ध्यान केन्द्रित गर्नुहोस्। यो डर सँग कसरी सहायता प्राप्त गर्ने बारे सोच्नुहोस्। यो डर तपाईं मार्फत काम गरिरहेको महसुस गर्नुहोस्। कसैलाई कसरी सोध्ने? कसलाई सोध्ने? अनि कहिले सोध्ने?

तपाईंले सही कुरा, सही समयमा, सही मानिसहरूलाई सोधेर आफ्नो जीवनमा ठुलो परिवर्तन ल्याउन सक्नुहुन्छ। कम्तिमा एक चीजको लागि मद्दतको लागि सोध्न प्रतिबद्ध गर्नुहोस्। केही यस्तो लोपजुन तपाईं हरेक दिन चाहनुहुन्छ। तपाईंले आफ्नो लागि चाहेको कुनै पनि कुरा वा यो पनि राम्रो छ कि तपाईंले अरु कसैलाई उनीहरूले चाहेको कुरा प्राप्त गर्न सहायता गर्न सक्नुहुन्छ।

जीवनमा केही पनि हुँदैन जबसम्म तपाईं आफ्नो मनबाट केहि चाहनुहुन्न। त्यसकारण, यदि तपाईं चाहनुहुन्छ भने, सहायताको लागि सोध्न पछि नहट्नुहोस्।

कार्यान्वयन कार्य:

आफ्नो कार्य सूची समीक्षा गर्नुहोस्। प्रत्येक कार्यको छेउमा, यसलाई स्वचालित (automated)हुन प्रक्रिया वा एक पटकको कार्यको रूपमा चिन्हो लगाउनुहोस्।

प्रत्येक कार्यको लागि आवश्यक कार्यहरू वा कार्य(टास्क) कार्यहरू परिभाषित गर्नुहोस्।

यदि केहि स्वचालित हुन आवश्यक छ भने, यसलाई सेट-अप गर्न के चरणहरू(steps) आवश्यक छ? यदि यो पूर्ण प्रक्रिया हो भने, तपाईं कुन चरणहरू(steps) पछ्याउनुहुन्छ? यदि यो एक स्वचालित हुन गइरहेको छ भने, तपाईंले यो कति समय सम्म गर्नु पर्छ र तपाईं यसको लागि कति समय खाली निकाल्न सक्नुहुन्छ?

के तपाईं यो काम अरु कसैलाई सुम्पन सक्नुहुन्छ?जो संग छिट्टै पूरा गर्ने स्किल छ?

तपाईंले चाहानुभएको कुरा प्राप्त गर्नको लागि यहाँ छ-चरणमा भाग गरेको प्रक्रिया दिएको छ:

1. तपाईंलाई वास्तवमा चाहिएको एउटा कुरा लेख्नुहोस्।

2. सहयोग लिन सकिने कुनै तीन व्यक्तिको छोटो सूची बनाउनुहोस्।

3. तपाईंलाई के चाहिन्छ भनी बताउनुहोस् र तपाईंले उनीहरूबाट प्राप्त गर्ने फाइदाहरू लेख्नुहोस्।

4. आत्मविश्वासले सोध्नुहोस्, मानौं यो तपाईंको अधिकार हो।

5. समस्याको समाधान आफूले चाहेजस्तो नआए पनि सहयोगीहरूको निर्णयलाई सम्मान गर्नुहोस्।

6. अन्तमा, अरुबाट आफ्नो अपेक्षाहरू त्याग्नुहोस्।

"जब तपाईं अरुलाई 'हामि' भन्नुहुन्छ, निश्चित गर्नुहोस् कि तपाईं आफैंलाई त 'नकार्नु' भएको छैन।"

—पाउलो कोहेलो, द एल्केमिस्ट के बेस्टसेलिंग लेखक

चरण 14 : आफ्नो अवरोध वा बाधाहरू पहिचान गर्नुहोस्

"असफलतासँग बाँच्न सिक्नाले तपाईंलाई थप आत्मविश्वास दिन्छ। असफलताहरू उत्कृष्ट सिकाउने उपकरण हुन्। तर तिनीहरूलाई न्यूनतममा राख्नुपर्छ।"

—जेफ़री इम्मेल्ट

हर यात्राको आफ्नै चुनौतीहरू छन्। यी बाधाहरू तपाईंको मार्गमा अवरोधहरू हुन् जसले तपाईंको संकल्पलाई चुनौती दिन्छ। यी दुई प्रकारका अवरोधहरू भनिन्छ:

1. **बाहिरी बाधा र चुनौतिहरू:** यी बाहिरी घटनाहरूसँग सम्बन्धित हुन्छन् जुन तपाईंले नियन्त्रण गर्न सक्नुहुन्न, तर तपाईंले प्रतिक्रिया दिनै पर्छ।

2. **आन्तरिक अवरोधहरू:** जसले प्रभाव पार्न सक्छ, तर तपाईंको आन्तरिक अवरोधहरू पार गर्न सबैभन्दा कठिन कुरा हो।

तपाईंले कुनै कारणले कठिन काम गर्नबाट जोगिनुहुनेछ। यदि यसको असल कारण डर हो भने, त्यस डरको कारणले गर्दा तपाईं निष्क्रिय रहन्छौ। हामी कम्तिमा प्रतिरोधको बाटो लिन्छौं किनभने हामीलाई यो सजिलो लाग्छ, तर यसले हामी एक चक्रमा फँस्छौ। यदि तपाईं केवल आत्म-पराजयको अवरोधहरूमा ध्यान केन्द्रित गर्नुहुन्छ भने यो सजिलो मार्ग चाँडै एक कठिन मार्ग बन्न सक्छ।

बाधाहरूसँग सम्बन्धित प्रश्नहरू पहिली आफैंलाई सोधेर सुरु गर्नुहोस्। यी जटिलताहरू पार गर्ने बाटोमा, व्यक्तिले सधैं चुनौतीहरूको सामना गर्नुपर्नेछ। अवरोधहरूले तपाईंको क्षमतालाई सीमित गर्दैन तर तिनीहरूलाई पहिचान गर्न असफल हुनु तपाईंको क्षमतालाई सीमित गर्ने कारक बन्न सक्छ।

यहाँ आत्म-खोजको संकेत दिने र आफ्नो मार्गमा मुख्य मुद्दाको बारेमा सोच्न सुरु गर्नुको लागि केही महत्वपूर्ण प्रश्नहरू छन् —

1. त्यो कुन चीज़ हे, जसले बाधा बनेर मलाई डराई रहेको छ?

2. के यो समस्या टेक्नोलोजीसँग सम्बन्धित हो? यदि हो, तो टेक्नोलोजीसँग के कुराको डर छ? भिडियो रेकर्ड गर्ने अथवा कुनै सेटिंग गर्ने? अथवा, केमरामा अनुहार देखाउन बाट डराउनु भएको? (नोट: सबैले यो महसूस गर्दैछन्। अरु मानिसहरूले यसलाई बारम्बार प्रेक्टिस गरेर सजिलो बनाउँदछन्। तपाई पनि आफुलाई दुई चार चोटी केमेराको समुह रेकर्ड गरेर प्रारंभ गर्नु।

3. **यदि** मैले अहिले कुनै उद्देश्यपूर्ण कार्य गर्न ठाने भने के हुन सक्छ? (संकेत : जबसम्म केही ठुलो कदम लिइदैन तबसम्म केही हुँदैन र तपाईं त्यही रहनु हुन्छ। र, ई सबैभन्दा नराम्रो अरु के हुन सक्छ?)

4. के कोही यस्तो छ, जोबाट मैले सहयोग माग्न सक्छु, तर म आफैलाई त्यो व्यक्ति नजिक जानबाट रोकिरहेको छु? यदि हो भने, यो के प्रत्याखानको डर छ? के मलाई सहाय माग्नमा लाज लाग्छ? (रिमाइंडर: सबैलाई सहायताको आवश्यक पर्दछ। सहायताको लागि सोध्नुहोस् र अन्ततः तपाईले आफ्नो सहायता गर्नको लागि सही व्यक्ति भेट्नुहुनेछ।)

5. आफ्नो बाधाहरूलाई सनाख्त गरेपछि, आफैलाई सोध्नुहोस, "के यो काम मैले आफैं गर्नुपर्छ, अथवा म कसैलाई काममा राखौं? के म कोहीसँग सहायताको लागि सोध्न सक्छु?"

तपाई आफ्नो जीवन र व्यवसायमा आफैलाई अवरुद्ध गर्ने बिन्दुहरू पहिचान गर्ने हुनुहुन्छ, तपाईं त्यही गतिमा सफल हुनुहुनेछ। यसमा कुनै अपवाद छैन। बाधाहरू प्रत्येक संगठनमा अवस्थित छन्, र तिनीहरूले हामी सबैलाई असर गर्छ। सफलताको लागि कुनै सिधा रेखा कहिल्यै हुँदैन।

मैले काम गरेको अन्तिम कम्पनीको बिक्रीमा 60% गिरावट आएको थियो, तर बजार त्यतिबेला राम्रो अवस्थामा थियो। कम्पनीले समस्याको बाहिरी कारणहरू पत्ता लगाउनमा केन्द्रित थियो, तर पछि आन्तरिक अवरोधहरूलाई मूल कारणको रूपमा पहिचान गर्न र धेरै जिम्मेवार कारकहरू पहिचान भयो। कम्पनीका कार्यकारीहरूले व्यापारिक पक्षमा बिक्री र मार्केटिङ अवरोधहरूलाई सम्बोधन गरे, र तीन महिना भित्र बिक्री 130% ले बढ्यो।

एकचोटि तपाईले अवरोध पहिचान गरेपछि, तपाईं यसलाई हटाउन समस्या क्षेत्रतर्फ काम गर्न सक्नुहुन्छ। केही न केही जहिले पनि तपाईलाई रोक्ने हुनेछ तर तपाईले यसलाई जिन्नै पर्छ। जब सम्म तपाई यो गर्नुहुन्न तब सम्म तपाई छिटो अघि बढ्न सक्नुहुन्न।

यदि तपाईले आफ्नो धेरै कार्यहरू मध्ये कुनै एकमा बाधा आएको देखुभयो र तपाईले त्यो कार्यलाई स्थगित गरिरहनुभएको छ भने, अरु कसैलाई जिम्मा दिएर बाटो सफा गर्नु फाइदाजनक हुन सक्छ।

यो गर्न धेरै तरिकाहरू हुन सक्छ -

- **यति गर्नुहोस्** - निस्सन्देह, यो कारबाही गर्ने वा कारबाही गर्ने उत्तम तरिका हो यदि तपाईंले यस पुस्तकका अन्य रणनीतिहरू प्रयोग गर्नुहुन्छ भने। यद्यपि छोटो अवधि पछि पनि यदि तपाईंले फेला पार्नुभयो कि तपाई अझै पनि एउटै बाधामा अड्कनुभएको छ भने यसको सट्टा फरक दृष्टिकोण प्रयोग गर्नु राम्रो हुन्छ।

- **कसैलाई कार्य तोक्नुहोस्** - यदि सम्भव छ भने, तपाईंले कठिन वा समय खपत गर्ने काम कसैलाई दिन सक्नुहुन्छ जसले यसलाई राम्रो तरिकाले ह्यान्डल गर्न सक्छ। यो व्यक्तिसँग काम सम्हाल्न राम्रो स्किल हुन सक्छ। म मेरो कामको 60% आउटसोर्स गर्छु किनकि म आफैंले सबै काम गर्न सक्दिन।

- **कार्यहरू हटाउनुहोस्** - तपाईंले यो पनि निर्णय गर्न सक्नुहुन्छ कि यदि कुनै कार्य महत्त्वपूर्ण छैन भने, तपाई यसलाई आफ्नो कार्य सूचीबाट पूर्ण रूपमा हटाउन सक्नुहुन्छ।

कार्यान्वयन कार्य:

आफ्नो #1 बाधा पहिचान गर्नुहोस्— यदि केहि मूल्यवान वा महत्त्वपूर्ण छ भने यो सजिलो हुनेछैन र तपाईंले यसलाई जति धेरै गर्न चाहानुहुन्छ, यो गाह्रो हुनेछ।

कुन बाधाहरूले तपाईंलाई आफ्नो सपनाहरू प्राप्त गर्न रोकिरहेका छन्? के यो समयको अभाव, ध्यानको अभाव वा अव्यवस्थित कार्य संरचनाको कारण हो?

यस तरिकाले अन्ततः, तपाईंले आफ्नो बाटोमा आउने अवरोधहरू पहिचान गर्नुहुनेछ र राम्रो उत्पादकता, दक्षता र राम्रो कार्यप्रवाहको लागि तिनीहरूलाई हटाउने दिशामा काम गर्नुहुनेछ

"के महत्त्वपूर्ण छ त्यो हो: निडरता, यसको असफलता नियम तोड्न तपाईंको हतियार बन्न सक्छ। यसो गरेर तपाईं संस्कृति परिवर्तन गर्न सक्नुहुन्छ र सम्भवतः एक क्षणको लागि जीवन परिवर्तन गर्न सक्नुहुन्छ।"

—मैल्कम मैक्लॉरेन

चरण 15 : सानो कार्यको साथ सुरु गर्नुहोस्

समयको साथ साथै साना-साना पाइलाले ठुला विजय हासिल तर्फ।तपाईंको ढिलाइले तपाईंलाई कब्जा गर्न नदिने एउटा कारण तपाईंको लागि केहि ठुलो गर्नु विजय निर्धारण गर्नु। जसको लागि धेरै मेहनत र समर्पण,कामको आवश्यक हुन्छ। एक विस्तृत परियोजना पूरा हुन सप्ताह वा महिना लाग्न सक्छ, तर कामको गति बढ्छ जब तपाईं आफ्नो सानो सानो जीत गन्ती गर्नुहुन्छ।

साना चरणहरूबाट सुरु गर्नुहोस् र गति निर्माण गर्नुहोस्। चाँडै, तपाईंका तर्कसंगत कार्यहरूले प्रकट गर्नेछन् कि तपाईं निरन्तर रूपमा साना कदमहरू चालेर कति हासिल गर्न सक्नुहुन्छ।

के तपाईं आफ्नो वजन घटाउन चाहनुहुन्छ? जंक फूड देखेर नआउनुहोस्, फास्ट फूड रेस्टुरेन्टहरूमा खाना नखानुहोस्, र एउटै सप्ताहमा तपाईंले बारम्बार जाने सबै रेस्टुरेन्टहरू भ्रमण नगर्नुहोस्। बिस्तारै पछाडि हट्नुहोस् र ठुलो काम गर्नुको सट्टा साना कदमहरू लिनुहोस् - जस्तै "म यो सप्ताहमा यो सबै गर्नेछु" को दृष्टिकोणको सट्टा साना-साना फड्का चाल्नुहोस्। महिनौं नियमित अभ्यास गरेपछि बानीहरू बन्छन्।

आफ्नो जीवनको उत्कृष्ट आकारमा आफूलाई हेर्न चाहनुहुन्छ? त्यसो भने घरमै बसेर केही सरल व्यायाम गर्न थाल्नुहोस्। पाँच पुस-अपको साथ सुरु गर्नुहोस्। तीस दिनको लागि प्रत्येक दिन एक अतिरिक्त पुस-अप गर्नुहोस्। अब तपाईं एक पटकमा पैंतीस भन्दा बढी पुस-अप गर्दै हुनुहुन्छ।

के तपाईं आफ्नो पहुँच विस्तार गर्न पुस्तक वा ब्लग लेख्न सुरु गर्न सक्नुहुन्छ? पहिले एक वाक्य र त्यसपछि एक पृष्ठ संग सुरु गर्नुहोस्। कम्प्युटरमा बस्नुहोस्। पहिलो शब्द टाइप

गर्नुहोस्। तपाईंले सोच्न सक्नुहुने सम्पूर्ण प्रक्रियालाई धेरै साना चरणहरूमा तोड्नुहोस्। मैले ठुला परियोजनाहरूसँग यो गर्नुपर्‍यो जुन मेरो मनमा कडा विरोधमा थियो। प्रतिरोध जति बलियो हुन्छ, जडता हटाउन कहिलेकाहीँ सानो कदम चाहिन्छ। त्यसपछि तपाईं सोच्नुहुनेछ कि यो गूगलमा खोज शब्द टाइप गर्न जत्तिकै सजिलो थियो।

लगातार आफैलाई सोध्नुहोस्, "अगाडि बढ्नको लागि मैले चाल्न सक्ने अर्को तत्काल कदम के हो।" त्यसपछि, त्यो कदम चाल्नुहोस्। तपाईंको ठुलो लक्ष्य प्राप्त गर्न जेसुकै भएपनि तपाईंले जहिले पनि न्यूनतम तर आवश्यक चरणहरुबाट सुरु गर्नुपर्छ।

के तपाईं यस वर्ष $2000 बचत गर्न चाहनुहुन्छ? प्रति दिन $3.00 बचत गरेर बचत सुरु गर्नुहोस्। यदि तपाईं भाषा सिक्न चाहनुहुन्छ भने, दिनमा पाँच अतिरिक्त शब्दहरू सिक्नुहोस्। मैले पाँच वर्षमा जापानी भाषामा सञ्चार गर्न सिकें। मैले यो भाषामा निपुणता हासिल गरिन, तर मैले उल्लेखनीय प्रगति गरें जुन अधिकांश विदेशी-स्थानीय भाषीहरूले संघर्ष गरे।

जब म जापान आएँ, मैले जापानी भाषा सिक्नको लागि आधारभूत शब्दहरूको सूचीको साथ सुरु गरें। हरेक सप्ताह, म दिनमा पाँचवटा नयाँ शब्दहरू सिकेर मेरो शब्दावलीमा २०-३० शब्दहरू थपिथएँ। म यसको साथ छोटो वाक्य बनाउन सक् थिए। हरेक सप्ताह मैले सरल शब्दावली सिकेर साधारण वाक्यहरू कसरी बनाउने भनेर सिकें। समयसँगै यसले ममा धाराप्रवाह भाषिक स्किलहरू विकास गरे।

तर यस्तो काम सधैं निरन्तर वा दैनिक काम वा अभ्यासले मात्रै सुरु हुन्छ।

आफ्नो सानो जीतको हिसाब राख्नुहोस्। हरेक दिन तपाईंले पूरा गर्नुभएका साना कामहरूको नोट बनाउन सक्नुहुन्छ। अबदेखि एक महिना, तीन महिना र त्यसपछि एक वर्षमा तपाईं कहाँ हुनुहुनेछ भन्ने कल्पना गर्नुहोस्। तर जहिले पनि सबैभन्दा सानो काम पहिले गर्ने रणनीतिमा स्थिर रहनुहोस्।

ठुला भागमा विभाजन गरेर पनि काम गर्न सकिन्छ। धेरै चाँडै धेरै गर्न खोज्दा मानिसहरू अड्किन्छन्। यसले माल्टी-टास्किङमा नेतृत्व गर्दछ र माल्टी-टास्किङले शून्य प्रगति हुन्छ।

तपाईंको लक्ष्य प्रगति गर्नु हो, पूर्ण अथवा पारफेक्ट बन्नु होइन।

नयाँ घर बनाउँदा एक पटकमा एउटा ईंटा मात्र राखिन्छ। एउटा कार एक पटकमा एउटा पार्ट्स एसेम्बल गरेर बनाइन्छ। हर बस्तु-जतिसुकै जटिल किन नहोस् मेसिन जतिसुकै जटिल किन नहोस्, यसको निर्माण सानो टुक्राबाट सुरु हुन्छ।

चीजहरू एक पटकमा एक दिन र एक पटकमा एक कदम लिनुहोस्। चरणहरूमा(steps) कठिन चीजहरू गर्नुहोस्। कामका लागि तिनै तरिकाहरू अपनाउनु जुन तपाईंले आफ्नो दिमागलाई टार-टुर गर्न प्रशिक्षण दिनुभएको तरिकाले काम गर्ने दृष्टिकोण राख्नुहोस्।

तपाईं जे गर्न चाहानुहुन्छ यो वर्ष सम्भव छ, तर तपाईंले एक कट्टर दृष्टिकोणबाट बन्न आवश्यक छ कि यो सबै आज गर्न आवश्यक छ।

छोटो अवधिमा हासिल गरेको निरन्तर वृद्धि वा प्रगति छोटो समयमा हासिल गरेको ठुलो प्रगति भन्दा धेरै राम्रो छ र आफैलाई तनावबाट बाहिर निकालेर।

दिनहरू, महिनाहरू र वर्षहरूमा लिइएका यी साना र प्रगतिशील कदमहरूले जीवनमा हरेक ठुलो उपलब्धिको परिणाम दिन्छ।

साना कदमहरू वा धेरै वर्षहरूमा निरन्तर रूपमा लिएका एक्सनहरू वास्तवमा "तत्काल सफलता" हो।

सुरु गर्ने सही समय आज हो। तपाईंले सुरु गर्नु अघि सबै कुरा सिद्ध हुनको लागि पर्खनु पर्दैन। यो वर्ष तपाईंको लक्ष्य के छ? तपाईं साँच्चै के गर्न चाहानुहुन्छ जुन तपाईंको लागि अरु केहि भन्दा बढी हो?

कार्यान्वयन कार्य:

यहाँ चारवोटा सरल चरणहरू छन् जुन तपाईंले अहिले लिन सक्नुहुन्छ :

1. यस वर्षको लागि आफ्नो #1 लक्ष्य लेख्नुहोस्। यदि यो तपाईंको लागि धेरै भारी छ भने, अर्को तीस दिनको लागि तपाईंको लक्ष्य के हो? के तपाईं यस लक्ष्य तर्फ विचारशील कदम चाल्न इच्छुक हुनुहुन्छ, यद्यपि पनि यो कार्य हो जसले तपाईंलाई गर्न दुई मिनेट भन्दा कम समय लाग्छ?

2. अघिल्लो पाँच मिनेटको लागि, यस लक्ष्यसँग सम्बन्धित सबै साना, व्यवस्थित कार्य चरणहरूको सूची बनाउनुहोस्,सबै कुरा लेख्नुहोस्। कि यो लक्ष्य के हो? तपाईंले पठाउनु पर्ने इ-मेल वा डाउनलोड गर्नुपर्ने कुनै एप छ? अथवा, यो तपाईंले पढ्नु पर्ने पुस्तकको अध्याय हो?

3. आगामी सप्ताह र महिनाहरूमा गति निर्माण गर्नुहोस्। अबदेखि छ महिना पछाडि फर्केर हेर्दा तपाईंलाई एउटा पर्वतारोहीले हिमालको चुचुरोबाट(शिखर) तल हेर्दा देखेको दृश्यझैं अनुभव गर्नुहुने छ जसले एक पटकमा एक पाइला मात्रै चढेको थियो।

4. अब, तपाईंको सूचीमा सबैभन्दा सरल सम्भव कदम लिनुहोस् र तुरुन्तै गर्नुहोस्।

"नराम्रो बानीलाई रोक्ने सबैभन्दा राम्रो तरिका यो हो कि यसलाई कहिल्यै सुरु नगर्नु हो।"

—जे.सी. पेनी

चरण 16 : 80/20 सिद्धान्त अपनाउनुहोस्

*"तपाईंले गतिविधिहरू गर्ने सन्दर्भको बारेमा होइन,
तर तपाईंका प्राथमिकताहरू र तपाईं तिनीहरूलाई कहिले गर्नुहुन्छ भन्ने बारे
सोच्नुहोस्। समय भनेको सबै कुरा हो।"*

—डैन मिलमैन

80/20 को सिद्धान्त पहिलो पटक इटालियन अर्थशास्त्री विल्फ्रेडो पारेतो द्वारा पेश गरिएका थिए। यसलाई सरल रूपमा भन्नको लागि, 80/20 को सिद्धान्त भनिन्छ:

> *"तपाईंको नतिजाको 80% प्रायः तपाईंको प्रयासको
> 20% को प्रभावबाट आउँछ।"*

हामीले महत्त्वपूर्ण कार्यहरू अलग गर्न 80/20 नियम अपनाउनुपर्छ। तपाईंसँग एक दिनमा कति समय छ भनेर सोच्नुहोस्, 24 घण्टा। अर्थात आठ घण्टा सुत्न, एक घण्टा खान र आठ–दश घण्टा काम। तपाईं आराम र आफ्नो सम्बन्धको लागि लगभग चार–पाँच घण्टा छोड्न सक्नुहुन्छ। 80/20 मा तपाईंको समय प्रतिबद्धताहरू के छन्?

अनुभवले भन्दछु, मैले 80/20 सिद्धान्तसँग संघर्ष गर्दै वर्षहरू बिताएँ। धेरै धेरै परियोजनाहरू, धेरै चेकलिस्टहरू र गर्न-सूचीहरू, र केहि झिलिक मिलिक अथवा बिप गर्ने हरेक वस्तुले मेरो ध्यान अन्य दिशाहरूमा तान्यो।

तर मेरो समस्या मेरो व्यापारमित्र द्वारा पहिचान गरिएको थियो, जसले मेरो काममा प्रायः द्रुत-प्रतिक्रिया गर्ने बानीहरू समावेश भएको याद गरे। म जहिले पनि एउटा इ-मेलको जवाफ आउने साथसाथै दिन चाहन्थेँ। खाँचोमा परेको कसैको फोन आएपछि म तुरुन्तै हतार हतार फोन तिर लाग्दथि। मैले सजिलो र छिटो जितलाई प्राथमिकता दिएँ। यसको मतलब कामलाई बेवास्ता गर्नु हो, जुन महत्व राख्द छ।

जब तपाईं सजिलो कार्यहरूमा रुचि राख्नुहुन्छ र कठिन कार्यहरूलाई बेवास्ता गर्नुहुन्छ, यसले तपाईंलाई ढिलाइको ढाँचामा ढल्काउँछ जहाँ तपाईंको मस्तिष्क तुरुन्तै प्रतिक्रिया दिन जडित हुन्छ।

यो बाहिर जान्छ कि टालमाटोल मेरो कमजोर बिन्दु हो र, जब सम्म मैले यसलाई पहिचान गरे, यसले मलाई पछाडि समात्यो र मैले यो आत्म-पराजित चक्र दोहोर्याइ रहे। 80/20 नियमको तात्पर्य हो, "तपाईंको कामको गति र तपाईंले ध्यान केन्द्रित गर्ने कार्यहरू यस्तो हुनुपर्छ कि तपाईंले तिनीहरूबाट 80% परिणामहरू प्राप्त गर्नुहुन्छ।"

यसलाई अझ सरल भाषामा व्याख्या गर्नको लागि, हामी भन्न सक्छौं कि तपाईंको कामको सानो अंशले मात्र ठोस परिणाम ल्याउन सक्छ।

जब तपाईं कार्यहरू मार्फत क्रमबद्ध गर्दै हुनुहुन्छ, तपाईंले याद गर्नुहुन्छ कि केही कार्यहरूले तपाईंलाई सबैभन्दा आनन्द, सबैभन्दा ठुलो सफलता, उच्चतम उपलब्धिहरू दिन सक्छ। यी गतिविधिहरू हुन् जसले तपाईंलाई तपाईंको उत्कृष्ट बन्न र सीमा भन्दा बाहिर धकेल्न प्रेरित गर्दछ। त्यसैले 20% कार्यहरूमा फोकस गर्नुहोस् जसले तपाईंको परिणामहरूको 80% प्रदान गर्दछ।

तपाईं कति अथवा कति घण्टा काम गर्नुहुन्छ भन्ने कुराले फरक पार्दैन। हो, तपाईंले गर्नुहुने कामको गुणस्तर धेरै महत्त्वपूर्ण छ। जब तपाईं तपाईंको मस्तिष्कमा कठिन चीजहरूको प्रतिरोध गर्नुहुन्छ, तपाईं स्वाभाविक रूपमा सजिलो चीजहरू तर्फ आकर्षित हुनुहुनेछ। यसले तपाईंको समयको 80% बर्बाद गर्दछ।

80/20 सिद्धान्त एक मापन हो जसमा तपाईंको 20% कार्यहरूले असाधारण परिणामहरू उत्पादन गर्दछ।

उदाहरण को लागी -

- 20% विद्यार्थीले मात्र कक्षामा 80% भन्दा बढी अंक ल्याउनेछन्।
- तपाईंको दैनिक बानीहरूको 20% तपाईंको मुख्य परिणामहरूको 80% हो।
- यदि तपाईं एक उद्यमी हुनुहुन्छ भने, तपाईंको आय को 80% तपाईंको उत्पादनहरु को 20% बाट आउनेछ।
- 20% मानिसहरूले तपाईंको जीवनमा 80% खुशी र तृप्ति ल्याउँछन्।
- तपाईंले आफ्नो कार्यहरू योजनामा खर्च गर्नुभएको समयको 20% तपाईंको समग्र परिणामहरूको 80% हो।
- महत्त्वपूर्ण कार्यहरूमा बिताएको 20% समयले 80% सकारात्मक नतिजा अथवा लक्ष्य उपलब्धि हुन्छ।

यदि तपाईं तपाईंको दिन साधारण कार्यहरुसँग सुरु गर्नुहुन्छ भने, प्राकृतिक रूपले तपाईंको मस्तिष्कको बानीका लागी सधैं सुरु गर्नको लागी कम मूल्य को कार्यहरुले काम गर्दछ र पछिका क्रममा यो एउटा राम्रो बानीमा परिवर्तन हुन्छ।

80/20 नियमले तपाईलाई अहिले गर्नुपर्ने कठिन काममा केन्द्रित राख्छ। आफ्नो #1 प्राथमिकतामा काम गर्ने दिनको पहिलो तीस मिनेट खर्च गरेर प्रत्येक दिन सुरु गर्नुहोस्। जब तपाईका सपनाहरू ठुला हुन्छन्, तपाईका प्रयासहरूलाई पनि तपाईको समय खर्च गर्ने उत्तम तरिकाहरू थाहा हुनुपर्छ। तपाईको दिनको 20% ले तपाईलाई 80% उत्कृष्ट नतिजा दिनेछ।

पहिले, कागजको पाना अथवा नोटबुक लिनुहोस् र आफ्नो # 1 लक्ष्य लेख्नुहोस्। तपाईंको लक्ष्य प्राप्त गर्न को लागी विभिन्न चरणहरु वा कार्यहरु को आवश्यकता छ। तपाईले सोच्न सक्ने पहिलो पाँच चरणहरू लेख्नुहोस्, त्यसपछि आफैलाई सोध्नुहोस् –

यदि मैले आज त्यो सूचीबाट एउटा मात्र लक्ष्य पूरा गर्न सक्छु भने, कुन लक्ष्यले परिणामहरूमा सबैभन्दा बढी प्रभाव पार्छ?

अब दोस्रो सबैभन्दा महत्त्वपूर्ण लक्ष्य लेख्नु होस्। त्यो लक्ष्य चयन गर्नुहोस् र यसलाई अर्को पृष्ठको शीर्षमा लेख्नुहोस्। वास्तवमा, विचार भनेको तपाईंको लक्ष्यलाई टुक्रामा तोड्नु हो ताकि तपाईं पछि अर्को अभ्यास गर्न सक्नुहुन्छ।

तपाईले यो अभ्यास पूरा गरेपछि, तपाईले आफ्नो लक्ष्यहरूको शीर्ष 20% हासिल गर्नुहुनेछ, जसले तपाईलाई आफ्नो उत्कृष्ट प्रदर्शन गर्न मद्दत गर्नेछ भन्ने कुरा फेला पार्नुहुनेछ। साथै, तपाईं आफ्नो तनाव र थकान कम गरेर आफ्नो सपना छिटो पूरा गर्न सक्षम हुनु हुनेछ। म हरेक दिनको सुरुमा आफैलाई सोध्छु-

"के म शीर्ष 20% कार्यहरूमा काम गर्दैछु अथवा तल 80% मा पर्ने कार्यमा काम गरिरहेको छु?"

यस प्रश्नको परिभाषाले तपाईंको चेतनालाई वर्तमानमा आकर्षित गर्ने छ। यसले तपाईंलाई हरेक दिन पहिलो र प्रमुख के गर्नुहुन्छ भन्ने महसुस गराउँदछ। धेरै बानी बाहिर बाध्यकारी व्यक्तिहरू त्यस्तो काममा काम गर्न थाल्छन् जहाँबाट केही प्राप्त हुँदैन। तिनीहरू इ-मेल जाँच गर्ने, एप्सहरूसँग खेल्दै, वा विगतका चीजहरूको बारेमा सोचेर सुरु गर्छन्।

पहिले साना कामहरू गर्ने तरिकाहरू छनौट गर्न बन्दहोस्। यो चम्किलो वस्तुहरू, बेकार, समय बर्बाद गर्ने कार्यहरूको लागि मार्ग हो। यदि तपाईंले दिनको तीस मिनेट बेकारको काममा वा सामाजिक सञ्जाल जाँच गर्दा जहिले पनि मन लाग्छ खेर फाल्नुभयो भने, त्यो सप्ताहको साढे दुई घण्टा, महिनाको दश घण्टा र वर्षको १२० घण्टा वा तल्लो तहको कामको पाँच दिन बराबर हुन्छ।..... र त्यो पनि हरेक दिन जम्मा तीस मिनेट खर्च गरेर। सोच्नुहोस्! दिनको दुई-तीन घण्टा यसरी बित्यो भने के हुन्छ?

80/20 सिद्धान्त दक्षताको लागि उत्पादकता उपकरण भन्दा बढी छ। यसले तपाईलाई प्रत्येक वर्ष हजार घण्टा बचत गर्नेछ। कल्पना गर्नुहोस् यदि तपाई आफ्नो जीवनको अन्तिम दिन बाँच्दै हुनुहुन्छ र कसैले सोध्यो, "के तपाईं अझै हजार घण्टा बाँच्न चाहनुहुन्छ?" के भन्नू हुन्छ?

हो, म बाँच्नेछु।

तपाईंसँग समय छ। दिनको हरेक पल तपाईंकै हो। आत्मविश्वासले भरिने कार्यहरूमा काम गर्नुहोस्। पहिले त्यस्ता कठिन कामहरू गर्नुहोस्, जसले तपाईंलाई राम्रो महसुस गराउँछ।

यस अनुशासनलाई नियन्त्रणमा राख्नुहोस् र केही सप्ताह भित्रमा तपाई 80/20 सिद्धान्तमा अनुकूल हुनुहुनेछ। तपाईंले महत्त्वपूर्ण कार्यहरू क्रमबद्ध गर्न थाल्नुभएको क्षण, तपाईंले टालमटोल रोक्नुहुनेछ।

सबैभन्दा महत्त्वपूर्ण कुरा तपाईंको 20% हो र यस तरिकाले तपाईंले बाँकी 80% मा समय र उर्जाको बर्बादीलाई क्रमशः घटाउनुहुन्छ।

कार्यान्वयन कार्य :

तपाईंले काम गरिरहनुभएको कार्यहरू नजर राख्नुहोस् अथवा ट्र्याक गर्नुहोस्। आफैलाई सोध्नुहोस् "के यो गतिविधि 20% मा सामेल छ अथवा 80% मा?" कागजमा दुईटा वृत्त(सर्कल) कोर्नुहोस् र आफ्नो मुख्य तीन गतिविधिहरू पहिचान गर्नुहोस् र तिनीहरूलाई 20% सर्कलमा लेख्नुहोस्। यो मुख्य काम के हो? के यो ध्यान, लेखन, वा तपाईंको व्यवसायको लागि उत्पादन सिर्जना गर्ने हो?

80% सर्कलमा, मध्यम प्राथमिकताका कार्यहरू पहिचान गर्नुहोस्। यसमा इ-मेल हुन सक्छ, तपाईंको फोनमा खेल्दै, वा टिभी हेर्दै (कामको दिनको बिचमा) हुन सक्छ।

अब, तपाई तपाईंको बानीमा निहित ती कार्यहरू पनि पहिचान गर्न सक्नुहुन्छ, जुन तपाई रुचिसँग गर्नुहुन्छ, त्यसपछि तपाईंको 20% कार्यहरूमा ल्याउनुहोस्। तपाईंको 20% सर्कलमा थप समय खर्च गर्न र यसले तपाईंको 80% लाई कसरी असर गर्छ भन्ने कुरामा ध्यान केन्द्रित गर्छ र प्रभावित पार्दछ।

"तपाईंले रोजेको कुनै पनि क्षणमा नयाँ सुरुवात गर्न सक्नुहुन्छ। जसलाई हामी 'असफलता' भन्दछौं त्यो तल झर्नु होइन, तर तल रहनु हो।"

—मैरी पिकफोर्ड

चरण 17 : साप्ताहिक समीक्षा सत्रका लागि एक घण्टा समय अलग गर्नुहोस्

नराम्रो योजनाले सधैं तपाईंको प्रयासको लागि नराम्रै नतिजा ल्याउनेछ। यदि तपाई योजना गर्न असफल हुनुभयो भने। त्यसोभए यसको मतलब तपाई असफल हुने योजना बनाउनुहुन्छ। सबै प्रविधि, एप्स र दैनिक योजनाकारहरू कुनै कामको हुँदैनन् यदि हामीले हाम्रो सप्ताहको समय अगाडीको तालिका बनाउन व्यवस्थापन गर्दैनौं।

योजना बनाउने बानी एक साप्ताहिक गतिविधि हो जुन सधैं तपाईंको प्रणालीमा हुनुपर्छ।

यस पुस्तकमा हामीले कठिन कार्यहरूमा कडा परिश्रम गर्ने प्रक्रियाबारे छलफल गरेका छौं। यो अध्याय तपाईंको साप्ताहिक योजनाबाट सुरु हुन्छ। तपाईंले समय भन्दा अघि के गरिरहनुभएको छ भनी थाह पाउनुले तपाईंलाई दौडमा अगाडि राख्नेछ। म्याराथन सुरु हुनुभन्दा एक दिन अघि तालिम सुरु गर्ने धावकहरूले दौडको जुनसुकै ठाउँमा पुगे पनि अन्तिम स्थानमा पुगेर दौड पूरा गर्छन्।

जसरी हामीले तपाईंको कठिन कार्यहरू गर्न प्रत्येक दिनको सुरुमा अवरुद्ध समयको बारेमा छलफल गर्‍यौं, त्यसरी नै तपाईंले पनि सप्ताहको एक घण्टा पूरै सप्ताहको योजना बनाउनको लागि रोक्न आवश्यक छ। मैले 'ट्रायल ऐण्ड एरर' प्रविधिबाट पत्ता लगाएको छु कि आइतवार दिउँसो वा शुक्रबार साँझ यसको लागि उत्तम हो।

यदि तपाईंले सोमबारदेखि शुक्रबारको तालिकामा काम गर्नुहुन्छ भने, तपाईंले कामको दिनको अन्त्यमा शुक्रबार वा आइतवार फेरि काम सुरु गर्नु अघि नयाँ साप्ताहिक योजना सत्र सिर्जना गर्न सक्नुहुन्छ। अर्को विकल्प भनेको शुक्रबार साप्ताहिक समीक्षा गर्नु र त्यसपछि आइतवार सप्ताहको लागि आफ्नो योजना बनाउनु हो।

साप्ताहिक तालिका तीन कारणले महत्त्वपूर्ण छ।

यसले तपाईंलाई विचलित(डिस्ट्रेक्ट) हुने बाट सचेत गर्छ। यदि तपाईंलाई थाहा छ कि तपाईंलाई कुन काम गर्न आवश्यक छ, जब तपाईंको कार्यप्रवाहको बाटोमा विचलित हुन्छ, तपाईंले यसलाई समय चोरको रूपमा चिन्न सक्नुहुन्छ र आफ्नो प्राथमिकता कार्यमा आफ्नो ध्यान फर्काउन सक्नुहुन्छ।

यसले भारीपन वा बोझ हटाउँछ। यो अवस्था तब हुन्छ जब तपाई एकै साथ धेरै काम गर्नुहुन्छ। तपाई समय गुमाउनु, धेरै काम लिनु, र कम प्राथमिकताका कार्यहरूमा ध्यान केन्द्रित गरेर सठीक मार्गबाट हट्नुहुन्छ। योजना बनाएर काम गरेमा भारीपन कम हुनेछ। यदि तपाई अत्यधिक कामको दबाब महसुस गर्नुहुन्छ भने, यो हो कि तपाई सामान्यतया केहि गर्दै हुनुहुन्छ जुनमा तपाईंको ध्यानको आवश्यक छैन।

आफ्नो रमाईलो चीजहरूको अनुसूची गर्नुहोस्। मलाई दिनको जुनसुकै बेला मन लाग्दैमा टिभी हेर्ने बानी थियो। मेरो लागि, टिभी समयको बर्बादी हो, किनकि यो मेरो कार्यप्रवाहको लागि महत्त्वपूर्ण छैन र यसले मेरो टालमटोल बानीलाई हराउन मद्दत गर्न पक्कै पनि केही गर्दैन। वास्तवमा, टिभी हेर्ने कार्यहरूमा ढिलाई गर्ने सधैं प्रमुख योगदानकर्ता भएको छ, जुन म गर्न चाहन्न।

तपाई घण्टौंसम्म टिभी हेर्न सक्नुहुन्छ र अरु कुनै कुराको बारेमा सोचे बिना नै कार्यक्रममा ध्यान दिन सक्नुहुन्छ, तर मलाई चलचित्रहरू हेर्न रमाइलो लाग्छ। म तपाईंलाई 'द अफिस' अथवा 'जीओटी' हेर्न बन्द गर्न सुझाव दिइरहेको छैन यदि तपाईंले यसलाई हेर्नुभयो भने। तर मनोरञ्जनका धेरै प्रकारहरू जस्तै, तपाईंको भविष्यका पुरस्कारहरूसँग उद्देश्यपूर्ण हुनुहोस्। तपाईंको सप्ताहको योजना बनाउँदा, तपाईंको जीवनको गुणस्तर बढाउने तीनवटा कुराहरू समावेश गर्नुहोस्।

परिवारसँग समय बिताउनु: सम्बन्ध अरु सबै भन्दा महत्त्वपूर्ण छ। यिनीहरूको लागि योजना बनाउन गाहो हुन सक्छ, किनकि सबैको आफ्नै तालिका हुन्छ, जुन सधैं तपाईंसँग मिल्दैन। त्यसैले म काम नगरेको बेला जतिबेला समय मिल्छ, परिवार र साथीभाइलाई समय दिन्छु।

व्यायाम र स्वास्थ्य- आफ्नो साप्ताहिक कार्यतालिकामा व्यायामलाई पनि दिनचर्यामा स्थान दिनुहोस्। दिनभरि काम गर्नु र कुनै व्यायाम नगर्नु धेरै कारणमा स्वास्थ्यसम्मत होइन। व्यायामले मस्तिष्कबाट यस्तो रसायन स्राव गराउँछ जसले मानिसलाई काम गर्ने आनन्द र ऊर्जा प्रदान गर्दछ। यसका लागि मेडिटेसन पनि शक्तिशाली व्यायाम हो। कम्तिमा 30 मिनेट व्यायाम र 15-30 मिनेट मेडिटेसन गर्नुपर्ने मेरो सुझाउ छ।

दिनमा तपाईंको सिड्युल अलिक व्यस्त छ भने दुइटै (व्यायाम र मेडिटेसन)को वैकल्पिक उपाय गर्न सक्नुहुन्छ। म प्रायः नै त्यसै गर्दछु। मैले व्यायाम गरिनँभने 15 मिनेट साइक्लिङ, नियमित वाकिङ अथवा 15 मिनेट स्ट्रेचिङ अवश्य गर्दछु।

तेस्रो परम आवश्यक चिज निन्द्रा हो। जेफ बेजोसले भनेअनुसार उनी एक रातमा आठ घन्टा सुत्छन्। एलोन मास्कलाई सुत्ने समय सात घन्टा मिल्छ र उनी चाँडै उठ्ने गर्दछन्। शोधमा थाहा लागेको छ कि दैनिक छ घन्टाभन्दा कम सुत्योभने जीवनको अवधि बिस वर्ष कम हुन सक्छ। यसले तपाईंको ध्यान केन्द्रत गर्ने क्षमता ह्रास गराउन सक्छ र ब्रेन फ्रग (अल्पनिन्द्राको दुष्प्रभाव) विकसित हुने डर रहन्छ।

सुत्नुभन्दा कम्तिमा एक घन्टा अघिदेखि नै तनाउमुक्त हुने प्रयास गर्नुहोस्। सबै डिवाइस र टिभि बन्द गर्नुहोस्। औछ्यानमा लमतन्न हुन्जेल टिभि हेर्नु नराम्रो बानी हो। तपाईं जुन मनस्थिति लिएर सुत्नुहुन्छ त्यही मनस्थिति लिएर जागुहुनेछ। तनाउमुक्त भएर सुत्दा तपाईंको फोकस उच्च स्तरको हुन्छ अनि अबेर हुने सम्भावना पनि कम रहन्छ।

म सुत्नेभन्दा अगाडी पढेर र भोलिपल्टका कार्ययोजनाको समीक्षा गर्दै तनाउमुक्त र शान्त हुनलाई तिस मिनेट खर्च गर्दछु।

सजिलैसँगले बुझ्ने होभने यो ऊर्जा पैदा गर्नका लागि हो। तपाईंको मस्तिष्क र शरीरको ऊर्जा रिचार्ज गर्नका लागि विश्रामको आवश्यकता हुन्छ। तपाईंले आफ्नो ऊर्जा नराम्रो आदतमा नष्ट गर्नुभो भने महत्वपूर्ण कामहरू समापन गर्न असफल रहनुहुन्छ। दिउँसोसम्ममा तपाईं थाक्नुहुनेछ र सुस्तीले ग्रास गर्दछ। यो स्तरमा इच्छाशक्तिको अभावले तपाईंलाई न्यून प्राथमिकता भएका काम गर्न प्रेरित गर्दछ। यहीँबाट ओरालो लाग्ने घुम्ती सुरु हुन्छ।

अब हामी फर्केर आफ्नो योजनाचक्रमा आऊँ। जसमा निन्द्रा लिनु, व्यायाम, मित्र र परिवारसँग बातचीत, स्वस्थ भोजन र मेडिटेसनको माध्यमले ऊर्जा बहाल गर्नु सामेल छन्। यहाँ कुनै सर्टकट्को गोरेटो छैन। जब तपाईं असफल हुनुहुन्छ तब केलाउनुहोस् कि के भयो, कसरी भयो अनि भोलिको कार्यप्रणालीलाई कसरी ठिक गर्ने।

डु द हार्ड थिङ्स फर्स्ट- यसले तपाईंका ती ठुला स्तम्भ(सहायक)हरूको प्रतिनिधित्व गर्दछ जो सबैभन्दा पहिला र माथि आउँछन् अथवा महत्वपूर्ण छन्।

आउँदो हप्ताको योजना बनाउँदा यी प्रश्नहरूलाई ध्यान दिनुहोस्-

1. मसँग कति समय छ?

2. यो हप्तामा म के के दायित्वका लागि वचनवद्ध छु? (यसमा अस्पतालको एपइन्टमेन्ट अथवा आफ्ना सन्तानलाई फुटबलको अभ्यासमा लिएर जाने पनि सामेल हुनसक्छ)

3. मेरो # 1 प्राथमिकता भएको प्रोजेक्ट के हो?

4. मेरो # 2 प्राथमिकता भएको प्रोजेक्ट के हो?

5. मेरो # 3 प्राथमिचता भएको प्रोजेक्ट के हो?

6. प्रत्येक प्रोजेक्टभित्रका अवश्य पूरा गर्नुपर्ने तिनोटा काम के के हुन्?

7. मेरो तोकिएको सिड्युल के हो? जस्तै- यो एउटा साप्ताहिक समीक्षा सत्र हो या साप्ताहिक प्लानिङ् सत्र हो या त व्यायाम र नियमित अवकाश हो। सफलताका

लागि संरचना महत्वपूर्ण हुन्छ। मैले वर्षौंसम्म प्रामाणिक संरचनाबिनै काम गरेँ र परिणाममा मेरो उत्पादकता(प्रोडक्टिभिटी) प्रभावित भइरह्यो।

आफ्ना साप्ताहिक कार्यक्रममा अवरोध र वाधाहरूलाई चिन्ने क्रममा यी प्रश्नहरूमा ध्यान दिनुपर्छ-

1. कुन चाहिँ डिस्ट्रेक्सनले मलाई मेरा कामबाट तर्काउँछ?
2. #1 बानी के हो जसले मलाई 80% फल दिन्छ?
3. कुन कुन बानीले मेरो स्किललाई 80% बनाउँछन्?
4. कुन कुन आदतले मेरो ऊर्जा नष्ट गर्दिन्छन्?
5. कुन कामहरूले समयमात्र खेर फाल्छन्?
6. म कसको मदत माग्न सक्छु अथवा कसलाई काम सुम्पिन सक्छु?

जब तपाईं कठिनाइहरू एकपटक चिन्नुहुन्छ र ती समाप्त गर्ने काम गर्नुहुन्छ तब आफ्नो प्रदर्शनको परीक्षण गर्न सक्नुहुन्छ। त्यतिबेलासम्म तपाईंलाई हर हप्ता त्यही प्रश्न आफैलाई सोध्ने आवश्यकता हुँदैन जबसम्म कुनै पुरानो बानी फर्केर आउँदैन अथवा एउटा मुद्दा बन्दैन। यस्तो भयोभने त्यो बानीलाई लेखेर राख्नु, जसले गर्दा पुराना बानीहरू बौरिएर आउँछन् ती चिन्नु र आफ्ना सिड्युलबाट ती हटाउनका लागि रणनीति तयार पार्नु।

उदाहरणार्थ- राति सुत्नुभन्दा अघि मेरो गुलियो मिठाई खाने आदत थियो। यो आदत गलत हो भन्ने अनुभव गर्नका लागि तपाईं स्वास्थ्य विशेषज्ञ भइरहनु पर्दैन। यसले निन्द्रामा नकारात्मक असर पार्छ र दिनको सुरुआत पनि खराब मुडले हुन्छ।

तर पहिला यस्तो के थियो कि सुत्नुअघि रिलेक्स हुनलाई म टिभी पनि हेर्दथेँ। त्यसैले मेरो समाधान टिभी हटाउनु थियो। चकलेट र आइसक्रिमका लागि म अझै पनि लालायित हुन्थेँ। तर टिभी हटेकाले मेरो लालसा कम भयो। तपाईंलाई कुनै चिजले उक्साउँछभने र त्यसले अरु खराब आदततर्फ तपाईंलाई तान्दछभने त्यो ट्रिगर यानी उक्साउने तत्त्वलाई हटाइदिनुहोस्। मेरा क्षेत्रमा त्यो टिभी थियो।

कसै कसैलाई सोसल मिडिया सर्फिङ्ले ट्रिगर गर्दछ। यदि यसले तपाईंको जीवनमा नकारात्मक असर गरिरहेको छभने यसलाई पन्साउनै दर्छ। नत्र तपाईंले आफ्नो काम सहि भएको कहिल्यै पाउनुहुन्न। दुवैमा कम्प्रोमाइज गर्ने हुँदा कहिले दाहिने तानिनुहुन्छ त कहिले देब्रे।

दैनिक समीक्षा-

साप्ताहिक समीक्षा भनेको पुरै हप्ताका लागि एउटा फराकिलो चित्र हो, तर तपाईं हर दिनको अन्त्यमा पाँच मिनेटको संक्षिप्त समीक्षा पनि गर्न सक्नुहुन्छ। आफ्नो कर्म तालिका सर्वोच्च प्राथमिकता रहेका मुख्य तिन चिजको समीक्षा गर्नुहोस्। प्राथमिकता तिनोटाभन्दा धेर हुनु हुँदैन।

जब मैले काम गर्नका लागि यता-उताका सबै चिजको त्यसै एउटा लामो चेकलिस्ट बनाएँ, जहिले पनि तेस्रो कार्य पूरा गर्न असफल भएँ। चारोटा कार्य पनि पूरा गर्न सक्ने मान्छेले तिनोटा कान मात्रै जसैतसै सल्ट्याउन सकेँ, कहिलेकाहीँ त दुइटा मात्रै पूरा गर्न सक्थें।

स्वयंलाई सोध्नुहोस्-

- म अहिले कुन प्रोजेक्टमा अबेर गरिरहेको छु?
- किन अबेर भइरहेको छ?
- यस्तो कुन #1 टास्क छ जुन चाहिँ पूरा भयोभने मेरो करियर दीर्घकाल प्रभावित हुन्छ?
- कुन कुन अनिवार्य/अत्यावश्यक कार्यक्रम वा अपइन्टमेन्ट मैले आफ्नो लिस्टमा लेखेँ?

दैनिक समीक्षा छिट्टै समाप्त गर्न सकिन्छ र यही समीक्षासत्रमै समाधान गर्नका लागि #1 टास्क लेख्नुहोस्। बिस्तरामा सुतेर निर्णयहरू लिनुभन्दा, सुत्नेभन्दा केही अघि नै यी काम गरेको राम्रो। नत्र निदाएका बेला पनि तपाईंको मस्तिष्कले समस्याहरूमा काम गरिरहेको हुन्छ। मस्तिष्कले सुतेका समयको विक्षिप्तता नै ब्युँझदा पनि बोकिरहेको हुन्छ।

कार्यान्वयन कार्य-

आफ्नो कर्मदिनको अन्त्यमा दस मिनेट समय केवल साप्ताहिक साप्ताहिक समीक्षाका लागि रिजर्भ गर्नुहोस् तपाईंले के काम गर्नुभो, के गर्नुभएन, के पाउनुभो यसको समीक्षा गर्नुहोस्। तपाईंले आफ्नो #1प्राथमिकता किन हासिल गर्नुभएन?

हप्ताको सुरुआतमा 30-60 मिनेट साप्ताहिक प्लानिङ् सेसनका लागि राख्नुहोस्। यसमा हप्ताभरका लागि तिन शीर्ष कार्यको समीक्षा सामेल हुनुपर्छ। सम्भावित वाधाहरूलाई चिन्नुहोस्।

हप्ता आरम्भ हुँदाहुँदै म रविवार दिउँसो वा साँझमा यो सत्र सिङ्घुल गर्दछु र आफ्नो लक्ष, पूरा भएका वा नभएका काम अनि हप्ताको कार्ययोजनाको समीक्षा गर्नलाई एक घन्टा समय खर्चिन्छु।

सुझाउका स्रोत- माइकल हयातको फुल फोकस प्लानर।

बिलम्ब डरको अल्छे भाइ हो। जब हामी कुनै गतिविधिका बारेमा चिन्तित हुन्छौं तब हामी यसलाई स्थगित गर्दछौं।

—नोएल हेनकॉक, माय ईयर विद एलेनोर पुस्तक के लेखक

चरण 18 : आफ्ना डिस्ट्रेक्सनलाई नियन्त्रण गर्न र शाइनी अब्जेक्ट सिन्ड्रोमलाई म्यानेज गर्न सिकौँ

तपाईं आफ्नो मनलाई नियन्त्रणमा राख्नका लागि निरन्तर सङ्घर्ष गरिरहनुभएको छ। पहिलो एक मिनेटमा तपाईं आफ्नो #1 प्राथमिकतामा काम गर्नुहुन्छ। पछिल्लो मिनेट तपाईं त्यसै कुनै बिरालाको भिडिओ हेर्नुहुन्छ, जबकि तपाईंलाई बिराला मन पनि पर्दैनन्।

प्रारम्भमा जब मलाई आफ्ना डिस्ट्रेसनका लतका बारेमा थाह भयो तब मैले अर्थोकै केही गर्छु भन्ने कतिचोटी सोचेँ त्यो चिह्नित गर्ने बानी बसालेँ। उदाहरण एउटा भन्न चाहन्छु- यो हप्ता म समाचार पत्रका लागि एउटा लेख लेख्दै थिएँ। दिनको अन्त्यमा यो गर्नुथियो किनभने यो म हर मङ्गलवार पठाउँछु। साधारणतः यो लेख मलाई दुई-तिन घन्टा लाग्दछ। तर यसपाली यो लेख्नुभन्दा अगाडी म विकर्षण (डिस्ट्रेक्सन)का पछि कुदेँ र यो सक्न मलाई तिन दिन लाग्यो। तिन दिन ! किन?

यसलाई ध्यान विकार अथवा **अटेन्सन डिसअर्डर** भनिन्छ। यसलाई अर्थ्याउने अर्को एउटा शब्द छ मङ्की माइन्ड अथवा चञ्चल मन। यो एउटा बौद्ध शब्द हो जसको अर्थ हुन्छ अस्थिर, अशान्त, सनकी, काल्पनिक, अनिश्चित, भ्रमित, अनिर्णायक र अनियन्त्रित। अर्का तरिकाले भन्नु होभने मङ्की माइन्ड कुनै चिज वा हर चिजबाट विचलित हुनलाई अत्यधिक आतुर हुन्छ।

म यसलाई मृगतृष्णाका पछि दगुरेको भन्दछु। यो पनि शाइनी अब्जेक्ट सिन्ड्रोम(एसओएस)को एउटा लक्षण हो।

शाइनी अब्जेक्ट सिन्ड्रोमले तपाईंको दिमागलाई एउटा भव्य मोहक वस्तुको खोजी गर्न प्रेरित गर्दछ जसले तपाईंको ध्यान विक्षिप्त पार्दछ। त्यो वस्तु कुनै कोर्स हुन सक्छ अथवा कुनै सूचना, कुनै किताप वा सोसियल मेडिया पनि हुन सक्छ। जब यी चिजलाई तपाईं पछ्याउन थाल्नुहुन्छ तब तपाईंले टुटेका वा अधुरा चिजहरू(अधुरा टास्कहरू)को निशान छोड्दै जानुहुन्छ।

हामीले पहिल्यै देखेझैं तपाईंका खुल्ला लुप्स या कमजोरीहरू पुरा गर्ने प्राथमिकता हुनुपर्छ। तपाईंले आफ्ना अधुरा टास्कहरू गरिसक्नुपर्छ। यदि कुनै प्रोजेक्ट चल्दै छभने त्यो प्रोजेक्टभित्रका एक एक कार्य तपाईंले पूरा गर्नुपर्छ।

तर मैले आफ्नो बाटो छोडेर अर्कै बाटो हिँडिरहेको आफैँलाई पाएँभने म के गर्दछु? भन्दैछु। **पर्खिनुहोस्। एउटा लामो सास लिनुहोस्।**

टास्क साट्नु भनेको आफूलाई छिटो बिगार्नु हो। के तपाईं सोच्न सक्नुहुन्छ आउँदा 30 दिन तपाईंले कुनै खास काममा दिनौं एक घन्टा ध्यान केन्द्रित गर्नुभोभने के के गर्न सक्नुहुन्छ?

त्यतिबेला के हुन्छ म भन्दैछु। जुन काममा ध्यान केन्द्रित गर्नुभएको छ त्यो एउटा चिज तपाईं पूरा गर्नुहुन्छ। यसमा कुनै ठुलो रहस्य छैन। टालटुल पार्ने धेरजसो मुद्दाहरूले नै तपाईंलाई त्यहाँबाट दिशाभ्रष्ट पारिदिन्छन् जुनचाहिं तपाईंको अवश्यकरणीय छ। अलग दिशामा लैजाने आवेगले नै यी सबै गराउँछ।

तपाईं सधैँ पछिल्लो सर्वोत्तम वस्तुको खोजीमा रहनुहुन्छ। तपाईंलाई के चाहिन्छ वा के चाहिएको छ यसबारे परिस्कारसँग विचार नगरिकनै एउटा आइडियबाट तुरुन्तै अर्को आइडियामा सर्नुहुन्छ। यसरी तपाईं आफ्नो समय, पैसा र संसाधन बर्बाद गर्नुहुन्छ।

शेषमा शाइनी अब्जेक्ट सिन्ड्रोम(एसओएस)ले तपाईंलाई थकाइदिन्छ। हेर्नु होभने अधिक जानकारी र यथेष्ट संसाधन हुनु, पर्याप्त जानकारी र संसाधन नहुनुभन्दा अधिक नराम्रो हो। जब तपाईं घर बनाउनुहुन्छ तब पाँच-दस भिन्न भिन्न हम्मरको आवश्यकता हुँदैन, गतिलो खालको एउटै हम्मर नै पर्याप्त हुन्छ।

एसओएस मनको एउटा स्थिति हो। आफ्नो मस्तिष्कलाई पुनः प्रशिक्षित पार्नलाई सजग भएर प्रयास नगरेसम्म यसले तपाईंको दिमागलाई वशीभूत गरिरहन्छ। एसओएस-का नकारात्मक प्रभावहरू हुन्–

प्रोजेक्ट पूरा गर्नमा असमर्थता। तपाईंको पहिलो प्रोजेक्ट पूरा गर्नुभन्दा अगावै कुनै नयाँ प्रोजेक्टलाई लिएर उत्साहित हुनुभयोभने कुनै सार्थक परिणामबिनै अर्को नौकामा खुट्टा हाल्ने सम्भावना रहन्छ अथवा पहिलो काम अधुरो छोडेर तपाईं अर्को कामतिर लाग्नुहुन्छ।

आफ्ना विचार र निर्देशहरूको गलत योजना बनाउनु। एसओएसपीडित मान्छे उसलाई दिइएको रणनीति पूरा गर्न अथवा त्यसलाई खास बनाउनुमा रोमाञ्चित हुन्छन् तर रणनीतिको अपडेट वा बदलावमा ध्यान दिँदैनन्।

मानौं उनीहरूलाई एउटा नयाँ प्रडाक्ट बनाउने आइडिया पसन्द आउनसक्छ र त्यसलाई डेभलप् गर्ने काम पनि सुरु गर्न सक्लान् तर त्यसमा दीर्घकालीन गेमप्लान हुँदैन।

त्यसमा कसरी अमल गर्नु त्यस्तो गेमप्लान हुँदैन र अचकल्टो कार्यले गर्दा गतिलो परिणाम निस्कँदैन।

धेरै पैसा खर्च गर्नु। आजभोलि व्यवसायका लागि सयौँ प्राविधिक उपकरण उपलब्ध छन् जुनचाहिँ प्रभावी र रमाइला छन्। तपाईँले दुर्भाग्यले यदि ती सबै सेवाको सब्सक्रिप्सन लिनुभो भने एउटा प्लेटफर्मबाट अर्को प्लेटफर्ममा अल्मल्लिइ रहनुहुन्छ अनि धेरै पैसा बर्बाद गर्नुहुन्छ। त्यतिबेला तपाईं छक्क पर्नेगरी लगानीमा असमर्थ हुनुहुन्छ। परिणाममा व्यवसायमा निवेश गर्न तपाईँसँग पर्याप्त रकम बच्दैन।

मैले धेरै वस्तुका पछिलागेर हजारौँ डलर खर्च गरेँ। किन होला? म यस्तो केही खोजैदिएँ जसले मेरा आवश्यकताहरू प्रष्ट पारिदिन्छ। जबकि म मेरा विचारप्रक्रिया र बानीहरूलाई केही सरलल पदक्षेपले ठिक गर्न समर्थ हुनेथिएँ।

तपाईं आफ्नो मनलाई नियन्त्रण गर्न के गर्न सक्नुहुन्छः-

आफ्ना विकल्पहरू सीमित गर्नु। हिजोआज मार्केटरहरू बडा चङ्ख्याइँले उपभोक्ताका अगाडी हर चिजलाई आवश्यकीय अथवा अत्यावश्यकीय रूपमा प्रस्तुत गर्दिन्छन्। तपाईंसँग यदि उत्पादकता विषयका गोडादुएक राम्रा पुस्तक छन् भने द-दसवटा पुस्तक किन चाहियो? एउटै सफ्टवेरमा तपाईँलाई चाहिएको सबै छभने तिनवटा भिन्न भिन्न सफ्टवेरको सब्सक्रिप्सन किन चाहियो?

पत्करको भुमरीमा हराएर हामी आफ्ना बगैँचाका फलमा ध्यान दिन बिर्सन्छौँ। कुरो के होभने एसओएसले ग्रसित मानिसहरू फसलमा नभएर झार-पत्करमा नै पानी हालिरहन्छन्।

डिस्ट्रेक्सन कुनै बाहिरी मुद्दा होइन। डिस्ट्रेक्सनलाई वशमा ल्याउन ती चिजलाई नियन्त्रण गर्न खोज्झुहुँदैन जो तपाईँको ध्यान आकर्षण गर्न सङ्घर्षरत छन्। तपाईं त्यो चिजमा ध्यान केन्द्रित गर्नुहोस् जुनमा वर्तमान तपाईँको ध्यान हुनुपर्ने हो। चुनेका रुचाएका प्राथमिकताहरू सीमित पार्नुहोस्।

डिस्ट्रेक्सन कुनै अधिक बस्तुका पछिलागेर कुद्रेको परिणाम होइन अपितु एउटा फोकससँग सम्बन्धित विषय हो।यदि तपाईंका घरका छेउ छाउमा दसवोया खाराया कुदी रहेका छन् भने तपाईं कुनै एउटालाई समाउन अथवा एकका पछि लाग्रे सिद्धान्त लिनुहोस् न कि सबैका।

मैले धेरै वर्षसम्म शाइनी अब्जेक्ट सिन्ड्रोमका प्रभावमा बस्तुहरू खरीदारी गरेँ। म यो पनि किन्दथ्ये त्यो पनि, म यसको सेवा (service) पनि लिन्थे उसको पनि। मलाई लाग्छ, यदि मैले कुनै एउटा परफेक्ट सेवा किनेको भए, म शेषमा गएर सबै बस्तुको पछिलाग्रे बन्द गर्न सक्नेथिए।

यही सोचेर फेरि केही नयाँ किन्दथ्ये। एसओएससँग प्रत्याह्वान के छ भने तपाईं सँधै पहिलेको भन्दा राम्राको खोजी गर्नुहुन्छ, जो तपाईँले अहिले किन्नुभयो, तपाईँसँग सँधै त्यो भन्दा राम्रो विकल्प पहिलैदिखि मौजुद रहेकै हुन्छ।

तपाईं त्यो किन्नेवाला बटन (button) क्लिक गर्ने अघि घर अथवा टीभी अथवा कसैसँग यसका बारेमा कुरा गर्नुहोस्, के यो उपकरण, प्रशिक्षण पाठ्यक्रम वा सार्विसको तपाईंलाई खाँचो छ? यदि साँचैमा खाँचो छ भने, यसद्वारा तपाईंको जीवन र व्यवसायमा देखापर्ने लाभका बारेमा मनै मन एउटा खाका तयार पार्नुहोस्।

यो कुराको सम्भावना छ कि जब तपाईंलाई आफ्नो घर, टीभीका दृष्टिकोणले विचारगर्न समय दिइयो भने तपाईंलाई महसुसहुन्छ कि वास्तवमा तपाईंलाई यसको केही खास खाँचो छैन।

यतिमात्र होइन, केही सप्ताहमै तपाईंलाई यस्तै अर्को एउटा सेवा अथवा उत्पादन देख्ने मौका जुर्दछ यो लगभग त्यस्तै काम गर्दछ, तर यो वास्तवमा त्योभन्दा राम्रो र सस्तो पनि छ।

त्यसमा भरोसा नगर्नुहोस्, जसले भन्नेगर्दछन्, "तपाईंसँग यसलाई 30 % छुटमा प्राप्त गर्नका लागि केवल दस मिनट समय छ।" यो एउना मार्केटिङ गर्ने रणनीति हो र यो काममा लाग्छ। तर यदि तपाईं त्यही सेवा अथवा उत्पादनका लागि पछिल्लो सप्ताहमा डायल (dial) गर्नुभयो भने के हुन्छ होला एउटा अन्दाज गर्नुहोस्? तपाईंले त्यही पुरानो कथा सुन्नुहुने छ।

अफारमा (Offer) उत्पादनहरूको तुलना गर्नुहोस्। जब म एमाजोनमा किन्ने गर्दछु तब म यता उताको (अन्य अनलाइन व्यवसायिक साइटहरूको) दामको तुलना गर्ने गर्दछु। दामको तुलना गरे पछि, जुन ठाउँमा म अलिक सस्तो पाउदछु त्यहीबाट किन्ने गर्दछु। आवेगपूर्ण खरीदारी एउटै वर्ष भित्रमा तपाईंलाई सैकडोर वा हजारौं डलार महङ्गो पर्न सक्छ।

एउटा समयमा एउटा काममात्रै गर्नुहोस्। यदि अहिले अर्थात् वर्तमानमा तपाईं कुनै एउटा परियोजना भित्र चुलुम्म डुब्बु भएको छ, अनि त्यसमा केन्द्रित हुनुहुन्छ जो यसको अनुरूप छैन भने, तपाईंलाई यस्तो कुनै अर्को बस्तुको खाँचो छैन। मलाई थाहा छ, म जति चबाउन सक्छु त्यो भन्दा धेर खानका लागि महत्वकाङ्क्षी भएमा के हुन्छ।

आफ्नो परियोजना समाप्त गर्नुहोस् अनि यो "आकर्षक बस्तु" जुन सबैभन्दा राम्रो उपकरण अथवा विकल्प हो, यसलाई प्राप्त गर्न यदि तपाईंले पछाडि निर्णय लिनुभयो भने सम्भव हुन्छ जबसम्म आफूसँग काम छ, त्यसलाई सम्पूर्ण गर्नुहुन्छ, तबसम्ममा तपाईं त्यसको बारेमा बिर्सि सक्नुभएको हुन्छ।

आफ्ना लक्ष्यहरूको समीक्षा गर्नुहोस्। एक महीना र तीन महिनाका लागि आफ्ना लक्ष्यहरूको परीक्षा गर्नुहोस्। यदि तपाईंसँग आफ्ना लक्ष्यहरू लेखेका छैनन भने, मेरो किताब एकचोटी चेक गर्नुहोस्। *आफ्ना ठुला लक्ष्यहरूलाई सशक्त बनाउनुहोस्* र यसमा काम गर्नुहोस्। आफ्ना लक्ष्यहरूका समीक्षा गरेमा तपाईंले सबैथोक एउटा लाइनमा ल्याउन सक्नुहुने छ।

तपाईं अहिले जुन काम गर्दै हुनुहुन्छ यदि त्यो शाइनी अब्जेक्ट त्यस कामसँग सम्बन्धित छैन भने त्यसलाई तुरन्तै छाडि दिनुहोस्।

यहि आएर अर्थात् छोड्नु पर्ने कुरामा आएर थुप्रै मान्छे असफल हुन्छन्। उनीहरूलाई लाग्दछ, "म यसलाई अहिलै प्राप्त गरि हाल्छु र पछि यसको उपयोग गर्न पाउनेछु !" तर तपाईं शायद यसलाई पछि उपयोग गर्नुहुन्न, त्यसै पनि, के यो तीन महिनामा उपलब्ध हुँदैन र जब तपाईंलाई यसको खाँचो हुन्छ? सम्भवतः। यिनीहरू (बेच्ने मान्छे) प्रतीक्षा गर्न सक्छन भने तपाईं पनि गर्न सक्नुहुन्छ।

सबै चर्चाको निचोड के हो भने शाइनी अब्जेक्ट सिन्ड्रोमले हामीलाई विचलन र गरी-टोपल्ने तर्फ लैजान्छ। यसले गर्दा तपाईंको शिथिलताको बानी अझ गहिरो हुँदै जान्छ र हामी यो गाठो खोल्न चाहन्छौं, यसलाई अझ दर्बिलो बनाउन खोज्दिनौं। एक चोटी जब तपाईंले यो स्थितिलाई चिन्नुहुन्छ तब तपाईंले यसलाई ठिक पनि गर्न सक्नुहुन्छ। जबसम्म मैले आफूले किनेको र साइन अप गरेको पाठ्यक्रमहरू प्रति ध्यान दिएको थिइन तबसम्म मलाइ थाहा लागेन मलाई एसओएस छ भन्ने कुरा। एक चोटी म आफ्नो एसओएस प्रति सचेत भए र यो जागरूकताले सबैथोक बदलाइ दियो।

जब म कुने पनि नयाँ बस्तुका पछि लाग्दछु तब म सबैभन्दा पहिले यो गर्दछुः

पर्खिनु, केही नगर्नु।

यसका बारेमा **सोच्नु**।

आफ्नो भरपर्दो मान्छेसँग यसका लाभ-हानिका बारेमा **चर्चा** गर्नु।

चौबिस घन्टा जस्ताको त्यस्तै **पर्खिनु** अर्थात् केही निर्णय नलिनु।

अडचल्लिस घन्टामा आफ्नो निर्णय/आलोचना माथि पुनः बिचार गर्नु।

म जे गर्दै छु, त्यसलाई पहिँले **सम्पूर्ण** गर्नु।

म यसलाई **स्टेटिक** विधि भन्दछु। जब तपाईं आफूलाई अनगन्ती विकल्पबाट बोझ अथवा आफूलाई भ्रमित भएझै अनुभव गर्नुहुन्छ र त्यो भ्रमले आफ्नो ध्यान केन्द्रित गर्नमा बिघ्न पुर्‍याउदै छ भने स्टेटिक स्टेप्सहरू स्मरण गर्नुहोस् र यसलाई अर्थात् एसओएसलाई ढिलो गर्नुहोस्।

कुनै पनि आवेगपूर्ण निर्णय नलिनुहोस्। पर्खिनु र सोच्नु। यदि तपाईं हतार अनुभव गर्नुहुन्छ वा कुनै बस्तु किन्ने समयमा हडबडी भएझै अनुभव गर्नुहुन्छ भने, तपाईं जुन बस्तु प्रति 100 % आश्वस्त हुनुहुन्न, त्यसका लागि केही नगर्नुहोस्। पर्खिनुहोस्। सास फेर्नुहोस्। अलिकति समय लिनुहोस्। कुनै ठुलो पाइलो चाल्नु भनेको अर्थ यो होइन कि तपाईं प्रत्येक बस्तुतर्फ लम्कनुहोस्।

तबमात्र तपाईं त्यो शाइनी अब्जेक्टहरूको पछि लाग्र छोडेर आफ्नो व्यवसाय र विवेकको सघाउ पुर्‍याउन सक्षम हुनुहुन्छ। अडतालीस घन्टामा तपाईं आफैलाई पुरै तरिकाले छुट्टै र सुखी अनुभव गर्न सक्नुहुने छ तपाईंले आफ्नो निर्णयका बारेमा सोच्नलाई समय निकाल्नु भयो।

थोर हम्बेस्सी धेर हुन्छ। तपाईं सबैभन्दा कुशल र थोरै लगानि लाग्रे प्रभावशाली उपकरण र सेवा चाहनुहुन्छ, भिन्ना भिन्नै परिकारका थुप्रै र सबै समानरूपले कामगर्ने उपकरण होइनन।

कार्यान्वयन कार्यः

अब जब तपाईंले जान्नु भयो एसओएस भनेको के हो र यो सिन्ड्रोमलाई कसरी मेनेज गर्नु पर्दो रहेछ भन्ने कुरा। यसलाई उक्साउनेखाले प्रलोभनहरूलाई लिएर मनमा जागरुकता ल्याउनुहोस्। स्टेटिक रणनीतिहरूको प्रयोग गर्नुहोस्।

आइडियाहरूलाई लान्च (Ideas lunch) गर्ने अघि यिनमा बिचार गर्नुहोस्। यो भन्दा अघि तपाईं एउटा नयाँ परियोजनामा काम सुरु गर्न जाँदै हुनुहुन्छ, जो तपाईंका हिसाबले "सबैथोक बदलिदिनेखाले" छ भने पनि एक क्षणका लागि पर्खनुहोस्। भोलीसम्मको प्रतीक्षा गर्नुहोस्। आवेगमा आएर केही किन्ने वा नयाँ केही सुरु गर्नेमा केही ढिलो गर्नुहोस्।

आफ्ना अधूरा कामहरू निश्चाउनुहोस्। अर्धनिर्मित साँघुका बारेमा एउटा भनाई छ कि तपाईं अर्को छेउ पुग्न सक्नुहुने छैन। यो कुरा तपाईंको लक्ष्य र कार्यप्रवाहका लागि पनि शुद्ध हो।

यस्तो एउटा कम्पनीको कल्पना गर्नुहोस् मानिलिनुहोस् जसले उत्पादन गर्दछ, पहिलेको उत्पादनलाई पुरा गरेर लान्च गर्नुको सट्टा एउटा नयाँ उत्पादकको निर्माण सुरुगर्नुहुन्छ। त्यसोहुँदा के हुन्छ? कुनै र केही पनि पुरा हुँदैनन् र त्यो कम्पनी नाङ्गेझार हुन्छ ! त्यसकारण तपाईं जे गर्दै हुनुहुन्छ, त्यसलाई पुरा गर्नुहोस्। एउटा समयमा केवल एउटा टास्क (काम) गर्नुहोस्। अघिल्लोमा जानेभन्दा अघि पहिलैदेखि चल्दै गरेको परियोजनालाई सम्पूर्ण गर्नुहोस्।

आफ्नो शोधको समयलाई कम्ति पार्नुहोस्। नयाँ बस्तुहरूको खोजीगर्न बन्द गरिदिनुहोस्। यदि तपाईंसँग आवश्यक हुने जानकारी मजुद छ भने धेरै जानकारी किन चाँहियो यदि तपाईंसँग....

यदि तपाईंसँग तपाईंको काम गर्न को लागी एउटा पाठ्यक्रम, पुस्तक वा म्यानुअल छ भने, तपाईंलाई थप के चाहिन्छ? सायद केहि आवश्यक छैन। चम्किलो वस्तुहरूले हामीलाई नयाँ चीज प्राप्त गर्दा आनन्दको अनुभूति दिन्छ। नयाँ कार किन्नु, जस्तै केहि हप्ता पछि तपाईंले यो भन्दा राम्रो पाउनुहुने मोडलको लागि बेच्न चाहनुहुन्छ। जे छ त्यसैमा सन्तुष्ट हुनुहोस्।

"र त्यो दिन आयो, जब एक कोपिलामा बन्द रहनुको जोखिम,
फुल्नुको यो जोखिम भन्दा पीडादायी थियो।"

—अनाइस नीन

चरण 19 : भविष्यको लागि प्रतिबद्ध हुन उपकरणहरू सिर्जना गर्नुहोस्

"भविष्यमा परिणाम प्राप्त गर्नको लागि तपाईंले वर्तमानमा गर्नुभएका कार्य वा छनौट' यसलाई व्याख्या गर्न, मनोवैज्ञानिकहरूले "प्रतिबद्धता उपकरण" वा 'कमिटमेंट डिवाइस' भनिने वक्शको रचना गरेका छन्। वास्तवमा, टालमटोलको बानी एक मायावी र धूर्त व्यवहार हो। यदि हामी यो बानीलाई जरैदेखि उखेल्न चाहन्छौं भने, त्यो बानीको लागि हामीले आफैंलाई तयार गर्नुपर्छ भन्ने कुरामा ध्यान दिनुहोस्।

स्मरण गर्नुहोस् कि पहिले हामीले फ़्यूचर सेल्फ र प्रेजेंट सेल्फ बारेमा छलफल गरेका थियौं, कि फ़्यूचर सेल्फ दीर्घकालीन योजनाहरूलाई प्राथमिकता दिन्छ, तर प्रेजेंट सेल्फ तत्काल सन्तुष्टि खोज्दछ। सफल हुनको लागि तपाईंले आफ्नो वरिपरि बानीहरूको सञ्जाल बनाउनु पर्छ जुन महत्त्वपूर्ण छ र आफ्नो व्यवहारलाई कुनै पनि हालतमा सुरक्षित गर्नुपर्दछ।

कसरी कमिटमेंट डिवाइसले हामीलाई भविष्यका दीर्घकालीन लक्ष्यहरू प्राप्त गर्न र टालमटोल हटाउन मद्दत गर्छ? त्यसैले हामीले कम्तिमा प्रतिरोधको बाटो हटाएर यो सहयोग पाउँछौं। जब छनोट गर्नुपर्ने हुन्छ, त्यहाँ सधैं टालमटोल बानीले लिने जोखिम हुन्छ।

यदि तपाईंले निर्णयहरू लिने र समय अगाडी आफ्नो बानीहरू स्वचालित गर्ने आवश्यकतालाई हटाउनुभयो भने, तपाईंले दीर्घकालीन सकारात्मक परिणामहरू प्राप्त गर्न सक्नुहुन्छ।

भविष्यवाणी गर्न सक्नुहुन्छ। जेम्स क्लियरले आफ्नो बेस्टसेलिंग पुस्तक एटोमिक हैबिट्समा लेखेका छन् बनिहरूले बताउँछन कि हाम्रो लक्ष्य ढिलाइको कठिनाइहरू कम गर्ने हो यो "भविष्यको व्यवहारमा अड्किएको" कारण उत्पन्न हुन्छ।

उदाहरणका लागि, मैले मेरो फोन फ्लिप गर्न र फेसबुक जाँच गर्न बन्द गर्नु थियो। मेरो समाधान: मैले त्यो एप नै मेटाए। जब म पैसा बचत गर्न चाहन्थे, मैले प्रत्येक महिना मेरो तलबको 15% लिनको लागि एक स्वचालित योजना सेट अप गरें।

मैले भिडियो गेमहरू खेल्न बन्द गर्नुपर्यो ताकि म धेरै लेख्न र ध्यान केन्द्रित गर्न सकूँ। मैले मेरो भिडियो गेमहरू र प्लेस्टेशन बेचें ताकि म ध्यान केन्द्रित रहन सकूँ। मेरो लागि यो गाह्रो थियो, तर मैले गरे। यदि मैले यो गरेको थिन भने म खेल सीरीज

कॉल ऑफ़ ड्यूटीमै धेरै राम्रो हुन्थिये, तेईपानी, म मेरो काम गर्न र किताबहरू लेख्ने सपनामै अड्किे रहेको हुनेथिए।

ऐतिहासिक रूपमा, प्रसिद्ध चिनियाँ सैन्य जनरल हान शिनलाई उनको युद्ध रणनीतिको लागि सम्झिन्छन्,उहाँको बहादुरीका लागि उहाँको सम्झना गरिन्छ जसले उहाँका सेनाहरूलाई धेरै लडाइहरूमा जित दिलायो। उहाँले सिपाहीहरूलाई तिनीहरूको पीठ नदीतिर फर्काएर ताकि तिनीहरूले शत्रुमा सीधा आक्रमण गर्नुको बाहेक केहि विकल्प नरहोस्। जब हर्नान कोर्टेस 'नयाँ संसार' पुगे उसले आफ्ना जहाजहरू बन्दरगाहमा जलाए ताकि या त आफ्ना मानिसहरू टापुमा कब्जा गरुन... वा मरुन।

यहाँ यो एक कमिटमेंट डिवाइस हो।

अब हुन सक्ला तपाईले जहाजहरू जलाउनु पर्दैन वा सेनालाई कमाण्ड गर्नुपर्दैन तर तपाईले आफ्नो जीवनको जिम्मा लिनु पर्छ। यसको लागि सबैभन्दा धेरै एक सीधा र प्रभावकारी तरिका सजिलै संग सुरु गर्न र प्रतिबद्धता को बानी को विकास गर्नु हो।

अब यस विषयमा तल कुरागर्ने छौ। आफूलाई परिवर्तन गर्न कति आतुर हुनुहुन्छ र भोलि हुने निर्णयको कारण थकान र ढिलाइको सम्भावना कम गर्न आज के गर्न सक्नुहुन्छ। त्यो दिन आउनेछ जब तपाईले आफ्नो सेवानिवृत्तिको लागि पैसा अलगैराख्न चाहनुहुन, बरु छुट्टी लिन वा तपाइलाई हप्ताको अन्तिम दीन सोफामा बसेर टीभी हेर्न, जगिंग रुटिन सुरु गर्नुको तुलनामा अधिक आकर्षक लाग्दा छ।

बानी सुरु गर्दा चुनौती आउँछ। सधैं धेरै प्रतिरोधको सामना सुरुमा हुन्छ, प्रक्रियाको "सुरुमा"। हामी कुनै दिन सुरु गर्ने योजना गछौं तर हरेक दिन 'कुनै दिन' बन्छ जुन आउँदैन जिन्नको लागि सबै गर्न प्रतिबद्ध नगर्नुहोस्।

तपाई कसरी ढिलाइ गर्ने बानीलाई हटाउन सक्नुहुन्छ र तपाईको तत्काल सन्तुष्टि लालसा कम गर्न सक्नुहुन्छ?

समाधान सानो सुरु गर्नु होस्। एकै पटक धेरै कार्यहरू नगर्नुहोस् ताकि काम बोझिलो नबनोस्। वास्तवमा, तपाईंको दिनचर्या यति सजिलो हुनुपर्छ कि तपाइँ तपाईले आफ्नो अन्तर्मन विरोधको सामना गर्नु नपरोस्।

यहाँ केही उदाहरणहरू छन्:

- पाँच मिनेटको लागि किताब पढ्नुहोस्।
- पाँच पुसअप गर्नुहोस्।

- सडकको अन्त्यसम्म सय मिटर दौडनुहोस्।
- आफ्नो पुस्तकको पहिलो अनुच्छेदमा एउटा वाक्य लेख्नुहोस्।

ती दिनहरूमा, मेरो सबै ढिलाइ र एक्शन लिनमा ढिलाइको एउटै काममा फर्काउन सकिन्छ जुन कहिल्यै असफल हुन सक्दैन: त्यो सुरुवात हो। केवल सुरु गर्न र त्यसमा पहिलो पाइला अघि बढाउने बानी।

म जुन कामको लागि संघर्ष गरि रहेको थिए, त्यो गरेको थिन र सिर्फ शुरु मात्रै गरि रहेको थिए। म वास्तवमा काम गर्नु भन्दा चीजहरू बन्द गर्नमा बढी समय र उर्जा खेर फाल्ने गरि रहेको थिए। त्यहाँ यस्ता कामहरू पनि छन् जुन मैले वर्षौंसम्म ढिलाइ गरें र नगरेको भोझामा भित्रसम्म अपराध बोधले भरिएको थिए। यदि मैले यी काम गर्ने हो भनेर यदि म बसेको भए, म केहि घण्टामा काम पूरा गर्न सक्थे वा धेरैमा यो केहि दिनको लागि तान्थ्यो होला।

तपाईले कति काम गर्नुभयो भन्ने कुराले फरक पार्दैन, तर के तपाईले यो बास्तवमा गर्नु भएको छ। जसरि तीस दिनको लागि दिनमा पाँच मिनेट स्ट्रेच गर्नु प्रभावकारी हुन्छ वा एक महिनाको लागि एक पटकमा तीस मिनेटको लागि। जब म मेरो पहिलो पुस्तक लेख्न लागेँ जब म लेखकहरूसँग काम गर्छु, म देख्छु कि उनीहरू लेखन प्रक्रियासँग संघर्ष गर्छन्। मसँग सधैं एउटै सल्लाह छ। पहिलो हप्ताको लागि एक दिन सय शब्दहरू प्रतिबद्ध रहनुहोस्। अर्को हप्ता यसलाई दुई सय शब्दहरूमा लिनुहोस्। यदि तपाईको लक्ष्य छ भनि एकदिनमा एक हजार शब्द सम्म लेख्न सक्नुहुन्छ।

ढिलाइको बिरूद्धको युद्धलाई प्रगतिमा राखेर मात्रै जित्न सकिन्छ। पछाडि फर्कने बाटो बन्द गर्नु भनेको एउटा उत्कृष्ट कथा हो, तर यदि तपाइँ निश्चित व्यवहारहरू बन्द गर्नुहुन्छ भने

तपाईको आवेगहरू ट्रिगर गर्ने वातावरणले तपाईलाई आक्रामक रूपमा रोक्न चाहन्छ। हटाउनु पर्नेछ।

यो आज आफ्नो मनसाय सेट संग सुरु हुन्छ। तिमी मात्र कोही हौ 'मैले यो दिनको लागि गर्नु पर्छ' जस्तो कुरा गर्न सक्दिन। आज यो गर्नुहोस् तर यसलाई धेरै सजिलो बनाउनुहोस्। सुनिश्चित गर्नुहोस् कि विजय तुरुन्तै तपाईको पकड भित्र आउँछ।

यदि तपाईले आज सानो तर जानाजानी प्रतिबद्धता गर्नुभयो भने, यो हुनेछ भविष्यमा ठूलो जीतको लागि नेतृत्व गर्नुहोस्। यी सबै लेख्रको लागि तपाईको समय र काम लाग्छ त्यसपछि नियतले त्यसलाई पछ्याएर देखाउने सन्दर्भ छ।

समय बित्दै जाँदा यो रणनीतिले मेरो लागि ठूलो जीत ल्यायो, तर म प्रतिबद्धता नहुँदा संघर्ष गर्नुपरेको छ। म बढ्न र सफल हुने इच्छा छ। तर जबसम्म मैले आफैलाई दिनको एक निश्चित समयमा कारबाही गर्न बाध्य पारेन, देखाउने प्रतिबद्धता नहुँदासम्म थोरै काम हुन सकेको थियो।

यो (के लेखिएको छ) गति निर्माण गर्ने बारे हो। उच्च उचाइमा पुग्ने सानो स्नोबलबाट सुरु गर्नुहोस्। यसलाई पहाडबाट तल घुमाउनुहोस् र यसलाई पहाडबाट तल जान हेर्नुहोस् र यो गति प्राप्त गर्दैछ, यो यति ठूलो हुँदैछ।

हिड्नुहोस् हामी पनि बल रोलिङ गरौं।

कार्य योजना रणनीति:

तपाईले सधैं गर्न चाहनु भएको एउटा कुरा लेख्नुहोस्, तर वास्तवमा यो गर्नको लागि वरिपरि प्राप्त गर्नुभएको छैन। गर्न संघर्ष गरे।

के यो व्यायाम दिनचर्या हो?

किताब लेख्न चाहनुहुन्छ?

वा सेवानिवृत्ति कोषको लागि पैसा लगानी गर्न ताकि सेवानिवृत्ति पछि बालीमा लगानी गर्न सकियोस्।

बस्न मिल्छ?

वा आफ्नो घर सफा गर्न आवश्यक छ?

अब, हाम्रो लक्ष्य यो सजिलो बनाउन कार्य छोटो छ। त्यसैले काम सुरु गर्ने बानी सजिलो निर्णय हुन्छ।

अब, "5-मिनेट समय ब्लक" प्रयोग गर्नुहोस् ताकि तपाइँ यसलाई पूरा गर्न सक्नुहुन्छ। प्रतिबद्धतामा अडिग रहन सक्षम हुनुहोस्।

प्रक्रियामा प्रतिबद्ध रहनुहोस्।

आफ्नो पहिलो कदम चाल्नुहोस्।

बस सुरु गर्नुहोस्।

सास फेर्नुहोस् ... र सुरु गर्नुहोस्।

"अब बीस वर्ष पछि, तपाईंले जे गर्नुभयो त्यो धेरै हुनेछ तपाईंले नगर्नुभएका कुराहरूको कारण, तपाई र थप निराश हुनेछन्। त्यसोभए, आफ्नो जहाजको डोरीहरू खोल्नुहोस्, समुद्री हावा सुरक्षित बन्दरगाहबाट टाढा तपाईको जहाजले तपाईलाई पालहरूमा समात्न दिनुहोस्। नयाँ कुरा पत्ता लगाउने, र ती सपनाहरूको पछि लाग्नुहोस्।"

—मार्क ट्वेन

चरण 20 : तपाईंको कल्पनालाई तपाईंको लागि प्रेरणाको वातावरण सिर्जना गर्न दिनुहोस्

तपाई आफ्नो वातावरणमा सकारात्मक दृश्य संकेतहरू सेटअप गरेर ढिलाइलाई कमजोर र कम गर्न सक्नुहुन्छ। हाम्रा धेरै बानीहरू हाम्रो दृश्य, श्रवण र स्पर्श संकेतहरूबाट प्रेरित वा उत्तेजित हुन्छन्। यी तपाईंको वातावरण वा वातावरणमा ट्रिगरहरू हुन्, जसले या त तपाईंको वृद्धि र प्रगतिलाई समर्थन गर्न सक्छ (सकारात्मक ट्रिगरहरू) वा यसलाई रोक्न सक्छ (नकारात्मक ट्रिगरहरू)।

एक सकारात्मक ट्रिगरले तपाईंलाई जंक फूडको सट्टा तरकारी र फलफूलले तपाईंको फ्रिज भर्न प्रेरित गर्दछ ताकि जब तपाईं भोकाउनुहुन्छ र फ्रिज खोल्नुहोस्, तपाईं चकलेट इक्लेयरको सट्टा केरा उठाउनुहुनेछ। नकारात्मक ट्रिगरले उल्टो गर्छ र यसको प्रभावमा तपाईंले आफ्नो फ्रिजलाई राम्रो सामानको सट्टा जंकले भर्नुहुनेछ।

उदाहरण को लागी, के तपाईंलाई थाहा छ कि धेरै व्यक्तिहरू प्रति दिन औसत चार सय भन्दा बढी पटक आफ्नो फोन जाँच गर्छन्? यो एक ठूलो विचलन हो। यो एक दृश्य संकेत हो जसले तपाईंलाई तत्काल कारबाही गर्न संकेत गर्दछ। त्यसैले यदि तपाईंको फोन तपाईंको लागि नकारात्मक ट्रिगर हो भने तपाईंको फोन भाइब्रेट हुने वा पिंग हुने बित्तिकै यसले तपाईंलाई सोशल मिडिया, इमेल वा FB मेसेन्जर जाँच गरेर प्रतिक्रिया दिन सोझ्झेछ।

यहाँ कार्य कार्यान्वयनको लागि एउटा विचार छ जुन मैले एड माइलेटबाट सिकेको छु। यदि तपाईं बारम्बार आफ्नो फोनको सूचनाहरू जाँच गर्दै हुनुहुन्छ भने, दायाँ तीन ट्रिगरहरूसँग सेट अप गर्नुहोस्।

आफ्नो स्क्रिनमा आफ्नो लक्ष्य स्थापना गर्नुहोस्। त्यसोभए जब तपाइँ बानीमा तपाइँको फोन प्रयोग गर्नुहुन्छ खोल्नुहोस् र तपाईले देख्नु भएको पहिलो कुरा तपाईको लक्ष्य हो।

हाम्रा धेरै छनौट र बानीहरू ढिलाइबाट बढ्छन्। यहाँ अर्को उदाहरण हो। पहिलो वर्ष मैले घरबाट काम गरें, मेरो काम गर्ने ठाउँमा टेलिभिजन चलिरहेको थियो। यो मात्र थियो। अब, कसैले मलाई भन्नु पर्दैन कि यो (टिभी भएको) हो यो एक नराम्रो विचार हो, तर म सहमत छैन भने पनि, यो अझै पनि एक खराब विचार हो! जब म छोड्छु ! जब म बोर भयो वा विचलित हुन चाहन्थें मैले के गरें?

टिभी अन गरे !

मैले सोचें, "म एक ब्रेक लिनेछु र Netflix ले के-कस्ता नयाँ चीजहरू प्रस्ताव गर्दछ हेर्नुहोस्।" यो गएको छ, किनकि मैले दस मिनेट पहिले जाँच गरें। यदि तपाईले फेरि हेर्नुभयो भने, होइन! अब! अहिले सम्म नयाँ केहि छैन। यसरी यो बारम्बार नकारात्मक व्यवहार बन्न पुग्यो। त्यसैले महत्त्वपूर्ण काम गर्नबाट तपाईलाई विचलित पार्ने कुरा, नकारात्मक ट्रिगरहरू समावेश छन्: मनोरञ्जन एपहरूमा अत्यधिक लिप्तता, जंक फूड खाने, वा कुनै नकारात्मक कुराकानीमा संलग्न हुनु आदि।

मेरो समाधान: मैले यसलाई अन गर्न टिभी अनप्लग गर्ने प्रयास गरें। गर्न गाह्रो हुन्छ। मैले रिमोटहरू लुकाएँ, तर यी सबै प्रयासहरू असफल भए। मेरो विचलन र ढिलाइ गर्ने आग्रह बलियो थियो। त्यसोभए, मैले यति मात्र गरें, मैले के गर्नुपर्थ्यो - मैले टिभीबाट छुटकारा पाएँ। म गएँ। म पुरानो सामान प्रयोग गर्छु। पसलमा गएर १०० डलरमा बेचे।

त्यसबेलादेखि, मेरो उत्पादकता र फोकस पहिले भन्दा राम्रो छ। त्यहाँ अझै पनि ढिलाइ गर्ने तरिकाहरू छन्, तर यदि तपाइँ ट्रिगरहरू पहिचान गर्नुहुन्छ भने त्यसैले यो पहिचान नै यसलाई हटाउने उपाय बन्न सक्छ। अधिकांश अवस्थामा, यी सूचनाहरू परिवर्तन गरेर वा एपलाई पूर्ण रूपमा हटाएर हुन सक्छ।

समाधान तपाईको वातावरणलाई सकेसम्म धेरै दृश्य संकेतहरूले भर्नु हो। भर्नुपर्छ। आफ्नो कार्यस्थलको भित्तामा आफ्ना लक्ष्यहरू पेस्ट गर्नुहोस्। यसको मतलब सकारात्मकता उद्धरणहरू लेख्नुहोस्। आफ्नो तालिका र प्रत्येक डेस्क मा राख्नुहोस्। समयमा नजर राख्नुहोस्। ढिलाइको बानीबाट पराजित हुनुको सट्टा ढिलाइलाई पराजित गर्नुहोस्

यसमा गम्भीर हुनुहोस्।

तपाई जिन्न चाहनुहुन्छ र तपाई जिन्नुहुनेछ। ढिलाइलाई जित्नको लागि दृश्य संकेतहरू महत्त्वपूर्ण हुन्छन्।

दृश्य संकेत र प्रेरणा

जब तपाई वरिपरि सकारात्मक ट्रिगरहरू हुन्छन्, यसले तपाँईको कामप्रतिको मूड बढाउँछ।

कारबाही गर्ने मनसाय जगाउँछ।

तपाईंले अब काम गर्न सम्झनु पर्दैन, किनभने तपाईको वातावरणले तपाईंलाई काम गर्न सम्झाइरहन्छ। यदि टिभी सजिलो पहुँच भित्र छ यदि यो भित्र छैन भने, मेरो टिभी हेर्ने सम्भावना कम हुन्छ। वा आज बिहानबाट पचासौं यदि मेरो फोनबाट एप मेटाइयो भने मेरो फोनमा फेसबुक जाँच गर्न पनि गाह्रो हुनेछ वा अवरुद्ध गरिएको छ।

यसका लागि जे पनि गर्न सक्नुहुन्छ!

तपाईंले आफ्नो भित्री ढिलाइकर्तालाई हराउनको लागि जे पनि गर्नुपर्छ। त्यसका लागि तयार हुनुपर्छ। तपाई आफ्नो दिमागमा बस्ने अल्छी राक्षस भन्दा बढी स्मार्ट हुनुहुन्छ। ढिलाइको बिरूद्ध हतियारको रूपमा तपाईको वातावरणमा दृश्य संकेतहरू प्रयोग गर्दै बुझे। तपाईंले स्थापना गर्नुभएको प्रत्येक सकारात्मक ट्रिगरले तपाईंलाई थप आत्मविश्वास महसुस गर्न मद्दत गर्नेछ। सँगै अगाडि बढ्नुहोस् र आफ्नो शत्रुको विनाश विरुद्ध आफ्नो शक्ति बलियो बनाउनुहोस्।

सत्य तपाईको प्रगतिमा देखिन्छ। तपाईको क्यालेन्डरमा के छ ट्र्याक गर्नुहोस् गरिरहेका छन्। तपाइँ तपाइँको अनुसूचक मा के गर्दै हुनुहुन्छ रोक्नुहोस्। यो सम्झाउन एउटा सूचना सेट गर्नुहोस् कि आज तपाईंले "त्यो कार्य" पूरा गर्ने योजना बनाउनुभएको छ।

आफ्नो वातावरण र सम्पूर्ण दिनको नतिजा नियन्त्रण गर्नुहोस्। तिम्रो चंचल मन

(बन्दरको दिमाग) लाई दबाइदिनुहोस् किनकि यसले तपाईंलाई यहाँ र त्यहाँ तान्दछ र तपाईंलाई काम गर्नबाट रोक्छ। र गति र आफ्नो आत्मविश्वास गुमाउनुहुने छ।

म एक दिनमा केवल तीन प्राथमिकताहरू सुनिश्चित गर्दछु। लामो सूची छैन। म एक पटकमा एउटा कुरामा काम गर्छु र यो सधैं मेरो पात्रोमा अवरुद्ध हुन्छ। यदि यो सुरु गर्न गाह्रो देखिन्छ भने, म यसलाई पाँच मिनेट दिन्छु। मलाई थाहा छ यदि मैले यसलाई सुरु गरें भने म यसलाई अन्त्यमा लैजान सक्छु।

पाठ हो: एउटा काम गर्नुहोस् जसले तपाईंको दिन, सप्तार र व्यवसायलाई परिवर्तन गर्नेछ। सबै कुरा परिवर्तन गर्नुहोस्। हरेक दिन सबैभन्दा महत्त्वपूर्ण काम बिहान सबभन्दा पहिले गर्नुहोस्।

गर। पहिलो घण्टामा नै पूरा गर्नुहोस्।

यसबाट सुरु गर्नुहोस्:

- ढिलाइ हुने नकारात्मक ट्रिगरहरू पहिचान गर्ने दिनहरू। एक पल्ट आफ्नो वरिपरि नियाल्नुहोस्।

- ढिलाइ र अलमल्याउने फाइलहरू र डिजिटल सामग्री हटाउने वा परिवर्तनहरूको लागि दिनमा धेरै पटक ध्यान दिनुहोस्।

बलियो प्रेरक नज प्रयोग गर्नुहोस्।

प्रेरक नजहरू हामीले हाम्रो वातावरणमा गर्ने साना परिवर्तनहरू हुन्, जुन निर्धारित समयमा काम सम्पन्न गर्न सकिनेछ। यो फोकसको लागि एक शक्तिशाली रणनीति हो।

यदि तपाईंको लक्ष्य संसारभरि (वा डिज्नी ल्याण्ड) घुम्ने हो भने आफ्नो सपना यात्रा को एक तस्वीर विचार गर्नुहोस्। यो फोटो छाप्नुहोस् यसलाई हटाउनुहोस् र भित्तामा टाँस्नुहोस्। यसले तपाईंलाई प्रेरक बढावा दिनेछ जब तपाईंले काम सुरु गर्न आवश्यक हुनेछ।

जब म नयाँ पुस्तक लेख्न थाल्छु, म सधैं त्यो पुस्तकको बारेमा लेख्छु। आवरण बनाइएको छ। मैले यसलाई मेरो केन्द्रीकृत वातावरणमा जताततै राखें, त्यसैले जब म लेख्न सुरु गर्छु, मलाई थाहा छ मेरो लक्ष्य के हो। जब पनि ढिलाइ हुन्छ यस्तो लाग्छ कि यो कभर हो जसले मलाई जारी राख्छ। यो मेरो सानो प्रेरणा हो त्यहाँ एक नज (प्रेरणाको लागि नज) छ।

कार्य योजना कार्य:

तपाईंको वातावरणमा सक्रिय हुनुहोस् र तपाईंलाई विचलित गर्ने कुरामा ध्यान केन्द्रित गर्नुहोस्। ध्यान दिनु होला। यसले तपाईंको कार्यस्थान र डिजिटल ठाउँ पनि समावेश गर्दछ। आफ्नो कार्यस्थल बाट सुरु गर्नुहोस्। त्यहाँ जे अव्यवस्थित छ, यसलाई फ्याँक्नुहोस् वा प्याक गर्नुहोस्। त्यहाँ त्यस्तो केहि छ? खाली ठाउँ लिने वरपर के छ?

यसरी तपाईंको प्रयासले अराजकता परास्त हुँदैछ। यदि त्यहाँ एक यस्तो कुरा पनि छ यदि तपाईंले यसलाई कहिल्यै छुनुभएन भने, यो दृष्टिमा हुनु हुँदैन।

यो दिनमा एक पटक गर्नुहोस्, बिहान काम सुरु गर्नु अघि र त्यसपछि आफूलाई वातावरणमा डुबाउनुहोस्। हरेक दिनको सुरुमा केही समय निकालेर किताब पढ्ने गर्छु, छरिएका कागजहरू, नोटहरू, र अन्य चीजहरूको वातावरणले मलाई विचलित गर्दछ तर म ध्यान दिनेछु। हिजो केहि छुटेको भए आज पनि हुने गर्छ। अचानक यो मेरो अगाडि देखा पर्‍यो र मलाई याद छ कि यसले मेरो ध्यान खिच्यो।

हरेक **बिहान पाँच मिनेटको बानी** बसाल्नुहोस्।

अर्को, आफ्नो **डिजिटल वातावरण समीक्षा गर्न दिनको दस मिनेट छुट्याउनुहोस्।** यस पुस्तकको अन्त्यमा एउटा अध्याय छ जसले तपाईंको अव्यवस्थित डिजिटललाई समेट्छ वातावरण संगठित गर्न चरणहरू दिइएको छ।

डिजिटल अव्यवस्थाले तपाईंको भौतिक वातावरण भन्दा बढी विचलन सिर्जना हुने सम्भावना छ यसो हुन नदिनुहोस्। जब मैले डिजिटल फाइलहरू मेटाए र चीजहरू राम्रो भयो जब संगठित भयो, मैले महसुस गरें कि यसले हरेक हप्ता बहुमूल्य समयको घण्टा बचत गर्छ, जुन सामान्यतया, हराएको फाइलहरू र कागजातहरू खोज्नमा समय खर्च हुन्छ।

तपाईंको प्रेरक ट्रिगर के हो? तपाईंको प्रेरक ट्रिगर के हो पत्ता लगाउनुहोस्

यो के हो र कसरी आफ्नो आँखा अगाडि ल्याउन। जब तपाइँको दिमाग बाहिर बहन को लागी तयार छ यदि प्रलोभनमा पर्‍यो भने, पक्कै पनि तपाईँले यसको ध्यान आफ्नो सपना र लक्ष्यहरूद्वारा खिच्न दिनुहोस्।

"असफलताको नतिजा बिर्सनुहोस्। असफलता मात्र तपाईको अर्को सफलताको लागि तपाईलाई सेट अप गर्ने बाटो। यो एक अस्थायी परिवर्तन हो।"

—डेनिस वेटली

चरण 21 : आफ्नो उत्तम कामलाई पुरस्कृत गर्नुहोस्

"भोलिको लागि तयारी गर्ने सबैभन्दा राम्रो तरिका भनेको आफ्नो सम्पूर्ण बुद्धि, आफ्नो सबै उत्साह र आफ्नो एकाग्रताका साथ आजमा ध्यान केन्द्रित गर्नु हो। यो एक मात्र सम्भव बाटो हो, ताकि तपाई भविष्यको लागि तयारी गर्न सक्नुहुन्छ।"

—डेल कार्नेगी

तपाई आफैंमा राम्रो हुनुपर्छ। यसको अर्थ इरादाका साथ कदम चाल्नु र राम्रोको लागि परिवर्तन गर्ने साहस भएकोमा आफैलाई पुरस्कृत गर्नु हो। ढिलाइलाई जिल्न सजिलो छैन। संघर्ष गर्दा आफ्नो आलोचना नगर्नुहोस्।

समय निक्लनुहोस्, सावधान रहनुहोस् र यसलाई अधिक नगर्नुहोस्। जब तपाइँ एक अवरोध पार गर्नुहुन्छ, आफैलाई केहि व्यवहार गर्नुहोस् जुन रमाइलो छ, आरामदायी छ, र दिनभरि तपाईंलाई आनन्द दिन्छ। यसले तपाईंलाई अर्को चुनौतीको लागि तयार गर्नको लागि तपाइँको उर्जाको स्तर बढाउनेछ।

उदाहरणको लागि, म हप्तामा एक पटक मसाजको तालिका बनाउँछु र नियमित रूपमा पार्कमा हिंड्छु। अन्य इनामदायी गतिविधिहरूमा चलचित्रहरू हेर्न वा परिवारसँग यात्राको योजना समावेश छ। केवल उत्पादनशील हुनु र सबै समय काम गर्नुले खालीपन र थकान निम्त्याउँछ। तपाईंले आफ्नो सफलताको कदर गर्नुहुनेछ जब तपाईंले आफ्नो दिमाग र शरीरलाई इनामको लागि तालिम दिनुहुन्छ, विशेष गरी जब तपाई महत्त्वपूर्ण माइलस्टोनमा पुग्नुहुन्छ वा लक्ष्य हासिल गर्नुहुन्छ।

यही बेला एउटा घटना मनमा आउँछ। जब मैले मेरो पहिलो पुस्तक लेखे र जब यो प्रकाशित भयो, मैले मेरो परिवारसँग युनिभर्सल स्टुडियो जाने योजना बनाए। उहाँले त्यहाँ एउटा महत्त्वपूर्ण इनाम थियो र मैले यसलाई प्राप्त गर्न कडा मेहनत गरें। अहिले हुन सक्छ तपाई किताब लेख्न सक्नुहुन्न, तर तपाईको लक्ष्य जे भए पनि, जब तपाई यहाँसम्म आइपुगेका लागि रमाइलो मनाउनको लागि केहि गर्नुहोस्। समयको आनन्द लिनुहोस् र यसले तपाईंलाई मद्दत गर्नेछ, काम अगाडी बढेको देख्नेलाई जे पनि गर्नेछु।

कठिन कार्य पूरा गरेपछि आफैलाई पुरस्कृत गर्नको लागि यहाँ दस विचारहरू छन्। तल दिइएको छ:

1. साथी वा परिवारसँग खेलकुद कार्यक्रममा भाग लिनुहोस्।

2. आफ्नो मनपर्ने दुई-तीन चलचित्र हेरेर रात बिताउनुहोस्।

3. आफ्नो मनपर्ने रेस्टुरेन्ट मा एक स्वादिष्ट भोजन लिनुहोस्।

4. एक घण्टाको लागि शरीर/खुट्टा मालिस गर्नुहोस्।

5. तपाईंले लामो समयदेखि काम नगरेको शौक गर्न केही घण्टा खर्च गर्नुहोस् छ।

6. आफ्नो घरको प्रवेश द्वारमा एउटा कुर्सी राख्नुहोस् र आफ्नो भविष्य र तपाईंका बाटोमा आइपर्ने सबै ठुला बस्तुहरू प्रति बिचार गर्दै बस्नुहोस्। र त्यो पेयको (कुनै पनि चीजको) मजा लिनुहोस्।

7. दिउँसो आफ्नो घर सफा गर्न कसैलाई भाडामा लिनुहोस्।

8. तपाईंले सधैं पढ्न चाहनुहुने पुस्तक किन्नुहोस् - किन्डल, अडियोबुक वा पेपरब्याक। पढ्नमा एक वा दुई घण्टा खर्च गर्नुहोस्।

9. तपाईंले सधैं गर्न चाहनुभएको काम गर्ने प्रयास गर्नुहोस्: स्कूबी डाइभिङ, घोडसवारी वा माउन्टेन ट्रेकिङ।

10. एक दिन बिदा लिनुहोस् र लामो बाइक सवारीको लागि जानुहोस्।

यो सूची सन्दर्भको लागि मात्र हो। तपाई आफ्ना लागि सबै भन्दा राम्रो पुरस्कार निर्धारण गर्न सक्नु हुन् छ। पुरस्कारको स्तर तपाईंमा निर्भर गर्दछ। तपाई केहि नयाँ गर्नेमा प्रयास गर्नुहोस् र यसमा तपाई समय खर्च गर्न सक्नुहुन्छ र यसलमा तपाईंको केहि खर्च हुँदैन। तपाई केही किन्न सक्नुहुन्छ, जुन लामो समयदेखि तपाईंको इच्छा सूचीमा रहेको छ। त्यसले महत्व राख्छ

काममा लगाउँदा र त्यसपछि उत्सव मनाउनुले तपाईंलाई सकारात्मक भावनात्मक अनुभवहरू प्राप्त हुन्छ।

तपाई कडा परिश्रम गर्न, सफलतापूर्वक कार्य पूरा गर्न, वा केहि गर्न रमाइलो गर्नुहुन्छ त्यसमा घण्टौं बिताएपछि डोपामाइन रिलिज हुँदा अर्थात् आनन्दका लागि प्रतिबद्ध हुनुहन्थ्यो

जब तपाईँ यसलाई चाहानुहुन्छ आफैलाई इनाम दिनुहोस्। जे तपाईंलाई राम्रो लाग्छ। यसले तपाईंको दिमागलाई त्यही चीज पुन: प्रयास गर्न प्रेरित गर्छ। तपाईंको इनामले तपाईंलाई आनन्द दिन्छ, यसले तपाईंको दिमागमा कडा मेहनत गर्न संकेतहरू पठाउँछ "म यो सबै र केही थप चाहन्छु। यसलाई प्राप्त गर्न मैले के गर्नुपर्छ?"

कार्य योजना कार्य:

सानो जीत महत्त्वपूर्ण छ। हरेक हप्ता सानो जीत लिनुहोस् र आफ्नो जीत साझा गर्नुहोस्य सको लागि आफैलाई इनाम दिनुहोस्। यदि तपाई त्यो दिनको पर्खाइमा हुनुहुन्छ जुन तपाई जवान

हुनुहुन्न तर यदि तपाईंले त्यो ठूलो माइलस्टोन पार गर्दा उत्सव मनाउनुहुन्छ भने, तब सायद तपाईं पुथ्रुहुनेछ। तपाईं त्यो ठाउँ पुग्ने अघि नै हार मान्नु हुने छ। आफैलाई ठूलो इनामले पुरस्कृत गर्ने तरिका ले दूरत्वलाई पनि घटाउँछ।

आफैलाई पुरस्कृत गर्ने एक सय पचास भन्दा बढी तरिकाहरूमा पूर्ण सामग्रीको लागि यसका लागि तल दिइएको लिङ्कमा यो लेख पढ्नुहोस्-

https://www.developgoodhabits.com/rewardyourself/

राम्रो बानी बसाल्नुहोस् - बानी विशेषज्ञ एस. जे. स्कट।

"जुन कामले काम गर्छ, त्यसलाई 'मेहनत' भनिन्छ।
वर्ष पछि वर्ष यो हामीले देखेको कुरा हो। सफल भएका विद्यार्थीहरूले राम्रो अंक
ल्याउनु आवश्यक छैन। सिद्ध हुनुहोस्, तर तिनीहरूले गरिरहेको कामलाई माया
गर्छन् र यसलाई कडाईका साथ पालना गर्छन्।"

—डा. कैरल एस. ड्वेक
(माइन्डसेटः चेन्जिङ द वे यू थिङ्क टू फुलिफिल योर पोटेन्सिएल)मानसिकताः
तपाईंको सोच्ने तरिका परिवर्तन गर्ने तपाईंको क्षमतालाई पूर्ण गर्नुहोसका – लेखक

चरण 22 : पूर्व-म्याक (र टेम्पटेशन बन्डलिङ) को सिद्धान्त अपनाउने

अघिल्लो अध्यायमा, हामीले कडा परिश्रमको लागि आफैलाई इनाम दिने चार तरिकाहरूबारे छलफल गर्यौं। तर ती दिनहरूको बारेमा के हुन्छ जब तपाईंलाई यो सबै (कडा परिश्रम) मन पर्दैन?

हामी दुबैलाई थाहा छ त्यहाँ धेरै "म अहिले यो गर्न चाहन्न" भन्ने खाले दिनहरू छन्। तपाईंले आफूलाई काम गर्न बाध्य पार्ने प्रयास गर्दा फरक पर्दैन, किनकि जब इच्छाशक्तिले काम गर्छ र तपाईंको टास्क टास्क प्रणाली सुरु हुन्छ, कुनै पनि प्रकारको अनावश्यक कामले तपाईंलाई रोक्न साँच्चै गाह्रो हुन्छ।

यो - अवश्य पनि - तपाईंलाई तपाईंको ढिलाइ व्यवहार लाई सुदृढ गर्न नेतृत्व गर्दछ।

मैले गर्न नचाहेको काम गर्ने मेरो बानीलाई बलियो बनाउन विगत केही वर्षहरूमा मैले अपनाएको दर्शन हो।

यसलाई प्रि-म्याक सिद्धान्त भनिन्छ, जुन डेभिड डी. प्री-म्याकको अध्ययन र अनुसन्धानमा आधारित छ। यो सिद्धान्त बाँदरमा गरिएको अध्ययनबाट आएको हो।

प्रीमैक सिद्धान्तले बताउँछ कि यदि तपाईं एक निश्चित गतिविधि वा कार्यमा राम्रो हुनुहुन्छ

तपाईंले वास्तवमा प्रदर्शन गर्न चाहनुभएको कार्य वा गतिविधिबाट पहिले तपाईंलाई मन नपर्ने गतिविधि गर्नुहोस्। यसको मतलब मन नपरेको गतिविधि अर्को हुन गइरहेको छ। गतिविधिलाई बलियो बनाउन काम गर्छ।

उदाहरणका लागि, यदि तपाईंलाई ग्यारेज सफा गर्न मन लाग्दैन (र वास्तवमा कसले त्यो गर्न चाहन्छ) तर यदि तपाइँ पछि तपाइँको मनपर्ने पेयको मजा लिनुहुन्छ भने लिनु पर्‍यो भने गर।

यो एक गतिविधि हो जुन तपाई गर्न मन पर्दैन तर यो गरेर तपाईंले गर्न चाहनुभएको गतिविधिलाई पुरस्कृत गर्दा।

सिद्धान्तले बताउँछ कि "कम सम्भावित व्यवहारहरू भन्दा बढी सम्भावित व्यवहारहरूलाई बलियो बनाइनेछ।"

केही उदाहरणहरू निम्नानुसार छन्:

"यदि तपाईंले घाँस काट्नु भयो भने, तपाइँ सम्पूर्ण *लेमन पाई* खानुहुनेछ।"

आमाबाबु र शिक्षकहरूले हरेक दिन बच्चाहरूलाई काम गर्न उत्प्रेरित गर्न प्रयोग गर्छन्। रणनीति प्रयोग गर्नुहोस्। तर वयस्कहरूलाई पनि चाहिन्छ ! तपाई जत्तिकै अग्लो समय-समयमा कामलाई बेवास्ता गर्ने अभ्यास गर्नु भनेको तपाई हो एक निश्चित सशर्त व्यवहार प्रतिक्रिया (कंडिशन्ड प्रतिक्रिया सिद्धान्त) गरिरहेका छन्।

जब तपाईंसँग कार्य गर्न ऊर्जा र करिश्मा हुन्छ तब कारबाई गर्न अथवा एक्शन लिन सजिलो हुन्छ। तर केहि परिस्थितिहरूमा, आफैलाई काम गर्न उत्प्रेरित गर्दै यो गार्न गाह्रो हुन्छ, जस्तै जब दिन समाप्त हुन लागेको छ र तपाईंले रिपोर्ट पूरा गर्नुपर्छ। वा तपाईंले सारा हप्ता कसरत गर्नुभएको छैन र तपाईंको शरीरले तपाईंलाई जिम जान मन लगाउँछ। शरीरले त्यातातिर तान्दै छ तर मेरो दिमागले जिममा जाने प्रतिरोध गर्छ र चलचित्र हेर्न रुचाउँछ !

यसले प्रलोभन बन्डलिङमा जान्छ: जब तपाई प्रतिवद्धताका साथ आन्दोलन र कारबाही व्यवहारलाई सुदृढ गर्दै तपाईंले चाहानु भएको गतिविधि गर्न सक्नुहुन्छ।

प्रलोभन बन्डलिङ (क्याथरीन मिल्कमैन, व्हार्टन विश्वविद्यालय, पेनमा सहायक प्राध्यापक द्वारा रचना गरिएको) दुई गतिविधिहरू लिने र तिनीहरूलाई एकै समयमा सँगै जोड्ने को काम हो।

तर दुईको बाधा भनेको एउटा गतिविधि हो जुन तपाईंले गर्नुपर्छ, तर साथमा त्यहाँ ढिलाइ गर्ने (कपडा फोल्ड गर्ने) बलियो प्रवृति पनि छ तर त्यहाँ अर्को गतिविधि छ, केहि गर्न को लागी तपाईंलाई रमाइलो लाग्छ, तर त्यो धेरै उत्पादक वा समय खपत नहुन सक्छ (अडियोमा तपाईंको मनपर्ने ह्यारी पोटर पुस्तक सुन्दै) त्यसपछि यी दुई फरक

गतिविधिहरू (मन परेको र मन नपर्ने) सँगै गर्ने प्रलोभनलाई बन्डल गर्दै।

यहाँ प्रलोभन बन्डलिङका सात उदाहरणहरू छन्:

- कुकुर हिँड्दाउँदा वा व्यायाम गर्दा आफ्नो मनपर्ने अडियोबुक सुन्नुहोस्।
- तपाईंको व्यवसायिक ग्राहकसँग फोनमा कुरा गर्दा पार्कमा हिँड्नुहोस्।
- अनलाइन प्रशिक्षण पाठ्यक्रमहरू सुन्दा आफ्नो इनबक्स सफा गर्दै।
- आफ्नो लुगा फोल्ड गर्ने वा इस्त्री गर्दा Netflix हेर्नु।

यो दृष्टिकोणले महत्त्वपूर्ण कुराहरू गर्न तपाईंको आवश्यकता पूरा गर्दछ। प्रलोभन बन्डलिङ शक्तिशाली छ किनभने यसले तत्काल सन्तुष्टि हटाउन खोज्छ। यो रणनीतिमा पहिले के गर्न आवश्यक छ भन्ने कुराको विचार गर्न लिइएको हो। यो भन्दा महत्त्वपूर्ण कामको साथसाथै मन लागेको काम पनि गर्न सकिनेछ।

प्रलोभन बन्डलिङ तपाईंको ढिलाइ गर्ने बानीलाई तोड्ने र तपाईंको इच्छाशक्ति निर्माण गर्ने उत्तम तरिका हो। तुरुन्तै कदम चाल्नको लागि तपाईँको बानीलाई बढावा र सुधार गर्दछ कठिन चीजहरू गर्न तपाईंको प्रतिरोध तोड्छ।

यहाँको मुख्य विचार यो हो कि प्रलोभन बन्डलिङले तपाईंलाई आफ्नै रमाइलो चीजहरू गर्न अनुमति दिन्छ। साथै काम गर्ने बाटोमा राम्रो बानीहरू निर्माण गर्दा छोटो अवधिको फाइदाहरू र तपाईंले गर्नुहुने दुईवटा कुराहरू संयोजन गर्दै, तपाईंलाई तत्काल सन्तुष्टिको आनन्द लिन दिन्छ र अर्को जुन तपाईंलाई थाहा छ तपाईंले गर्नु पर्छ - तर सामान्यतया तपाईं यसलाई बेवास्ता गर्नुहोस् वा ढिलाइ गर्नुहोस् - तपाईंले यो सिद्धान्त अपनाएर दीर्घकालीन लाभहरू प्राप्त गर्नमा एक्शन लिनलाई सजिलो पार्दछ।

कार्य योजना कार्य:

प्रीमैक सिद्धान्त र क्याथरिन मिल्कम्यानको प्रलोभन (टेम्पटेशन) बन्डलिङको सिद्धान्तलाई लागू गरेर तपाईं आफूलाई दोषी महसुस नगरीकन र हतार नगरी एउटै समयावधिमा धेरै काम गर्नुहोस् गर्न सक्छु। आफ्नो गतिविधिहरू मिलाउनुहोस् र आफ्नो समय अधिकतम गर्नुहोस्। यहाँ फाइदा लिन तीन तरिकाहरू छन्।

- YouTube मा आफ्नो मनपर्ने प्रेरक वक्ता सुन्दा कर सम्बन्धित विषयहरूमा काम गर्नुहोस्।
- अनुप्रयोगहरू भर्दा वा रिपोर्टहरू तयार गर्दा वा लेख्दा पृष्ठभूमिमा चलचित्र प्ले गर्नुहोस्। (नोट: यो आवश्यक एकाग्रताको स्तरमा निर्भर गर्दछ, किनकी तपाई भित्रको ढिलाइले सबै कुरा पन्साएर चलचित्रभित्र पूर्ण रूपले पस्न सक्छ)
- **यदि तपाई आफ्नो परिवार वा साथीहरूसँग बढी समय बिताउन चाहनुहुन्छ भने।** तपाईँ दुबै रमाइलो गतिविधि मा त्यो विशिष्ट व्यक्तिलाई समावेशित गर्न सक्नुहुन्छ जससँग तपाईं बढी समय बिताउन चाहनुहुन्छ। उदाहरणका लागि, तपाईं दुवै एउटै खेल खेल्न वा एउटै रेस्टुरेन्टमा खाना खान चाहनुहुन्छ।

मजा लिन सक्छ।

कार्य योजना कार्य:

व्यक्तिगत प्रलोभन बन्डल सिर्जना गर्दै

यहाँ तपाईंले के गर्न आवश्यक छ। कागजको टुक्रा लिनुहोस् र बिचको तल रेखा कोर्नुहोस्।

अब तपाईंसँग दुईवटा स्तम्भहरू छन्। बायाँमा गतिविधि वा कार्यहरूको सूची तपाईंले गर्नुपर्ने कुराहरू सिर्जना गर्नुहोस्, तर तिनीहरूलाई "पछि" वा "केही दिन-हुन सक्छ" खाले गतिविधिहरूलाई "होइन" गतिविधिहरूको रूपमा नियमित रूपमा बेवास्ता गर्नुहुन्छ। यस मा गृहकार्य (घरसँग सम्बन्धित सबै काम), कार्यालयको काम (रिपोर्ट आदि) समावेश हुन सक्छ, साना कार्यहरू (ई-मेल) वा कडा परिश्रम (व्यायाम)।

दायाँमा, तपाईंले गर्न मन लागेका गतिविधिहरू सूचीबद्ध गर्नुहोस् वा जब तपाई तिनीहरूलाई गर्नुहुन्छ तपाईंलाई महसुस हुन्छ मानौं तपाई कडा परिश्रममालाई धोका दिँदै हुनुहुन्छ। यी उदाहरणहरूमा समावेश छन्: ती $7 फ्रैपुचिनो खाना, नेफ्लिक्स अथवा खेलकुद हेर्ने, अडियोबुक/कोर्स सुन्ने, वा दिउँसो भित्र गल्फ खेल्ने आदि।

अब, दुबै स्तम्भहरू हेर्नुहोस् र एक नजर लगाउनुहोस् कि तपाई कुनसँग हुनुहुन्छ। तपाईंले के गर्नु पर्छ वा के गर्न चाहनुहुन्छ। अब तपाईंसँग गतिविधिहरूको एक सेट छ जसले तपाईंलाई राम्रो बानीहरू निर्माण गर्न र तपाईंको लक्ष्यहरू प्राप्त गर्न मद्दत गर्दछ।

"कहिलै पनि असफल नभइ बाँच्ने असम्भव छ, जबसम्म तपाई यति सावधानसँग गर्नुहुन्न कि तपाई बिल्कुल बाँच्नै सक्नुहुन्न- त्यसकारण तपाई यो विषयमा असफल हुनुहुन्छ।"

-जेके राउलिंग, द हैरी पॉटर श्रृंखला के लेखक

हामीले वास्तवमा केमा ढिलाइ गरिरहेका छौं भन्ने बारे सोच्न आवश्यक छ, किनकि सबैले जीवनमा केहि ढिलाइ गरिरहेका छन्। हामी वास्तवमा ढिलाइ गर्दैछौं, तपाईंको समय समाप्त हुनु अघि तपाईंको लक्ष्य र सपनाहरूको बारेमा कडा सोच्नुहोस्।

—हाल अर्बन, 'च्वाइसेज दैट चेन्ज'का सर्वाधिक बिक्रि हुने पुस्तक के लेखक

भाग-।।।

चालचलनको अन्त्य गर्नु

मलाई थाहा छ कि मैले यस किताबमा पहिल्यै तपाईँलाई धेरै मुल्यवान सामग्रीहरू दिईसकेको छु। तर मलाई यो पनि थाहा छ कि ढिलाई गर्ने बानी कति मायावी हुन्छ। एकै मिनेटमा तपाईँ केही गर्न भनेर प्रतिबद्ध बन्नुहुन्छ अनि दुई- तिन मिनेट पछि तपाई आफैलाई कुनै सम्बन्ध नभएको बिषयमा काम गर्दैगरेको अवस्थामा पाउनुहुन्छ। यदि हामीले आफ्नो चालचलन बदल्न सक्यौँभने हाम्रो बानी पनि बदल्न सक्ने छौँ र जब हामीले हाम्रा बानीहरू बदलन्छौँ तब सबैथोक बदलिन थाल्छ।

जब ढिलाई गर्ने बानी यस्तो अवस्थामा पुग्छ कि स्वस्थ, सम्पत्ति र मानसिक अवस्थालाई पनि प्रभावित पार्न थाल्छ तब यो बानी नकारात्मक अवस्थाको एउटा रूप नै बनिन्छ। यस्ता बानीले कतिपय मान्छेका उल्लेखित सबै क्षेत्र तथा धेरैथोक प्रभावित हुने गर्छन्।

यो बोनस खण्डमा हामी तिनवटा क्षेत्रमा ध्यान दिनेछौँ, जसबाट तपाईँलाई यस्ता बानीहरूलाई अंकुश लगाउनमा सहायता मिल्ने छ र तपाईँले तपाईँको ढिलाई गर्ने बानीलाई नियंत्रण गरेर आफूलाई बदल्न सक्नुहुनेछ। यदि तपाईँलाई सन्देह हुन्छभने भाग दुईको स्टेप्सको सन्दर्भअनुसार काम गर्नूहोस्। आफ्नो जीवनलाई सुन्दर बनाउने दिशामा सधैँ कार्य गरिरहनूहोस्। भाग तिनमा तपाईँले सिक्नु हुनेछ -

- आफूमा भएको नकारात्मक अवस्थाबाट मुक्त बनौं।
- चिन्ता र अनावश्यक भारिपन खतम गरौं।
- आफ्नो सीमित आत्म चर्चाको नास गरौं।

आफ्नो नकारात्मक अवस्थाबाट मुक्त बनौं

"यदि तपाईलाई लाग्छ कि बल गरेर भएपनि अन्तिम मुहुर्तसम्ममा तपाइँ सबै कार्य पुरा गर्न सक्नुहुन्छ त एउटा औंला पनि खडा नगर्नुहोस् अर्थात् कुनै प्रयास नगर्नुहोस्, तर एकपटक जब पानी पर्न थाल्छ, तब तपाईलाई आफ्नो लागि छानो बनाउने बिषयमा दुईपटक सोच्नुपर्ने हुनसक्छ।"

—मैक्स ब्रुक्स

यदि मैले यो कुरालाई सजिलो भाषामा भन्नु हो भने म भन्न सक्छु कि कठिन कार्य समाधान गर्नबाट जोगिनु नकारात्मक अवस्थाको एक गहिरो रूप हो। यो नकारात्मक तरिकाबाट सुरु भएको होइन, तर कुनैपनि तरिकाले नराम्रो अभ्यासबाट मुक्त बन्न चाहेझैं हामी यसबाट मुक्त बन्ने बानी सुरु गर्न सक्छौं। नराम्रो बानीको असर खतम हुन्जेलसम्ममा एकछिन हामीलाई राम्रो लाग्छ, फेरि हामीले उही अनुभूति पाउनका लागि औषधि (ढिलाई)को सहारा लिनुपर्ने हुन्छ, जुन अनुभव हामीलाई गत सातामा भएको थियो।

ढिलाई एउटा नकारात्मक बानी र भ्रामक शत्रु हो। यो स्टीफन किंगको कहानि "आईटी"मा भएको दुष्ट बिदूषकका झैं एकजना साथीका रूपमा तपाइँका छेउमा आउँछ तर पछि गएर तपाइँको बिरोधी बन्छ। यो बानीले तपाईलाई प्यारो खेलौनाका झैं आफूतिर तान्छ, जसले छेउमा पुगेपछि तपाईलाई पूरै खाइदिन्छ।

यसले कठिन कार्य गर्नबाट जोगिने बानीसँग सम्झौता गराएर तपाइँका लागि जेल बनाइदिन्छ, जहाँ रहेर तपाईले पीडा भोग्नुपर्ने हुन्छ। यसको आवाज तपाइँको मन-मस्तिस्कमा यसरी गुन्जिन्छ- मसँग आइज अनि म तँलाई देखाउँछु कि कसरी मजा लुट्नु पर्छ। मैले यस्ता कठिन काम छोडि दिएँ। त्यसैपनि तँलाई यसको प्रयोजन छैन।

म आफैँलाई भन्छु, "म दबाबमा उन्नत कार्य गर्दछु!"

वास्तवमा यो कुरा साँचो होइन, तर मैले एउटा बहाना देखाउनु पर्छ कि अन्तिम समयसम्म प्रतीक्षा गर्नका निम्ति म आफैँलाई उपयुक्त ठान्छु।

मैले यस्ता बानीबाट मान्छेहरूलाई पागल बनेको देखेको छ। यसबाट जति नै हानि

भएपनि उनीहरूलाई कुनै फरक पर्दैनथ्यो, उनीहरूले आफ्नो बानीलाई तबसम्म रोक्न सकेका थिएनन् जबसम्म उनीहरूले यस कुरालाई स्वीकार गरेनन्।

यदि तपाइँ अल्कोहल एनोनिमोस प्रक्रियाको बारह स्टेपसँग परिचित हुनुहुन्न भने पनि कुनै कुरा छैन, तर पहिलो स्टेप यस्तो कुनै अवस्थामा पनि लागु हुनसक्छ, जुन अवस्था अनियन्त्रित हुने गर्छ।

> *"स्वीकार गरौं कि म मुस्किल कार्यका लागि शक्तिहीन छु,*
> *अनि मेरो जीवन अनियन्त्रित छ।"*

यहाँ प्रमुख शब्द "अनियन्त्रित" हो।

ढिलाई गर्ने पुरानो बानी भएकाले गर्दा कमजोर हुँदाहुदै पनि मलाई यस स्थितिसँग परिचित हुनु नै पर्नेथियो। मैले जुन बहानाहरू बनाएँ, अन्ततः त्यो शक्तिहीनता नै थियो।

काम नगर्नु आफूले बनाएको नकारात्मक बानी हो। जसलाई बर्षौंको अभ्यासले मजबुत बनाइएको हो।

एक बानीका झैं।

तपाइँ हामी जन्मिंदा यस्ता थिएनौं। यो कुनै मेडिकल कण्डिसन होइन।

हामी यसले गर्दा सजिलो-लचिलो बन्नबाट बाँचिरहेका छौं:

विफलताको भय।

सफलताको डर।

के मेहनतको डर पनि हुन्छ र? यस कुरामा मलाई सन्देह छ। सबैभन्दा ज्यादा सम्भावना पहिलाका दुई विकल्पमा छ। यदि तपाइँ अल्छी हुनुहुन्थ्यो भने अथवा मेहनती हुनुन्थ्यो भने तपाइँ यो किताब पढ्दै हुनुहुन्नथ्यो।

यदि तपाइँ कठिन कार्य गर्नबाट जोगिनु हुन्छ भने त्यसको कारण यो हो कि तपाइँ ती कामप्रति नकारात्मक वातानुकूलित प्रतिक्रिया (conditioned response) राख्नुहुन्छ, जुनकुरा तपाइँको असुविधाको कारन बन्ने गर्छ। एकातिर मेरो चकलेट खाने दैनिक बानी छ, जसलाई अब म छोड्न सक्तिनँ, अर्कातिर दैनिक खर्च रोक्ने एक प्रयास छ, जुन म गर्न चाहन्न। किन? एउटा काम मजेदार छ अनि अर्को छैन, तर जुन कामलाई मैले बोरिङ सोचेको छु त्यो निश्चित रुपमा ज्यादा महत्वपूर्ण हुन्छ।

जब तपाइँ कामसँग कठिनाई शब्द जोड्नु हुन्छ तब तपाइँको मस्तिष्कले ब्रेक लगाइदिन्छ। यसले सजिलै जित्न, चाँडै मरम्मत गर्न या सबैभन्दा सजिलो बाटो खोज्न आरम्भ गर्छ, जसले झट्टै डोपामाइन स्रावित गर्छ अर्थात आनन्द अनुभव गराउँछ। त्यसैले हामी सोच्न लाग्छौं कि केही मजेदार गर्नुपर्छ र त्यसका लागि जुन तरिका मैले अपनाउनु छ त्यो सबैभन्दा राम्रो होस्।

दुविधा यहीँ छ। हामी जुन कडा मेहनतबाट बाँच्ने प्रयास गर्छौं त्यसैले हामीलाई जीवनको सबैभन्दा सफल मार्गतर्फ लैजान सक्छ तर जबसम्म हामी मेहनत गर्दैनँ तबसम्म हामीलाई त्यो कुरा थाहा हुँदैन। तपाईँ यो अनुमान लाउन सक्नुहुन्न कि कुनचाहिँ विकल्प तपाईँलाई सर्वोत्तम परिणाम दिने क्षेत्रमा उपयोगी छ। हामी बिचका कति मान्छेले यस्तो कार्यको खोजी गर्छन्, जसद्वारा सजिलै सफल हुइन्छ, किनकि त्यहाँ फेल हुन अवसर लगभग हुँदैन।

तपाईँले यस्तो यसभन्दा अघि पनि गर्नुभएको थियो अनि तपाईँ जान्नुहुन्छ कि हामी यस्तो केको आशामा गर्छौं। हामी मजेदार, सजिलो र पुर्वानुमानको बाटो पक्डिनका लागि यस्तो गर्ने गर्छौं, त्यो बाटो हामीलाई अज्ञात बाटोभन्दा सजिलो लाग्ने गर्छ- जबसम्म कुनै बाधासँग हाम्रो टक्कर हुँदैन।

अब तपाईँ अघि बढ्नका निम्ति तिन पाइला चाल्न सक्नुहुन्छ। म तपाइलाई सल्लाह दिन्छु कि तपाईँ तलका तिनवटा चरण पालन गर्नुहोस्, अनि जब तपाईँबाट गल्ती हुन्छ तब त्यो गल्तीलाई सुधारेर फेरि अघि बढ्नुहोस्। असलमा, हामी गल्ती नगरी सबै सही गर्न र असफलताको सामना गर्नबाट जोगिएर पर्फेक्ट बनिन् खोज्छौं अनि यस प्रयासमा अल्झिरहन्छौं।

तिन चरण यसप्रकार छन्-

1. निर्णय लियौँ— वर्तमान पलमा

यो तपाईँको आफ्नो प्रतिवद्धता हो। तपाईँ आफ्ना लागि, पुरै ब्रह्माण्डको लागि अथवा एउटा साथीको लागि स्वयं सँग एउटा बाचा गर्नुहोस। तर यो बाचा अहिल्यैदेखि तय गर्नुस्, किनकि जब तपाईँ पुरै थाक्नु या हान्नु हुनेछ, तब तपाईँले अघिल्लो कदमको बारेमा सोच्न छोड्नु हुन्छ। निर्णय लिनु एउटा शक्तिशाली क्षण हो। जब तपाईँले तय गर्नुहुन्छ कि "हो! यो त्यहि हो जो म गरिरहेको छ।" यस निर्णयले रहल सबै चिजका बाटा सफा पारिदिन्छ।

यदि तपाईँले केही गल्ती हुने डरले चुप बसिरहने निर्णय लिनुभएको छ भने अर्थोकै तय गर्नूहोस्। तपाईँको निर्णय जेपनि हुनसक्छ तर सबैथोक पर्फेक्ट बन्नका लागि लामो समयसम्म प्रतीक्षा गर्नुले ढिलाईतर्फ लैजान्छ। कुनै काम बन्दैन र तपाईँले आफ्नो गति हराउनु हुनेछ।

२. मौन धारण गर्नुहोस्

मौनताको समयमा एउटा यस्तो डर हुन्छ, जुन हामी सवैलाई लाग्छ। त्यतिबेला हामीलाई लाग्दछ कि हाम्रा चारैतिर केही चलेको छैन। यो दुनियाँ एउटा शान्त ठाउँ हो। हामीलाई अन्धकारले घेरेको छ र यहाँ ९७ प्रतिशत ठाउँमा मौनता छ। म चाहन्छु कि एकछिनका लागि यस्तो सोच्नुहोस् कि तपाईँ तनावमा हुनुहुन्छ या गर्नुपर्ने धेरै कामहरूको बोझा महसुस गर्दै हुनुहुन्छ अनि तपाईँ जान्नुहुन्न कि काम कहाँबाट सुरु गर्नुपर्छ, त्यसोभए फेरि तपाईँ तपाईँको त्यो मौन ठाउँतिर फर्किनुहोस्। यो दुनिया विचलनले भरिएको हुन सक्छ र यहाँ जे पनि हुनसक्छ- जब हामी हुन दिन्छौं।

३. दोहोरिरहने नकारात्मक विचारहरू चिन्नुहोस्

ती नकारात्मक मान्यताहरूको लिस्ट बनाउनुहोस्, जुन तपाइँ आफ्नो मनलाई सिकाउँदै हुनुहुन्छ। तपाइँ स्थिर बनेर र आफ्ना बिचारहरू सुनेर बितेका बानीहरूबाट पत्तो लगाउन सक्नुहुन्छ कि ती के हुन्, जुन तपाईंको दिमागमा घुमीरहेका छन् र तपाईंलाई डरलाग्दा कहानि सुनाइरहेका छन् कि तपाईंलाई यस्तो लाग्छ जस्तै कुनै डरलाग्दा दृश्य एक ठाँउमा आएर अडकेका छन्।

निरन्तर पुनरावृत्ति भैरहन्छन्। तपाइँका सोचहरूले तपाइँका दुःखका कहानि सुनाई रहन्छन् भने यसो गर्दा के हुन्छ। ती सोचबिचारहरूलाई दिनमा सौ पटक आफ्नो मनमा ल्याउने कल्पना गर्नुस्।

सुन्नमा यो कुरा अनौठो लाग्छ तर असलमा शोधबाट थाहा भएको छ कि हामी आफैं ती नकारात्मक विचारहरू सप्ताहमा हजार पटक आफैंलाई सुनाउछौं। पुनरावृत्तिमा अल्झिएका नकारात्मक विचारहरूलाई चिन्नुहोस्। तिनलाई आफ्नो डायरीमा लेख्नुहोस्। अनि झुठा विश्वासहरूलाई अस्विकार गर्नुहोस्। आफ्नो लिस्ट हेर्नुहोस् अनि चिच्याएर भन्नुहोस्, "तैंले मसित धेरै खेल खेलिस्! मेरो दिमागबाट बाहिर निस्कि!" कागज च्यातेर पाल्नुहोस्।

म यसकालागि एउटा विजुअलाइजेशन प्रक्रिया पनि प्रयोग गर्दैछु। म कल्पना गर्छु कि मैले कागज लिएँ र त्यसलाई च्यातेर ब्रह्माण्डको एउटा ब्लैक होलमा फालिदिएँ। तपाइँ त्यसलाई जलाइदिने कल्पना पनि गर्न सक्नुहुन्छ (तर जलाउने कार्य घरभित्र गर्नु भनेको होइन)।

यसबाट तपाईंलाई तपाइँको नकारात्मक अवस्थाबाट टाढा लाने वा ती नकारात्मक बिचार र विश्वासलाई बदलिनमा धेरै सहायता हुन्छ जुन तपाइँका दिमागमा टाँसिएका छन्। तपाईंलाई तिनको प्रयोजन छैन र साँचो यो हो कि तपाइँ अद्भुत शक्ति भएका एकजना शक्तिशाली योद्धा हुनुहुन्छ जसले परिश्रम गर्छ।

बाँकी सवै कुरा जसले तपाईंलाई अल्छी भन्छन्, ती नक्कली हुन्, तपाईंसँग त्यो छैन जुन हुनुपर्ने हो.... तपाइँ आफ्नो मनभित्र एउटा झुठो सिनेमा चलाएर यस स्थितिलाई जान्न सक्नुहुन्छ र दिमागबाट बाहिर निकाल्न सक्नुहुन्छ। त्यसलाई आफ्नो दिमागबाट निकालेर जलाई दिनुहोस्।

तर यो प्रक्रिया मुश्किल जस्तो हुनु हुँदैन र तपाईंलाई कुनै खास तरिकाको आवश्यकता या यस्ता किताब पढ्नु जरुरी छैन।

इरादा गर्नुहोस् र आफ्नो मिशनलाई अद्भुत बनाउनुहोस्।

तपाइँ सँधैका लागि चिजहरूलाई परिवर्तन गराउनकालागि हुनुहुन्छ।

चिन्ता र बिरक्तिलाई समाप्त गर्नुहोस्

व्याकुलता एवं भारीपन अत्याधिक दबावको अनुभूति हो जसले तपाईँको बिचार, मन र भावनालाई घेरिरहेको छ। मनमा यस्तो भावना आउँछ कि तपाईँ बर्बाद भैरहनु भएको छ र चाहे तपाईँ जति नै संघर्ष किन नगर्नुहोस् पार लाग्नु उति नै सारो देखिन्छ।

यस स्थितिको वर्णन गर्न यहाँ मेरा एकजना साथीको उदाहरण दिएको छ:

> "एकदमै धेरै काम गर्दा जब म बोझिलो हुन्छु अथवा म कुनै काममा उल्झिएकाले गर्दा महत्वपूर्ण प्रोजेक्ट बन्द गर्छु त्यतिबेला यस्तो लाग्छ, मानौँ म कुनै पहाडको फेदीमा उभिएर शिखरलाई हेरिरहेको छु। म चढ्न सुरु गर्छु, तर जब म प्रत्येक दस फुट माथि जान्छु शिखर छेउमा हुनुपर्ने ठाउँमा झन परपर सर्छ। मलाई यस्तो लागिरहेको छ कि हुन त म अगिबढ्दैछु, तर म कतै सरेको छुइनँ। यस्तो सोच ज्यादै आत्मघाती हुने गर्छ।"

महत्वपूर्ण काममा अबेर गर्ने आत्म-पराजयी बानीले चिन्ता जन्माउँछ। तपाईँ जति समयसम्म कामलाई टार्नु हुन्छ र अबेर गर्नुहुन्छ, बोझा उति नै भारी हुँदै जान्छ। यदि एक दिन तपाईँ एउटा कामलाई अवहेलना गर्नुहुन्छ भने अर्को दिन दोस्रो कामलाई, र फेरि कुनै अर्को कामलाई अवहेलना गर्नुभयो भने महिनाको अन्तिमसम्ममा यस्ता कामहरू र अझै अधुरा प्रोजेक्टहरूका पहाड खडा हुनसक्छन्, यस कुरामा तपाईँले ध्यान दिनु जरुरी छ।

बिरक्ति र भारीपन हुनु तपाइद्वारा बनाएको शरीर र मनको तालमेल नहुनु हो। यो नराम्रा योजना र कार्यलाई ठोस रुप दिनमा भएको कमीको परिणाम हो। कतिपय क्षेत्रमा अन्तिम मिनेटसम्म काममा ढिलाई गर्नले गर्दा यस्तो हुनसक्छ। कामहरूलाई एक-एक गरेर खतम गर्न छोडेर हामी अन्तिम समयसम्म प्रतीक्षा गर्छौं अनि प्रत्येक चिजलाई अन्तिम सिमानासम्म धकेल्ने गर्छौं। अनि जब समय बाँचेको हुँदैन त्यतिबेला काम समाप्त गर्नका लागि पागलकाझैँ भागदौड गर्छौं।

परिणाम यस्तो हुन्छ कि ग्राहक बिरक्त हुन्छन्, कर्मचारी यस कुरालाई लिएर चिन्तित हुन्छन् कि उनीहरूको पेमेन्ट कहिले हुन्छ, उता परिवारले बारबार सोधिरहेका हुन्छन्- "के तपाईँले अहिलेसम्म यति नै गर्नुभयो?"

अनावश्यक भारीपनको परिणाम यसरी थाहा हुन्छ:

- छतसम्म कागज थुप्रिन्छन।
- वित्तीय स्थिति अव्यवस्थित हुन्छ।
- अफिसमा लथालिङ्ग हुन्छ।

- मिटिङहरूले गर्दा आफ्नो निर्धारित कार्यसूचीमा जाम लाग्छ, किनभने तिनलाई हप्तादिन अघि नै रद्द गरिएको हुन्छ, जतिबेला तपाईंलाई कसैसँग भेट गर्न मन लाग्दैनथ्यो।

यस्तो बोझ र दबाबले गर्दा तपाईंलाई गम्भीर बिमारी हुनसक्छ। यसले तपाईंलाई थकाइ दिनसक्छ र दिलमा चोट लाग्न सक्छ। यदि तपाईंमा यस्ता नकारात्मक बानी छन् भने तपाईं तिनको अनुभूति जान्नुहुन्छ।

"तपाईं जति अबेर गर्नुहुन्छ, त्यति नै भोग्नुपर्ने हुन्छ" म सँधै भन्ने गर्छु।

यो समय तपाईंले ढिलाई गर्नाले भोग्नुपरेका समस्याबाट मुक्त हुने समय हो। आफूमा भएको व्याकुलतालाई नियन्त्रण गर्नकालागि र आफ्ना कामहरूलाई ट्रेकमा राख्नकालागि तपाईंलाई सहायता गर्नसक्ने छवटा रणनीति यहाँ छन्।

1. एउटा समयमा एउटामात्र काममा ध्यान दिनुहोस। मल्टी-टस्किंग एउटा खतरनाक गतिविधि हो। यसले उत्पादन दक्षता नष्ट गर्छ र तपाईंको दिमागमा धेरै तनाव र दबाब गराइदिन्छ कि यि कामहरू अहिल्यै पुरा गर। तर तपाईं गर्न सक्नुहुन्न। तपाईं एकै घन्टामा जति धेरै काम गर्ने प्रयास गर्नुहुन्छ त्यसले तपाईंको दिमागी शक्ति उति नै कमजोर हुँदै जान्छ। मेरो धेरै बर्षदेखि मल्टी-टस्किंग बानी थियो। मेरो कम्प्युटरमा बीसवटा बेग्लाबेग्लै टैब खुला हुन्थे होला अनि जब मलाई वाक्क लाग्दथ्यो अर्थात् मलाई आनन्दको अनुभूतिकालागि डोपामाइनको स्रावको प्रयोजन हुनेगर्थ्यो तब म सबै टैबमा आँखा लाउँथे, ईमेल गर्थें र पोस्ट पढ्थें अथवा चैट सन्देसहरूको जबाफ दिन्थे।

एक घण्टा कटेर जान्थ्यो तर मैले केही गरेको हुँदैनथ्यो। बिस्तारै मेरो प्राथमिक प्रोजेक्टहरूको थुप्रो लाग्दथ्यो। यसरी मैले केही कामहरू लिएर राम्रो र व्यस्त अनुभव गर्नकालागि मल्टी-टस्किंग बढाइदिएको थिएँ।

यसबाट पैदा भएको खटपटिबाट मुक्त हुन मैले आफ्नो मल्टी-टस्किंग मानसिकतालाई बललाई दिएँ। मैले फैसला गरें कि यो जरुरी होइन कि सबै काम तुरुन्तै हुनुपर्छ। यि सबै अहिले हुन पनि सक्तैनन्। जबसम्म तपाईंसँग तिनवटा दिमाग र छवटा हात हुँदैनन्, तपाईंले जान्नुपर्छ कि एउटा समयमा कुनै एउटा काम गर्नुपर्दछ तर जुन काम गर्नुहुनेछ त्यसमा पुरै ध्यान हुनुपर्छ।

2. अब आफ्नो #1 प्राथमिकतामा ध्यान दिनुहोस। जतिबेला यस्तो सोचेर बोझिलो महसूस गर्नुहुन्छ कि केही मिनेट पछि अथवा केही सप्ताह पछि के हुनसक्छ तब तपाईं अहिलेको काममा ध्यान केन्द्रित पार्न सक्नुहुन्न। आफ्ना प्राथमिकताहरू र जुन कठिन कामहरूमा तपाईं अबेर गर्दै आउनुभएको छ ती अहिले पनि छन् र भविष्यमा हुँदैनन्। निर्धारित गर्नुहोस् कि आज तपाईंको #1 चिज के हो र यसमा काम गर्नकालागि एक घण्टा समय ब्लक गर्नुहोस्।

यदि तपाईं त्यसमा फोकस गर्न खोज्दै हुनुहुन्छ, जुन भविष्यमा हुनेवाला छ- चाहे केही मिनेटमै होस् वा केही बर्षपछि - यस्तो सोच तपाईं व्याकुल भएकाले गर्दा संवेदनशील बन्नसक्छ। भविष्यको काम हुन पनि सक्छ नहुन पनि सक्छ त्यसैले विचारको सम्भावनाबाट

बाहिर निस्कने बाटो सजिलो पार्नकानिम्ति वर्तमान पल र वर्तमान समयमा एउटा काम, जुन तपाइँ गर्दै हुनुहुन्छ, त्यसको बारेमा मात्र सोच्नुहोस्।

आजका लागि तपाइँको #1 प्राथमिकता के हो? अहिले तपाइँको सबैभन्दा महत्वपूर्ण काम के हो? जसले तपाइँको लक्ष्यलाई अघि सार्छ।

गहिरो सास अथवा डीप ब्रीडिङ मेडिटेसन गर्ने बानी गर्नुहोस्

गम्भीरतासाथ भन्दैछु। यो अभ्यास गेम चेन्जर हो। मैले यसलाई गतबर्ष सुरु गरेँ र दिनमा १५/२० मिनेट गहिरो सास लिने एनर्जी मेडिटेसन गर्नमा खर्च गरेँ। म तपाइँलाई वचन दिन्छु कि यसले तपाइँको जीवनमा परिवर्तन ल्याउनेछ।

हामीमार्क डिवाइनको बक्स ब्रीडिङ तकनीकको प्रयोग गर्नुहोस्

बेस्टसेलिङ किताब "अनबीटेबल माइन्ड"का लेखक मार्क डिजाइन आफ्नो पुस्तकद्वारा सास लिने एउटा प्रभावकारी अभ्यासको बारेमा पढाउँछन्।

म यसलाई दैनिक उपयोग गर्छु। यसलाई बक्स श्वास तकनीक भनिन्छ। यसले यसरी काम गर्छ:

1. फोक्सोबाट सबै हावा हटाएर सुरु गर्नुहोस्।

2. अब पाँचसम्म गन्ति गरुञ्जेल सास लिनुहोस् र फेरि आफ्नो सासलाई पाँचसम्म गन्ति गरुञ्जेल रोक्नुहोस्। सास रोक्दा छाती अररो नबनाउने या कस्सेर नबाँध्ने अनि पिठ्यूँमा प्रेसर नदिनु। बस सास रोक्नुहोस् अनि छातीलाई उच्च पारिरहनुहोस्।

3. संयम धारण या रोकिरहे पछि, सासलाई पाँचसम्म गन्ति गरुञ्जेल छोड्दै जानुहोस् र सास फ्याँकेपछि पाँचसम्म गन्ति गरुञ्जेलसम्म होल्ड गर्नुहोस् या रोक्नुहोस्।

4. प्रत्येक होल्डमा एउटा शक्तिशाली मन्त्र जोड्नुहोस्, जस्तै- म विजयी हुँदैछु, म म विजयी भन्दैछु, म उत्तम बन्दैछु र म प्रत्येक दिन सुध्रिदैछु।

जब तपाइँ होस् राखेर गहिरो सास लिनुहुन्छ, यसले तपाइँको शरीरको विश्राम प्रतिक्रियाका लागि ट्रिपरको काम गर्छ जुन विशेष रूपले तनावको समयमा उपयोगी हुन सक्छ।

4. आफ्ना आत्म-पराजित गर्ने विचारहरू बदल्नुहोस्। प्रोक्रैस्टिनेशन (ढिलाई) सँधै तपाइँका विचारबाट सुरु हुन्छ। जब तपाइँलाई लाग्छ कि "म यो काम कहिल्यै गर्दिनँ" या "मसँग गर्नुपर्ने धेरै काम छन् अथवा निराशाजनक छन्" भने तपाइँ आफ्नो असफलता पैदा गर्दै हुनुहुन्छ। आत्म-पराजित विचारबाट व्याकुलता निर्माण हुन्छ जसले मिनटभर मैं तपाइँका मस्तिस्कमा भएका बिचारहरूलाई धुलो बनाइदिन्छ। तपाइँका बिचारहरू तपाइँका आफ्ना हुन्, यसको अर्थ यो हो कि तपाइँ यस्ता बिचार बनाउन सक्नुहुन्छ जसले तपाइँलाई नस्ट गर्ने सट्टा मजबूत बनाउँछन्।

उद्देश्य सकारात्मक उपाख्यान र सहयोगी शब्दसँग आफ्ना विचारहरू सुदृढ बनाउनु हो। आफ्ना नकारात्मक विचारहरूलाई सशक्त बनाउने बिचारमा बदल्न सुरु गर्नुहोस्। आफैँलाई नराम्रो हुँ भन्ने विश्वासहरूलाई यस्तो एउटा विश्वासमा बदल्नुहोस् जसले तपाईँलाई शक्ति दिन्छ।

कुनैपनि यस्ता विचारहरू नस्वीकार्नुहोस् जुनहरू सन्देह र डरमा आधारित छन्। "म राम्रो छुइन" भन्ने साटो भन्नुहोस् "म महान हुँ।" "मेरो जीवन बेकार छ" भन्ने ठाउँमा भन्नुहोस् कि "म जे पनि गर्छु त्यसकालागि आभारी छु।" तपाईँ यस्तो पनि गर्न सक्नुहुन्छ कि आफ्नो कृतज्ञताको लिस्ट बनाउनुहोस् र यस्ता कार्य गर्दा त्यो लिस्ट हेर्नू गर्नुहोस्।

आफ्ना आत्म-पराजित गर्ने विचारहरूको विकल्प:

"हुनसक्छ कि म आज यसलाई पुरा गर्न सक्तिनँ, तर यदि मैले यो काम गरिरहेँ भने या त मैले कुनै सहयोग खोज्न थालेँ भने म यसलाई पुरा गर्न सक्छु।"

"मलाई थाहा छ कि म अहिले भारीपन वा बिरक्ति महसुस गर्दैछु, तर यदि मैले एउटा बिश्राम लिनुभने जब म पुनर काम गर्ने बस्छु हुनसक्छ मलाई बेग्लै महसुस हुनेछ।

"अहिले मलाई भारी लागिरहेको छ, तर यसलाई मैले साना-साना टुक्रा पारेर गर्नुभने ज्यादै सरल हुनेछ।

5. यसलाई लेख्नुहोस्। प्रत्येक बजि जब म व्याकुल महसुस गर्दैछु म त्यो कार्य या गतिबिधि लेख्ने गर्छु जसले यस्ता भावना ल्याउँछन्। व्याकुल हुनु पहिलो ट्रिगर हो जसले तपाईँलाई कामप्रति अवहेलना गर्नकालागि तैयार पार्छ। तपाईँ बिरक्ति महसुस गर्न चाहनुहुन्न, तपाईँ राम्रो महसुस गर्न चाहनुहुन्छ।

अत्यधिक बिचार र त्यससँग जोडिएका नकारात्मक भावनाहरूले डर र चिन्ता जन्माउँछन् र त्यसपछि तपाईँ केहीपनि गर्नुपर्दा मानसिक रुपले जड बन्नुहुन्छ।

यहाँ एउटा समाधान छ। लेख्नुहोस् र जुन भावनाले तपाईँलाई नकारात्मक सोच्न बाध्य गराउँछ त्यसलाई स्वीकर गर्नुहोस्। म सम्झाउँछु कि कसरी:

म धेरै वर्षदेखि सुचना जगेर्ना गर्ने शौक छ। मलाई चिजहरू डाउनलोड गर्नमा मजा आउँछ र उनलाई फेरि ड्रप बक्स अथवा मेरो डेक्सटपमा फालिदिन्छु।

यदि तपाईँ दिनमा घन्टा-घन्टा कम्प्युटरमा बस्नुहुन्छ (जस्तै म बस्छु र जुन 90 प्रतिशत मान्छेहरूलाई म जान्दछु बस्छन्) र तपाईँका फाइल पुरै अव्यवस्थित छन् भने त्यो फोहोरी कोठामा बसेजस्तो हो।

यस किताबको अन्तमा मैले तपाईँको डिजिटल बाँझो ठाउँको साफ-सफाईमाथि एउटा सेक्सन सामिल गरेको छु। यसलाई एउटा उदाहरण हिसाबले प्रयोग गरेर म तपाईँलाई भन्दैछु कि सवै पीडीएफ, अडियो फाइल र वर्ड दस्तावेजहरूदेखि अघाएको छु।

जब ममा बेचैनी आउँछ तब म आतिन्छु र फाइलहरू खोज्न थाल्छु (सामानहरूका माध्यबाट खोज्नु)। जतिबेलासम्म मैले खोजेको भेटिँदैन त्यतिबेलासम्ममा मेरो दिमागले काम

गर्दैनौँ। त्यतिबेला थकाई लाग्छ जब म व्याकुल बन्छु र यस्तो कुनैपनि कामबाट हुनसक्छ जुन कामले तपाईँलाई तनावमा पारेको हुन्छ।

जे नै किन नहोस्, जब तपाईँ व्याकुलताको सिकार बन्न थाल्नु हुन्छ, त्यसलाई लेख्नुहोस्। तपाईँ जे गर्दै हुनुहुन्छ त्यसलाई रोक्नुहोस्। तपाईँले भखरै यस्तो केही भेट्नुभयो (कामको भारीपन) जसमाथि एक्सन लिनु जरुरी छ तर अहिले होइन, पछि। यसलाई नोट गरेर तपाईँले स्वीकार गर्नुभयो कि यो एउटा समस्या हो। यसलाई स्वीकार गरेपछि र चिनेपछि तपाईँ यसको बिरुद्ध कडा कार्वाही गर्नकोलागि स्वतन्त्र हुनुहुन्छ।

आफ्नो सीमित आत्म चर्चाको नास गरौँ

आत्मचर्चा तपाइँको भित्री आवाज हो। यो सातै दिन र चौबिसै घन्टा चालू छ। तैपनि यस्तो हुन सक्छ कि तपाईँले लक्ष्य गरेर आफ्नो भित्री वार्तामाथि ध्यान केन्द्रित गर्नुभएको छैन र पनि तपाइले पुरै जीवन आत्मचर्चाको पुर्वाभ्यास गर्नुभएको छ। जस्तै तपाइँको दिमाग चलिरहेको छ भने त्यसको पृष्ठभुमिमा अटोपायलट कमेन्ट्री चलिरहेको छ। त्यसैबाट तपाइँका विचारहरू भनिन्छन् र प्रभावित हुन्छन्, यो तपाइँ आफैँलाई र छेउछाउको सन्सारलाई कसरी हेर्नुहुन्छ त्यसमाथि निर्भर गर्छ।

भित्री मनमा हुने नकारात्मक अत्मचर्चा हानिकारक हुने गर्छन्। यो आत्म पराजयी बानी शिथिल चक्रको कारण बन्न सक्छ र यो दशकसम्म चलिरहन सक्छ। हामी भित्री मनले स्वयंलाई जे भन्छौं त्यही बाहिर प्रकास गर्छौं, किनभने यो हाम्रो यथार्थ बन्छ।

यदि तपाइँलाई लाग्छ कि तपाइँ आफ्नो ढिलाई गर्ने बानीलाई जित्न असमर्थ हुनुहुन्छ, त्यतिबेला तपाइँले त्यसरिनै कार्य गर्नुहुन्छ, त्यसरीनै कुरा गर्नुहुन्छ र त्यो बानी तपाइको मित्री मनको हिस्सा बन्छ।

के तपाइँलाई तो वाक्य सुने जस्तो लाग्छ:

"म यस्तै ढिलो/ कमजोर हुँ।"

"मैले सँधैभरि अन्तिम समयसम्म कामकुराहरू टालेको छु, किनभने म यस्तै छ।"

"ममा टाइम मेनेजमेन्ट स्कीलको कमी छ।"

"

"म सँधै अन्तिम समयमा किन काम कुराहरूबाट भाग्छु?"
म यती कमजोर छु त!

आत्मचर्चा शक शक्तिशाली हुन्छ, कारण यसले तपाइँको यथार्थलाई आकार दिन्छ। यसले तपाइँको विश्वासलाई दृढ बनाउँछ र तपाइँको सोच निर्माण गर्ने आधार हो। त्यसैले यो महत्त्वपूर्ण छ र तपाइँ आफ्नो आत्मचर्चामाथि नजर राख्नुहोस्।

मैले देखेको छ कि साँचै यस्तो अभ्यासले सबैथोकमा परिवर्तन ल्याउँछ। यो कुरा सजिलो त छैन तर तपाइँले आफ्नो वरिपरि जुन नकारात्मक जाल पाल्नुभएको छ, दिनभरिमा जति तपाइँ त्यसलाई काट्नु हुन्छ त्यतिनै सकारात्मक उर्जाको विस्फोट अनुभव गर्नुहुन्छ। तर तपाइँले आफ्नो आत्मचर्चामा हुने पुनरावृत्तिदेखि साबधान हुनुपर्छ।

हामीले जीवनलाई नियन्त्रणमा राख्न नसकेको कारण यही हो कि हामी आफूलाई नियन्त्रण गर्न सकिरहेका छैनौं र यस्ता विफलतालाई हराउने काम ती नकारात्मक सन्देश तोडने कार्यबाट सुरु हुन्छ, जुन सोच तपाइँका दिमागमा जरो गाडेर बसेका छन्।

तपाइँ यो काम कसरी गर्न सक्नुहुन्छ त्यसकालागि केही उदाहरणहरू दिइएको छ:

"म यस्तै ढिलो/कमजोर हुँ"

तपाइँको केवल शिथिल रुप मात्र छैन। केवल आफ्नो शिथिल तथा कमजोर रुपलाई मात्र जान्न बन्द गर्नुहोस्। जब तपाइँ यस्तो भाषाको प्रयोग गर्नुहुन्छ जसको भाषागत रुप तपाइँको व्योहोरासँग जुडेको हुन्छ, त्यतिबेलै तपाइँले हार्नु हुन्छ। तपाइँ जिन्दगीभर डुङ्गामा झुण्डिएको त्यो मान्छे बनिरहनुहुन्छ जसले आउनेवाला लहरको प्रतीक्षा गरिरहेको हुन्छ। तपाइँ यि शब्दहरूको व्यवहार गरेर आफैंलाई पक्रिनुहोस् र रोक्नुहोस्।

"म काममा ढिलाई गर्छु, किनभने म त्यस्तै छु"

तपाइँका नानीहरूलाई पराजित गर्नकालागि पहचान नै सर्वस्व हो। जब तपाइँ भन्नुहुन्छ "म ढिलाई गर्ने मान्छे हुँ," यही विश्वासमा तपाइँको कब्जा हुन्छ। यस्ता बिचारका जालले तपाइँलाई फँसाएर राखेको हुन्छ। हर हारसँगै तपाइँ आफ्नो शक्तिको समर्पण गरिदिनुहुन्छ। तपाइँ यस्ताखाले कामलाई आफ्नो पसन्द बनाउँदै हुनुहुन्छ।

एक पलकालागि यस बारेमा सोच्नुहोस्। यसै पलमा जिउँदो बनेर तपाइँ चुन्नुहोस् कि तपाइँ के बनिन् चाहनुहुन्छ। तपाइको प्रतिउत्तर आफ्नो हिजो या आउने साल मौजूद हुँदैन। तपाइँको भविष्य अब त्यस्तै हुनेछ जस्तो तपाइँ अहिले चाहनुहुन्छ। अहिले तपाइँ जे गर्नुहुन्छ त्यसैले पछि गएर तपाइँले बनाउनुपर्ने ट्रेक निर्धारण गर्छ। जब तपाइँ भन्नुहुन्छ "म यसलाई पछि गर्छु," भने तपाइँ पछि कष्ट गर्नकालागि प्रतिबद्ध हुनुहुन्छ, अहिले होइन।

"ममा सही टाइम मेनेजमेन्ट स्कीलको कमी छ"

सौभाग्यले, टाइम मेनेजमेन्ट (समय प्रवन्धन) एउटा सिक्ने कौशल हो। कोई उत्कृष्ट टाइम मेनेजमेन्ट स्कील लिएर जन्मिदैन। यो यस्तो एउटा तरिका हो जसमा जागरुकता र लगातार अभ्यासबाट सुधार आउँछ। तपाइँमा केवल एउटा चिजको कमी छ, त्यो हो यस कौशलको सुधार गर्ने प्रतिबद्धता, अनि प्रतिवद्ध हुने एउटा मजबूत निर्णय।

यस वर्ष यसमा सुधार ल्याएर आफ्नो #1 कौशल बनाउने। यस बिषयमा केही किताब पढ्नुहोस्। मलाई विस्वास गर्नुहोस्, मैले इनमा केही संसाधनहरूको अध्ययन गरेको छ र हामीसँग टाइम मेनेजमेन्टका बारेमा सिक्नकालागि सामाग्रिको कमी छैन। यो एउटा सामान्य बहाना हो, जसको उपयोग धेरै मान्छेले गर्छन्, तर कौशल एउटा बाँच्ने बाटो हो। आफूलाई अरुदेखि टाढा नलैजाने।

समय प्रवंधनमा महारथ प्राप्त गर्नकालागि एउटा किताब पढ्ने सलाह दिन्छु, त्यो हो एलन लेकीनद्वारा लेखिएको *"हाउ टू गेट कन्ट्रोल अफ् योर टाइम एन्ड योर लाइफ"*।

आफ्रो नकारात्मक आत्म-चर्चालाई आत्मविश्वास जस्तो शक्तिशाली शब्दमा बदल्नुहोस्

तपाइँको आत्म-चर्चा ठोस छ। यो कुनै घुसपठी जस्तै हो जो ढोकाको पछिल्लिर बसेर चुपचाप आफ्नो काम गरिरहेको छ, यो तपाईँलाई जान्न नदिइकन तपाइँका घरमा पसेको छ। यसले तपाइकालागि झुठा र गलत विश्वास पस्किने गर्छ, जो तपाइँका अवचेतनमा बनिन्छ अनि जसको सञ्चार अतीतसम्म हुन्छ।

यो तपाइँको होइन। यो उसको काम हो, जुन तपाइँ गर्दै हुनुहुन्छ, किनकि यो एउटा ब्यवहार हो अनि ब्यवहार कुनै यस्तो स्थिति होइन जसलाई तपाईँले सँगै लिएर जन्मिनुभएको थियो, यसलाई बदल्न सकिन्छ। (अनि बदलिने छ) तपाइँ आफ्नो नकारात्मक आफूलाई उस इकाईको रुपमा चिन्दै हुनुहुन्छ जुन तपाइँका भित्र जिउँदै छ। फिल्म "एलियन"मा अनुहारमा टाँसिने जीवको जसरी नै यसले स्वयंलाई तपाइँको परिचयसँग जोडिदिएको छ।

यदि तपाईँले यसको चक्रलाई छोड्नुभयो भने तपाइँ यस्तो मान्छेका जसरी जीउन छोड्नुहुन्छ, जो कर्म गर्नबाट जोगिन चाहन्छ। यसको सट्टामा तपाइँ एउटा सक्रिय मान्छे बन्नुहुन्छ। तपाईँले इरादा गरेर गरेको कार्यले तपाइँका जीवनमा एउटा सकारात्मक उर्जा बनिदिन्छ।

आफैलाई ढिलाई गर्ने मान्छेको रुपमा चिन्न छोड्नुहोस्। यसलाई खतम गरेर यसका ठाउँमा तपाइँ आत्मविश्वासी भाषाको प्रयोग सुरु गर्नुहोस्। यो तपाइँको "आफैलाई माया गर्ने" भाषा हो।

के तपाईँले कहिल्यै आफ्ना साथी, मातापिता, बच्चा या सबैभन्दा प्यारा मित्रहरू, कसैसँग पनि एति प्यार गर्नुभएको छ कि तपाईँलाई उनीहरूसँग आफ्नो प्रत्येक दिनका कुरा भन्न मन लाग्छ? अब समय आएको छ कि तपाइँ तीनै कुरा आफूसँग पनि भन्नुहोस्। आफ्नो मनमा हुने

नकारात्मक चर्चाहरू जसले तपाईँलाई बिकामे बनाउँछन्, तिनलाई टाढा राख्नकालागि यहाँ मैले उपयोग गर्ने स्वप्रेम वाक्यहरू छन्:

- म एकजना कर्मी मान्छे हुँ।
- म उठेर बिहानको दिनचर्या पछि सर्वप्रथम कठिन काम गर्दछु।
- जब म मुश्किल कार्य अन्तिम मुहुर्तमा गर्ने सट्टा सबैभन्दा पहिला गर्दछु, त्यसबेला म शान्त र आरामको अवस्थामा हुन्छु।
- मलाई कठिन कार्य गर्न मनपर्छ, किनभने त्यसले मलाई अघि बढनमा र मैले निर्मित गरेको सीसाको अदृश्य छत(बाधा) तोड्ने चुनौती दिन्छ।
- म आफैँलाई माया गर्छु र मेरो जीवन अद्भुत छ।

तपाईँ दिनदिनै घन्टा घन्टा नकारात्मक आत्म-बात(आफूसँग बात) गर्ने बानीले ग्रसित हुँदै हुनुहुन्छ। कुनैपनि बानीका झैँ, जति तपाईँ यसलाई आश्रय दिनुहुन्छ, यो उतिनै बढ्दै जान्छ र मजबुत हुँदै जान्छ, तबसम्म, जबसम्म यो एउटा अटुट स्टिल चेन बन्दैन। परन्तु बानीहरू छोड्न सकिन्छ। यसलाई छोड्ने सुरुवात यस बानीलाई आश्रय दिन छोड्दा हुनेछ।

कुनै मांसपेशीका जसरी जब तपाईँ यसको(बानीको) प्रयोग गर्न छोड्नु हुन्छ तब यो निष्काम बन्दै जान्छ। तर यो मांशपेशी रुपी बानी जसलाई हामी मार्न चाहन्छौँ, त्यसकालागि यसलाई प्रयोग नगर्ने साटो जानीबुझी एक्सन लिने बानी गछौँ। यो बानी भनेको कठिन काम पहिला गर्ने इरादा हो। जसरी तपाईँ कठिन काममा लाग्न अबेर गर्नुहुन्थ्यो, त्यसरी नै अब तपाईँ यस्ता कामहरू पहिला पुरा गर्नकालागि जानीबुझी एक्सन लिनुहुन्छ।

तपाईँ नकारात्मक आत्म-चर्चाका उहि सन्देश बार-बार दोहोर्‍याउनुहुन्छभने तपाईँको आत्म-क्षति हुने बानी बनिन्छ। यो जानीबुझी आफैमा ब्रेन वक्सिङ हो। अनि तपाईँ आफ्नो दिमागको बिरुद्ध आफैलाई शक्तिहीन महसुस गर्नुहुन्छ, किनभने यो बानी (नकारात्मक आत्म-चर्चा) ढिलाई गर्ने बानीबाट उब्जिन्छ।

तर यति याद राख्नुहोस्:

छेउछाउमा अरु कोई छैनन्। यो सबै गर्ने मान्छे केवल तपाईँ मात्र हो।

यहाँ भनिएको छ कि तपाईँ आत्म - चर्चालाई कसरी दैनिक कार्यमा रुपान्तरण गरेर मजबूत बन्न सक्नुहुन्छ:

त्यस भाषालाई बुझ्नुहोस् जुनलाई तपाईँ आफ्नो दिमागमा बनाउँदै हुनुहुन्छ। आफ्ना भित्र हुने बातचीतहरूको गोठालो बन्नुहोस्। आफ्ना विचारहरू लेख्नुहोस्। आफ्नो आत्म - चर्चा भाषाको एउटा सिलसिला हो जसलाई तपाईँ खेपैचोटि, धेरैपटक दोहोर्‍याइरहनु हुन्छ।

तपाईंले यो दोहोर्‍याउने काम यति धेरै गर्नुभयो कि नकारात्मक आत्म-चर्चाले तपाईंको मस्तिस्कमा घर बनायो। जुनकुराहरू तपाईं समय बित्दै जाँदा विश्वासै गर्न थाल्नुहुन्छ कि "म यही हुँ।"

बिहान पन्ध्र मिनेटसम्म स्थिर रहनुहोस्। आफ्नो दिनको सुरुवात आफ्नो आन्तरिक सफ्टवेयर पुनः प्रोग्रेमिङ हुन भएपछि गर्नु। छेउछाउको शान्तिलाई चुन्नुहोस्। आफैलाई वर्तमान क्षणमा ल्याउनुहोस्। त्यतिन्जेलसम्म त्यहीँ (वर्तमान जहाँ) रहनुहोस्, जबसम्म तपाईं रहन सक्नुहुन्छ। आफ्नो दिमागलाई ती बिचार या आइडिया दिनुहोस् जुन तपाईं दिन चाहनुहुन्छ। अटोपायलटमामा सेट भएको सेल्फ-टक बन्द गर्नुहोस्।

नेगेटिभ सेल्फ-टकको जालोलाई चिन्नुहोस्। कुनै स्थितिमा तपाईंलाई आफैमाथि सन्देह बढ्न सक्छ र अझ धेरै नकारात्मक आत्म-चर्चा या सेल्फ-टकतिर तपाईंलाई ढल्काउन सक्छ। उदाहरण स्वरूप सेल्फ-टकलाई अनुभव गर्नुभयोभने यसलाई नोटिस गर्दा यसलाई जान्न, यसको बिरुद्ध तैयार हुन र यसमाथि नियन्त्रण गर्नमा सहायता मिल्ने सक्छ।

आफ्नो छेउछाउमा सकारात्मक मान्छेहरू राख्नुहोस्। मनलागे तपाईं यसलाई नोटिस गर्नुहोस्, तपाईंका छेउछाउका मान्छेहरूको दृष्टिकोण र भावनाहरूको अनुकुल बन्दै जानुहुने छ। यसमा नकारात्मक र सकारात्मक दृष्टिकोण र भावनाहरू दुइवटै शामिल छन्। जैले सम्भव हुन्छ आफैंलाई सकारात्मक मान्छेहरूका बिचमा राख्नुहोस्।

हामीलाई सधैं यस्ता मान्छे चुन्ने मौका मिल्दैन जसका सामु हामी अफिसमा होस् या घरमा भएकाबेला आफ्ना कुरा साझा गर्न सक्छौं, तर हाम्रा नकारात्मक व्यवहारमाथि आफ्नो प्रतिक्रिया दिने तरिका चुन्न सक्छौं।

तपाईंले बात गर्ने समुह (सार्कले) बाट आत्म-चर्चामाथि नेगेटिभ प्रभाव पर्नसक्छ। त्यही प्रभावले गर्दा हामी आफ्ना छेउछाउमा रहने मान्छेहरूको मानसिकतालाई ग्रहण गर्छौं, कम्पनी कल्चरमा काम गर्ने केही मान्छेहरूकालागि यो एकदमै आम कचरा हो या त जाल हो।

ती छालहरू चिन्नुहोस् जसमा तपाईं कहिल्यै फँस्नुभएको थियो। के यो कुनै साइनो ह? के यसकालागि कर्पोरेट संस्कृति हो? कि आत्म सम्मानको कारणले गर्दा तपाईंमा यस्तो बित्तैछ? आफ्नो आत्मविश्वासको कमीलाई नकारात्मक आत्म-चर्चाको एउटा जालीको रुपमा चिन्न मुस्किल छ, तर यदि तपाईं डिप्रेशन, नकारात्मक बिचार अथवा ट्रोमासँग लड्दै हुनुहुन्छ भने तपाईंको आत्म-चर्चा तपाईंको नकारात्मक मानसिकमा आधारित छ र यो उत्तरजीविता व सर्वाइवल मोडमा रहेको हुन्छ।

यस बिषयमा म तपाईंलाई बातचीत गर्नकालागि एकजना मान्छे खोज्ने सलाह दिन चाहन्छु। तपाईंलाई यस्ता बहाना र नकारात्मक भावना खोज्न सजिलो हुन्छ जसले तपाईंलाई आन्तरिक जालीमा लिएर जान्छ।

आत्म-पराजित गर्ने बहानाहरूको गोठालो गर्नुहोस्। जस्तै हामीले पहिल्यै चर्चा गरिसक्यौं कि शिथिलता व ढिलाई गर्ने बानी आन्तरिक तर्कबाट सुरु हुन्छ। तपाईंसँग यो काम आज नगर्ने भन्ने थुप्रै बहाना हुन्छन्। तपाईं धेरैजसो कुनचाहिं बहाना प्रयोग गर्नुहुन्छ?

बहानाले तपाइँको विश्वास प्रणाली निर्माण गर्छ। तपाइँ प्रत्येक दिन सौ-सौ पटक एउटै बहाना देखाउनु हुन्छभने त्यसले गर्दा तपाइँको मनमा काम साँचै नै कठिन हो भन्ने कुरामा जुन बिचार हो त्यो अझ मजबूत बन्छ।

आफ्ना भावनाहरूलाई नियमित रूपमा जाँच गर्ने एउटा प्रणाली बनाउनुहोस्। नराम्रा दिन र घटनाको समयमा रोकिनुहोस् र आफ्नो आत्म-चर्चाको मुल्यांकन गर्नुहोस्। के यी चर्चा नकारात्मक हुँदैछन्। अब तपाइँको मनमा कस्तो बिचार आउँदैछ? तपाइँ तिनलाई टाढा पार्न अथवा त्यहाँबाट कटेर जानें टाइम सेट गर्न सक्नुहुन्छ या आफ्नो गुगल केलेन्डरमा लक गर्न सक्नुहुन्छ।

दिनभरी मेडिटेसन गर्ने, यतिसम्म कि छोटा-छोटा पाँच मिनेटका सेशनले पनि तपाइँलाई सचेत पारेर आफ्ना भावनाज्हरूसँग जोड्न सक्छन्।

पोजिटिभ सेल्फ-टकको कोटसमा एउटा लिस्ट बनाउनुहोस्। आफ्नो मनमाथि अधिकार जमाउनका क्षेत्रमा मुख्य साँचो कुन हो त्यसलाई चिन्नुहोस्, त्यसलाई नियन्त्रण गर्नुहोस्। यस क्षेत्रमा सहायक हुने एउटा रणनीति यो हो कि सकारात्मक भाषाको लिस्ट आफुसँग राख्नुहोस्। तपाइँको दिमागलाई फेरि पनि प्रोग्रेमिङ गर्नकालागि आफ्नो नयाँ स्क्रिप्टको रुपमा यसमाथि बिचार गर्नुहोस्।

कठिन कार्य पहिले गर्ने बानी त्यो भावनाबाट पैदा हुन्छ जसको हामी निर्माण गछौँ। जब तपाइँलाई केही गर्न मन लाग्दैन त्यही तपाइँको आन्तरिक संवादलाई जाँच गर्ने समय हो। सम्भावना छ कि तपाइँ कुनै बहाना बनाउनुदै हुनुहुन्छ र आफैँलाई भन्दै हुनुहुन्छ "यो अहिले गर्न छैन" या त "मलाई यस्तो लाग्दैनँ, किनभने......"।

पोजिटिभ कोट्सको एउटा लिस्ट बनाउनुहोस्। तपाइँ त्यो लिस्ट मेरो "एम्पावर योर थट्स पार्सनल वर्कबुक"बाट पनि लिन सक्नुहुन्छ। लगत्तै गुगलमा सर्च गर्नुहोस् अनि तपाइँलाई सयौँ पोजिटिभ कोक्स मिल्नेछन्। तपाइँलाई मनपर्ने तिनवटा कोट्सका लिस्टबाट सुरु गर्नुहोस्। आफ्नो लिष्टमा सँधै एउटा नयाँ कुरा छोड्नुहोस्। अब यिनैलाई तपाइँका नयाँ आन्तरिक संवाद बनाउनुपर्दछ।

यहाँ ती कोट्सहरूको लिस्ट दिएको छ जसबाट तपाइँ सुरुगर्न सक्नुहुन्छ:

"हाम्रो अवचेतन मनमा हाँसोको कुनै भावना हुँदैन, कुनै ठट्यौली हुँदैन। यहाँ वास्तविकता र काल्पनिक बिचार व छविको बिचमा कुनै अन्तर बन्न सक्तैन। हामी जसको बारेमा एकहोरो सोचिरहन्छौँ त्यो अंततः हाम्रो जीवनमा प्रकट हुन्छ नै।"

—सिड्नी मैडवेड

"याद राख्नुहोस्, खुशी यस कुरामा निर्भर गर्दैन कि तपाइँ को हो या तपाइँसँग के छ। यो केवल यस कुरामा निर्भर गर्छ कि तपाइँ के सोच्नुहुन्छ।"

—डेल कार्नेगी

"जीवनको खेल बुमेराङ खेल जस्तै हो। हाम्रो बिचार, कर्म र शब्द आश्चर्यजनक साँच्चो बनेर अन्ततः हामीतिर फर्केर आउँछ।" (कर्म अनुसारको फल)

—फ्लोरेन्स शिन

"जुन मान्छेले सबैका छेउमा सकारात्मक बिचार पुऱ्याउँछ त्यसले आफ्नो वरिपरिको दुनियाँलाई सकारात्मक तरिकाले सक्रिय बनाउँछ र सकारात्मक परिणामहरूलाई आफूतिर तानेर ल्याउँछ।"

—नर्मन विन्सेट पील

"तपाई कहाँ जानुहुन्छ या तपाइँ के गर्नुहुन्छ, यसले कुनै फरक पर्दैन। तपाइँ आफ्नो सम्पूर्ण जीवन आफ्नो टाउकाको सीमा भित्र जीउनु हुन्छ।"

—टेरी जोसेफसन

"तपाइँ र म त्यो चिज होइनौं जसलाई हामी खने गर्छौं, हामी त्यो हौं जुन हामी सोच्ने गर्छौं।"

—वाल्टर एडरसन

"जिन्दगीसँग कुनै व्यक्तिका इच्छा परीक्षण गर्ने धेरै तरिका छन्, या त केही नहुँदा अथवा सबैथोक एकसाथ हुँदा यसको परीक्षा हुन्छ।"

—पाउलो कोइल्हो

"तपाइँसँग जेपनि भएको छ त्यसबाट या त तपाई आफैंमा खेद महसुस गर्न सक्नुहुन्छ या जे भयो त्यसलाई एउटा उपहार मान्न सक्नुहुन्छ। यि सबै या त अगिबढ्ने अवसर हुन् या तपाइँलाई अगि बढ्नबाट रोक्ने। अब तपाइँले नै चुन्नु पर्छ।

—ड० वेन डब्लु. डायर

तपाइँसँग यस्ता शक्ति छन्, जसको सपना तपाइँले कहिल्यै
देख्नुभएको थिएन। तपाइँ त्यो गर्न सक्नुहुन्छ,
जुन गर्ने बारेमा तपाइले कहिल्यै सोच्नु पनि भएको थिएन।
तपाइँले कति के-के गर्न सक्नुहुन्छ, त्यसको कुनै सिमा नै छैन,
तपाइँको आफ्नो मनको सिमाहरूलाई नाघेर।

—डार्विन पी. किंग्सले

भाग - IV

प्रत्येक दिन कठिन कार्य गर्नुहोस्

जब उदेश्यपूर्ण कार्वाही गर्नकालागि अब तपाईंसँग एउटा रणनीतिक सुत्र छ। आउनुहोस् अतिरिक्त बैकअपका निम्ति केही गहन रणनीतिहरू खोजौं।

यस अन्तिम सेक्सनमा मैले एउटा बोनस हिसाबले जीवनका ती पाँच क्षेत्रलाई सामिल गरेको छु जसले गर्दा धेरैजसो मान्छे कठिन कार्य गर्नमा अबेर गर्ने गर्छन। अघिल्लो क्षेत्रमा जाने अघि अलिकति समय लगाएर एउटा क्षेत्रमा जीत प्राप्त गरौं। हुन सक्छ तपाईं एउटा क्षेत्र (वित्त)मा दर्हो हुनुहुन्छ, तर अर्को क्षेत्रमा (व्यक्तिगत साइनो) कमजोर हुनुहुन्छ।

छ महिना भित्र तपाईंको यि क्षेत्रभित्रमा एउटामा महत्वपूर्ण प्रगति गर्नुभएको होला या सम्भवतः कुनै अर्को क्षेत्रमा, यो त्यसमा निर्भर गर्छ कि तपाईं यिनमा कति प्रयास र फोकस् गर्न सक्नुहुन्छ।

आफ्नो स्वास्थ पाउनकालागि कठिन कार्य गर्नुहोस्

"आफ्नो शरीरलाई स्वस्थय राख्नुले रुख,
बादल र सम्पूर्ण ब्रह्माण्डका प्रत्येक निजहरूप्रति आभार अभिव्यक्त गर्छ।"

—थिच नट हान, बेस्टसेलिङ लेखक फीयरलैस

के कुनै एक्सरसाइज प्रोग्राम हो, जुन तपाइँ सुरु गर्न चाहँदै हुनुहुन्छ? कुनै डाइट प्लान छ जसलाई तपाइँ अपनाउन चाहनुहुन्छ?

यदि तपाइँले बितेका दिनहरूमा डाइट अथवा कुनै स्वस्थ परिवर्तन गर्ने कोशिश गर्नुभएको छ र विफल हुनुभएको छ भने सबैभन्दा ठुलो बाधा के थियो जसले तपाइँको लक्ष पुरा हुन दिइरहेको थिएन? तपाइँ त्यस्ता प्रत्येक बाधाहरूलाई कसरी टाढा पुर्‍याउन सक्नुहुन्छ ताकि अहिलेको समय बेग्लै होस्?

तपाइँलाई के यस्तो लाग्छ कि एक्सरसाइज प्रोग्राम सुरु गर्ने क्षेत्रमा कुनै बाधा छ होला? तपाइँ प्रत्येकमा कसरी ध्यान दिन सक्नुहुन्छ ताकि दिनभरिमा तपाइँद्वारा ज्यादै व्यायाम हुन सकुन्?

तपाइँले जीवन शैलीमा केही परिवर्तन ल्याउनुपर्नेछ। (राम्रो खानपान, जिम ज्वाइन गर्नु, बार-बार मेडिकल एपोइन्टमेन्ट अन्टेड गर्नु) महङ्गो हुनसक्छ। तपाइँ आफ्नो जीवनमा अब के कटौती गर्न तयार हुनुहुन्छ ताकि तपाइँ यि जरुरी चिजहरूमा अतिरिक्त खर्च गर्नकालागि आफ्नो बजेटमा ठाउँ बनाउन सक्नुहुन्छ?

एउटा नयाँ स्वस्थ नीतिको प्रवन्धन गर्नुले कोईबेला तनावपूर्ण महसुस गराउन सक्छ, तर तपाइँ त्यससँग पनि व्यस्त रहेर सन्तुष्ट सन्तुष्ट जीवनको आनन्द लिन सक्नुहुन्छ जुन तपाइँसँग अघि थियो। यो कुरा तपाईमाथि निर्भर गर्छ कि प्रत्येक साता आफ्नो सिड्युलमा आफू फिट रहने समय कसरी सुनिश्चित गर्नुहुन्छ जसले तपाइँलाई रिलेक्स र तनावमुक्त हुनमा मदद पुर्‍याउँछ। तपाइँ अरु कुन-कुन तरिकाले आफ्नो परिवार, साथि र शौकको आनन्द उठाउन जारी राख्नुहुन्छ?

के तपाइँ आफैलाई स्वतन्त्र र उचित तरिकाले व्यक्त गर्नुहुन्छ या तपाइँका ज्यादातर चिन्ताहरू र निराशाहरू आफूभित्रै राख्नुहुन्छ?

के तपाइँ आफैमाथि एकदमै धेरै दबाब बनाउँदै हुनुहुन्छ, किनभने तपाइँले आफ्ना कमिन्टमेन्टहरू ज्यादै बढाउनुभयो, या तपाइँको सेड्युलमा एकदम धेरै समय सीमा या " कहिलेकाहीँ प्रर्याप्त समय मिल्दैन?" यस्ता विश्वासहरू छन्।

के तपाइँ आफ्नो दिनभरिको योजना बनाउनकालागि प्रत्येक बिहान केही मिनेट समय निकाल्नुहुन्छ?

के तपाइँ आफ्नो लक्ष निर्धारण गर्नुहुन्छ? के ती सर्ट र लङ टाइम दुवैखाले अनि यथार्थवादी छन्, अनि तिनलाई प्राप्त गर्ने क्षेत्रमा तपाइँलाई मदत पुर्‍याउने साधन तपाइँसँग के छ?

के तपाइँ प्रत्येक दिन व्यायाम गर्ने , सही खाने, तनाव मेनेज गर्ने र आफ्ना अन्य सम्बद्धहरूको पोषण गर्नेका निम्ति समय निकाल्नुहुन्छ?

के तपाइँ सुत्ने अगि यो मुल्यांकन गर्ने समय निकाल्नुहुन्छ कि तपाइँको दिन कसरी बित्यो र यस कुरामा चिन्तन गर्नकालागि कि तपाइँ अधिक सकारात्मक, प्रेमपूर्ण र रचनात्मक हुनकालागि के गर्न सक्नुहुन्थ्यो?

के तपाइँ अरु एकदिनकोलागि बाँच्नलाई आभारकासाथ ब्युझिनु हुन्छ र तपाइँले जसप्रति आभारी हुनुपर्छ, त्यसलाई बुझ्ने र धन्यवाद झापन गर्ने बानी तपाइँमा छ?

के तपाइँसँग जेजति छ त्यसमा तपाइँ सन्तुष्ट हुनुहुन्छ या तपाइँ सुरक्षित महसुस गर्न अनबरत ज्यादा भन्दा ज्यादा प्रयास गर्नुहुन्छ?

यदि तपाइँलाई त्यो मिल्दैन जुन तपाइँ चाहनुहुन्छ, त्यसबेला के तपाइँ त्यसको कीमत रिसले उत्पन्न भएको स्वस्थ, डिप्रेशन, हराएका आशाहरू र असुरक्षाको भावनाले चुकाउनु हुन्छ?

के तपाइँ प्रतिकुल जस्तो लागेपनि घटनाहरूको सकारात्मक पक्षलाई हेर्नुहुन्छ?

के तपाइँ जीवनका चुनौतीहरू, बाधाहरू र दुर्घटनाहरूलाई अगि बढ्न सिक्ने अवसरहरू हुन भन्ने सोच्नमा सक्षम हुनुहुन्छ?

तपाइँ जुन कुराहरूकालागि अरुको सराहना गर्नुहुन्छ के अरुलाई पनि त्यस्तै कुरा भनेर साहस दिनुहुन्छ?

के तपाइँ सुन्दर पलहरू बिशेषगरी, आफ्नो जीवनका सफलता र आनन्दका क्षणहरूलाको बिचार गर्ने र फेरि बाँच्नकालागि समय निकाल्नुहुन्छ?

के तपाइँ मिलजुलकासाथ विजयी हुने मानसिकता लिएर कार्य गर्नुहुन्छ, जहाँ तपाइँ र अरु सवै आफ्ना उपलब्धिहरूदेखि खुशी र सन्तुष्ट हुनसक्छन् या अर्काको काँधमा बन्दुक राखेर अर्थात् अर्काको सहारामा जित्न पसन्द गर्नुहुन्छ?

तपाइँ आफ्नो जीवनमा के बदल्न चाहनुहुन्छ? के तपाइँ यो सम्भव हो भनेर साँच्चै विस्वास गर्नुहुन्छ?

मेरो स्वस्थ्य योजना: आफैलाई सोध्नकालागि दसवटा प्रश्न

म आफ्नो स्वास्थ जीवनकालागि कस्तो देखिन चाहन्छु?

एउटा मजबूत, फिट, स्वस्थ र आत्मविश्वासी ब्यक्तिको रुपमा म जे गर्न चाहन्छु त्यसको आनन्दलिन म सक्षम छु।

मेरो स्वस्थ्य मेरालागि किन महत्वपूर्ण हो?

ताकि म एउटा क्वालिटी जीवन जीउन सकौँ र आफ्ना साथी र परिवारहरूसँग मिलेर आनन्द लिन सकौँ।

मेरो हेल्थ प्लान के छ?

सँधै स्वस्थकर भोजन खानु, सधैँ ब्यायाम गर्नु, पानी भक्कु पिउनु र यि सवै काम मजाकोसाथ गर्नु।

कुन-कुन बानीले मेरो हेल्थ प्लानमा बाधा पुर्‍याउनेछ?

राती ढिलो गरेर खानु! मेरो समस्याको समाधान हो राती भान्सा कोठाको उज्यालो बन्द गर्नु र दिनमा भरपूर मात्रामा पौष्टिक खाद्य खानु।

मेरो स्वस्थ्यसँग सम्बन्ध भएको तागत र कमजोरी के हो?

जब म ब्यायाम र स्वस्थ भोजन गर्छु सुसंगत रहन्छु अनि आफैँलाई सर्वश्रेष्ठ ठान्छु। राती अबेलामा बल गरिगरी खानु मेरो कमजोरी हो।

यो अन्तिम प्रश्न सायद यो कुरा महसुस गराउने क्षेत्रमा सवैभन्दा सजिला तरिकाहरूमा एउटा हो तपाइँ के हो र के खाँदै हुनुहुन्छ।

यस भोजनले मेरो स्वस्थ्यकालागि के गर्न सक्छ?

यो प्रश्न म प्रत्येक भोजन गर्ने अगि आफेलाई सोध्छु! हामी जेपनि खाने गर्छौं त्यसले हाम्रो शरीरमा एकखाले हार्मोनल प्रतिक्रिया गर्छ र त्यो प्रतिक्रिया अन्ततः हाम्रो नियन्त्रणको अधिनमा छ।

नोट्स बनाउनुहोस् र आफ्नो डायरीमा सवैकुरा लेख्नुहोस्। तपाइँले ती प्रश्नका उत्तर दिन सक्नुहुन्छ जुन अहिले तपाइँमा जारी छन् अनि बाँकी कुनै अर्को दिनकालागि बचाएर

राख्नुहोस्। हुनसक्छ तपाइँ यस लिष्टबाट केवल एक-दुई आइटम पनि छोड्न सक्नुभएको छ भने तपाइँले ती कठिन काम पनि गर्न सुरु

गर्नुभएको होला जसलाई हिजो अस्ति छोडेर आउनुभएको थियो। यस कार्यक्रमले तपाइँलाई दृढतापूर्वक कार्वाही गर्ने क्षेत्रमा प्रेरित गर्छ। तपाइँ यो काम गर्न सक्नुहुन्छ।

आफ्नो स्वास्थसँग सम्बन्ध भएका जुन चिजहरू तपाइँ छोड्दै हुनुन्थ्यो, जसरी तपाइँ तिनलाई पुरा गर्दै जानुहुन्छ त्यसरी नै मजाको महसुस गर्न थाल्नुहुन्छ, राम्रा गर्नुहुन्छ र राम्रो देखिन्छ हुन्छ।

आफ्नो घरका चारैतिर कठिन चिजहरू(कार्य) गर्नुहोस्

"निर्णयका क्षणमा सबैभन्दा राम्रो चिज(कार्य) जुन तपाइँ गर्न सक्नुहुन्छ त्यो हो सही काम गर्नु, दोस्रो सवैभन्दा राम्रो चिज(कार्य), गलत काम गर्नु हो र सवैभन्दा नराम्रो चिज(कार्य) जुन तपाइँ गर्दै हुनुहुन्छ, त्यो हो केही नगर्नु।"

—थियोडोर रूजवेल्ट

के तपाइँको बैठक कोठाको भित्तामा कुनै दुला छन् जसलाई तपाइँले कहिल्यै ठिक गर्नुभएन? के तपाइँको घरमा कुनै यस्तो ठाउँ छ जहाँ भत्किरहेको छ र त्यसलाई ठिक गर्न तपाइँले कसैलाई बोलाउनु पर्ने छ? के तपाइँको जीवनसाथिले आपत्ति गरिरहेको छ कि वासिङ मिसिन अझै बिग्रिरहेकै छ?

म घर मरम्मत गर्ने मान्छे होइन। यदि केही टुटेको फुटेको छ त म कसैलाई बोलाउँछु। यदि म कसैलाई बोलाउन सक्तिनँभने त्यो काम हुँदैन। म भित्ताका दुलाहरूमा एउटा पोस्टर टाँसि दिन्छु या देखावटी गर्छु कि ढोकाको भत्केको हेन्डल पुरै ठिक छ।

घरका छेउछाउका टुटेका फुटेका चिजहरू जसलाई फेरि ठिक गर्नु जरुरी छ- तिनले तपाइँका घरमा मोटिवेशन घटाउँछ। यदि तपाइँमा बिग्रेको भत्केको ठिक गर्ने कार्य टाल्ने बानी छ भने यि चिजहरू यतिञ्जेलसम्म अधिकै जस्ता रहन्छन् त्यतिनै ज्यादा तपाइँको प्रेरणा र आत्मविश्वासमा बाधा आउँछ।

यिनको समाधान गर्न मैले राईटिङ पेड़ र पेन लिएँ। हो, यि अहिलेसम्म पनि मेरा मनपर्ने उपकरण हुन- तर यदि तपाइँ चाहनुहुन्छ भने आइपेड व्यवहार गर्न सक्नुहुन्छ। मैले पाँच मिनटको समय ब्लक गरेर भान्सा कोठामा ती कुराहरूलाई लेख्छेसाथै सुरुवात गरें जुनमा सुधार ल्याउन सक्थें। मलाई बिस मिनेट लाग्यो तर मैलै फटाफट घरका तिनवटा कोठाका भत्केका बिग्रेका जिनिसहरूको लिस्ट बनाएँ।

मैले सूची यसरी बनाएः

- भूँईको टाइल्स बदलाउन छ।
- दैलाको हेन्डेल फेर्न छ।
- साराको कोठाका प्वालहरू मरम्मत गर्नु छ। (मैला आफ्ना साथीलाई कराटे खेलेर देखाउने हुँदा प्वाल पारेको थिए।)
- लिविङ रुमको (बैठकखानाको) रङ्ग फेर्न छ।

प्रत्येक कामको छेउमा, मैले यसलाई "आफ्नो" वा "भाडामा लिएको" भनी चिन्ह लगाइदिएँ। जसको मतलब म आफैं गर्न सक्छु वा बाहिरबाट कसैलाई "भाडा" मा बोलाउन सक्छु। यी चीजहरू गर्न गाह्रो छैन, तर यदि तपाईंले प्वाल ठीक गर्नको लागि आधा दिनको लागि आफ्नो काम रोक्नु पर्‍यो भने तपाईंले बीस मिनेटमा यो गर्न सक्ने कसैलाई कल गर्न सक्नुहुन्छ। यद्यपि यसले तपाईलाई केही डलर खर्च गर्नेछ।

त्यसपछि, म घरको बाँकी भागमा गएँ र ठीक गर्न, परिवर्तन गर्न वा व्यवस्थित गर्न 47 चीजहरूको सूची बनाए।

म तपाईंलाई यो प्रक्रिया गर्न एक घण्टा लिन प्रोत्साहित गर्न चाहन्छु। मेरो ध्यानको लागि चिच्याइरहेका कार्यहरूलाई बेवास्ता गर्नु मेरो सबैभन्दा ठुलो मानसिक पराजय हो। यसले मेरो मानसिक उर्जा खसाल्छ र मलाई चिन्तित, छरपष्ट र मेरो प्रेरणा गुमाउँछ। यहाँ तपाईको लक्ष्य तपाईंको जीवनमा समस्या निम्त्याउने जुनसुकै कुरालाई हटाउनु हो।

त्यहाँ धेरै चीजहरू छन् जुन तपाईंले आँखा चिम्ल्नु भएको छ। यी सामान्य रूपमा स्वीकार गर्नुहोस्। तपाई आफैलाई भन्नुहुन्छ, "ओह, म यसरी बाँच्न सक्छु।" त्यसपछि तपाईले एउटै प्रक्रियालाई बारम्बार दोहोर्‍याउनुहोस्। चाँडै तपाईले सबै कुराको लागि यो बहाना प्रयोग गर्नुहुन्छ र यसरी तपाईको जीवनको गुणस्तर घटाउनुहुन्छ - सबैभन्दा खराब सामान्य अवस्थालाई स्वीकार गरेर। जब तपाइँ यसको बारेमा केहि नगर्ने निर्णय गर्नुहुन्छ, तपाइँ अझै पनि निर्णय गर्दै हुनुहुन्छ (केहि नगर्ने)।

तपाई आफ्नो पीडा लामो गर्न निर्णय गर्दै हुनुहुन्छ!

यो सत्य हो चाहे यो घर वरपरका चीजहरू होस्, तपाईको वित्त वा तपाईंले बेवास्ता गर्नुभएको व्यापार परियोजना हो। यदि तपाइँ तपाइँको जीवनको एक क्षेत्रमा बिग्रिएका चीजहरूलाई बेवास्ता गर्नुहुन्छ भने, अन्ततः यो टुटेको वा अराजकता अरु सबैमा फैलिनेछ।

यहाँ केही यस्ता जटिल बस्तुहरू दिइएको छ जुन तपाईंको घरका वोरी-परी गर्न खोजे पाउनुहुने छ।

मेरो लिस्ट यस्तो देखियो:

1. आफू बस्ने कोठाको रोशनी व्यवस्थामा सुधार गर्नुहोस्।
2. आफ्नो भान्सा घरमा कैबिनेट्सको भाँचिएको हेन्डेल बदल्नुहोस्।

3. आफ्नो सावरमा नयाँ नोजेल लगाउनुहोस्।

4. झ्यालहरू धुनुहोस् ताकि तपाईँले त्यहाँबाट बाहिर हेर्न सक्नुहुनेछ।

5. रिपोर्ट कन्ट्रोल लाइट लगाउनुहोस्।

6. बुनियादी घरेलु प्रकाश, सङ्गीत आदिको नियन्त्रणमा सघाउकालागि आफ्नो घरमा एलेक्सा राख्नुहोस्।

7. त्यो सुरक्षा प्रणाली स्थापित गर्नुहोस् जसको माँग तपाईँको परिवारले गरिरहेको छ।

8. गेरेजका फाल्तु सामग्री हटाइदिनुस् र "कवाड"लाई अनलाइन मार्फत बेचिदिनुस।

9. बेडरुमलाई पेन्ट गर्नुहोस्।

10. दागी र फोहोरी वालपेपर बदल्नुहोस्।

11. आफ्ना स्थायी या फिक्स सामानहरूमा पनि नयाँपन ल्याउनुहोस्।

12. सर्किट र लाइटका नयाँ स्विच लगाउनुहोस्।

13. आफ्ना वरिपरिको प्राकृतिक द्रश्यमा नयाँ बदलाव गरिरहनुहोस।

14. आफ्नो विन्डो फ्रेमको पनि अपडेट गर्नुहोस्।

मेरा एकजना मित्रले घरका सवै कोठाहरूको मरम्मतमा र नयाँपनमा निकै महीना लगाए। जतिबेला उनले त्यसलाई बेचे त्यसबेला त्यो नयाँपनले गर्दा घरको मुल्यमा $17,000 बढोत्तरी भयो।

उनले भने, "मैले घरका वरिपरिका ती प्रत्येक चिजहरूको लिस्ट बनाएँ, जुनलाई ठिक गर्न थियो। त्यसपछि मैले प्रत्येक चिजहरूलाई एक एक गरेर ठिक गर्ने मिशन बनाएँ। कतिपय चिजहरू ठिक गर्न निकै दिन लाग्थ्यो, तर मैले तिन महिनासम्म नयाँ सुधारकालागि काम गरेँ। यो सवै लिष्टले गर्दा सुरु भयो। यसले ती सवै कामहरूको अहसास हुँ सक्यो जुन कामहरूलाई हेलचेक्र्याइँ गरिएको थियो।

आफ्नो कार्यथलोका छेउछाउमा भएका कठिन कार्यहरू गर्नुहोस्

के केही प्रोजेक्ट छ, जसमा काम गर्नबाट तपाइँ बाँच्न चाहनुहुन्छ? के तपाइँको डेक्स फोहोरी र फाइलहरू जथाभावी छन्? के ज्यादा डाउनलोडिङ्ले गर्दा आफ्नो कम्प्युटर डेक्सटपमा स्पेस नभएकाले तपाईं बिरक्त हुनुहुन्छ?

आफ्नो कर्मथलोका छेउछाउमा आँखा लाउनकालागि तिस मिनेट समय निकाल्नुहोस् र प्रत्येक ती कुरा नोट गर्नुहोस् जुनमा तपाईँले ध्यानदिनु आवश्यक छ। कुनैलाई पनि नछोड्नुहोस्, जति नै सानो काम भएपनि ती कुनैलाई नछोड्नुहोस्। स्टिकी नोट्समा कामहरू लेख्नुहोस् र भित्तामा टाँस्नुहोस्।

अघिल्लो काम यो हुन्छ कि प्रतिदिन एउटा कामलाई सम्भाल्नुहोस्। केवल एउटा। यसले कामलाई लिएर बोझा कम्ति हुन्छ। (गत अध्याय पढ्नुहोस्) र जब तपाइँ लिस्टअनुसार अगि बढ्नुहुन्छ, तपाइँ थोरै चिन्तित र धेरै आत्मविश्वास महसुस गर्न थाल्नुहुन्छ। तपाइँको कार्मथलो कठिन कामको जरो उखेल्नकालागि श्रेष्ठ ठाउँ हो।

यहाँ यस्ता एघारवटा तरिका दिएका छन्, जसद्वारा कम गरेर तपाइँले कठिन कामको ताल्चा फोर्न सक्नुहुन्छ। यो काम तपाइँको व्यवसायमा हुनसक्छ या कुनै ठुलो निगमका अफिसको जुन पदमा तपाइँ जागिर गर्नुहुन्छ त्यहाँ पनि। यदि तपाइँको आफ्नो काम (बिजनेस) छ भने कतिचोटी काम अडकिनु आम कुरा हो, त्यसैले यदि तपाइँ सँधै काममा लाग्रे एक्लो मान्छे हुनुहुन्छभने सजिला कामकुरा पनि कठिन लाग्न सक्छन्।

यहाँ (यस टपिकमा) भनिएको छ कि मैले काम गरेका बेला कठिन कामका ताल्चा कसरी फोर्छु। यसबाट मेरो जीवन शैलीमा सुधार आउँछ। हो, ती (कम र जीवन) आपसमा

जोडिएका छन्। एउटा क्षेत्रको सन्तुष्टिले अर्को क्षेत्रमा सफलता मिल्छ। तर तपाईँले काम गरेका समयमा कठिन चिजहरूको कसरी हल निकाल्नुहुन्छ, कुनै क्षेत्रमा तपाइँ जेपनि गर्नुहुन्छ त्यो अर्को क्षेत्रको सन्तुष्टिमा बदलियोस्।

यसकालागि हामी गत सेक्सनमा दिएका दसवटा चरणका सिस्टमबाट अगि बढ्न सक्छौँ अनि तिनलाई काम गरेका बेला आफ्ना मुश्किल कामसँग मिलाएर अघिबढन सक्छौँ।

यहाँ तिनवटा रणनीतिहरू छन्, जसलाई तपाइँ प्रयोग गर्न सक्नुहुन्छ:

1. **आफ्नो प्रतिरोधको पछिल्तिरको कारण जान्नुहोस्।** त्यसको एउटा कारण यो हो क मुश्किल कारणहरूले हामीलाई उल्झाउँछ। ती मुश्किल छन् अनि त्यसैले हामी तिनलाई गर्न खोज्दौँन। अनि हाम्रो मनले केही राम्रो, धेरै मनोरञ्जनको र ज्यादै खोज्दछ, जसले हामीलाई वास्तविकताबाट पलायन गराएर मुश्किल कामदेखि बचाएर राख्छ। तर बिरोध एकहोरो बनिरहेको छ।

   आफ्ना कठिन कामहरूको लिस्टमा भएका सवैभन्दा सजिलो कामबाट सुरु गर्नुहोस्। हुनसक्छ कि यस प्रोजेक्टका सवै स्टेपहरूका कारणले तपाइँ यसलाई सुरु हुनबाट रोक्दै हुनुहुन्छ। म के गर्छु थाहा छ, सवै वर्णहरूको एउटा सूची बनाउँछु। जतिसम्म सम्भव हुन्छ कामलाई उतिनै चरणमा भाग भाग गर्नुहोस्। तपाइँ आफ्नो कामको विवरण जान्नुहुन्न जब काम कसरी गर्नुपर्छ, बस यति जान्नुहुन्छ कि काम के हो।

2. **जुन कामले गर्दा तपाइँ बिरक्त हुँदै हुनुहुन्छ त्यो अर्कालाई जिम्मा लगाउनुहोस्।** तपाइँ सवैकुरा जान्नुहुन्न त्यसैले एउटा क्षेत्रले प्रतिरोधतिर ढल्काउँछ, त्यो उस कौशलको कमी हो जुन कामकोलागि चाहिन्छ। यसै कारणले हामी आफ्नो टैक्स तिर्नकालागि एकाउन्ट नियुक्त गर्छौँ र त्यसैले हामी आफ्नो बिजनेस लोगो बनाउन ग्राफीक्स डिजाइनरहरूको आउटकोर्स गराउँछौँ।

   यसै कारणले गर्दा म आफ्नो कम्पनीमा मार्केटिङ गर्नकालागि कसैलाई नियुक्ति दिन्छु। यदि यो सवै मैमाथि निर्भर हुन्थ्योभने कहिल्यै पुरा हुने थिएन। यो कुनै अल्छीको मुद्दा होइन तर जब तपाइँ यस्ता स्कील सिक्ने कोशिश गर्नुहुन्छ, त्यसबेला तपाइँ मजबूत पक्षको अनुरुप हुनुहुन्नभने त्यो काम धेरै भारी लाग्छ।

3. **आफ्नो कमजोरीमा होइन आफ्नो तागतमा ध्यान दिनुहोस्।** जस्तै हामीले पहिल्यै आलोचना गर्यौँ, कमजोरीहरूलाई तागत बन्न समय लाग्छ। यसमा वर्षदिन नै लाग्रसक्छ, तर आफ्नो तागतमा सुधार ल्याउन सकिन्छ। किनभने यदि नींव पहिल्यैदेखि मजबूत छ भने यो केही दिनको मात्र कुरा हो। अरुका तागतसँग आफ्नो तागत मिलाएर त्यसको सन्तुलन रक्षा गर्न आफ्नो एउटा सहयोगी टिम बनाउनुहोस्।

आफ्नो डिजिटल स्पेसमा मुश्किल लाग्ने कार्य गर्नुहोस्

जब आफ्नो डिजिटल वातावरण व्यवस्थित गर्नुपर्ने कुरा आउँछ त्यतिबेला तपाइँ कठिन कामगर्ने किन यति पछि सक्नुहुन्छ?

आफ्नो डिजिटल सामग्रीहरूलाई नदेखेजस्तो गर्न सजिलो छ। अचेल लाखौंभन्दा धेरै मान्छेहरू डिजिटल प्लेटफर्मको माध्यमबाट अनलाइन सेवाहरू र बिजनेस अपनाइरहेका छन्। त्यसैले यस्तो वातावरणमा डिजिटल व्यवस्थाको फेरबदल र अभिभारामा हराउनु सजिलो कुरा हो।

यो मेरो जीवनको यस्तो एउटा क्षेत्र हो, जसको उपेक्षा मैले वर्षौंदेखि गरेको हो। तर जस्तै हामीले पहिल्यै पढियौं, आफ्नो कामलाई उपेक्षा गर्नुले हामीलाई अप्ठ्यारोतिर लिएर जान्छ। यदि तपाइँ अनलाइनमा समय बिताउनुहुन्छ अनि आफ्नो बिजनेसकालागि कम्प्युटर र फाइलहरूको उपयोग गर्नुहुन्छ त एउटा शुद्ध र सङ्गठित वर्चुअल स्पेस स्थापित गर्नु जरुरी छ। यसबाट तपाइँ अल्छी र दिमागी थकाइबाट बाँच्नु हुन्छ।

यदि तपाइँ पनि ज्यादातर मान्छेहरू जस्तै हुनुहुन्छ जसले दिनमा धेरै घन्टाहरू इन्टरनेटमा बिताइरहेका छन् अनि फाइलहरू, पिडिएफ, विडियो र तस्बिर डाउनलोड र स्टोर गर्नु तपाइँको एउटा सामान्य बानी बनेको हो, जुन गर्दा तपाइँ कम्ति सोच्चुहुन्छ।

वर्षौंदेखि तपाइँको जुन डिजिटल परिदृश्य छ, त्यो अनियमित बनेर डिजिटल बाझो खेतमा परिवर्तन हुनसक्छ। तपाइँ जान्नुहुन्छ कि तपाइँले यसलाई राम्रो ढङ्गले व्यवस्थित गर्नु र आफ्नो ब्यक्तिगत सामग्रीहरूकालागि बेग्लै फोल्डर बनाउनु पर्छ तर तपाइँसँग गुगल ड्राइभ, ड्रप बक्स, एवरनोट र तपाइँको डेक्सटपमा धेरैधेरै चिजहरू भरिएका छन्, त्यसैले यसलाई व्यवस्थित गर्ने काम सारो बनेको छ।

यसले तपाइँ बेचैनीतर्फ जानुहुन्छ, कतिबेर जब तपाइँ बेचैन बन्नुहुन्छ त्यतिबेर के गर्नुहुन्छ? कामहरूलाई अर्को दिनतिर धकेल्नु हुन्छ।

यदि तपाइँ डु द हार्ड थिङ्स् फर्मूलामा सामिल भएर स्टेपहरूको सन्दर्भ लिनुहुन्छ भनेपनि तपाइँ त्यतिबेला मात्र केही गर्न सक्नुहुन्छ, जब तपाइँ त्यसकोलागि प्रतिबद्ध हुनुहुन्छ। र पनि म फेरि भन्छु यसो गर्नुभन्दा पहिले एउटा निर्णय लिनुहोस् अनि आफैंलाई सोध्नुहोस्:-

"के म मेरा जीवनको यस क्षेत्रलाई मेनेज गर्न सक्तिनँ?"

"यदि मैले यसलाई ठिक गरें भने मेरो जीवन स्तरमा यसको के प्रभाव पर्छ?"

सम्भव छ, तपाइँलाई यो जानेर धेरै राम्रो लाग्छ कि तपाइँ आफ्ना अनियमित डिजिटल कामहरूलाई सम्हाल्दै हुनुहुन्छ। यसले तपाइँको कम्प्युटर अनि स्टोरेज क्षमता त खालि हुँदै जान्छ नै, तर सबैभन्दा ठुलो फायदा यो हुन्छ कि यसले गर्दा तपाइँको दिमाग पनि स्वतन्त्र हुन्छ।

मेरो डिजिटल बाँझो खेतमा हर साता म लामो समर खर्च गरिरहेको छु। मैले हर महिना केवल आफ्ना चिजहरू खोज्न घण्टौं बिताएँ। मेरा फाइलहरूका मामला एकदमै गडबड छन्।

जबसम्म मैले यिनलाई सफा गर्न समय खर्चिनँ तबसम्म ती उस्तै रहे। मसँग जेजति थियो त्यस बारेमा म अन्जान थिएँ।

*डु द हार्ड थिङ्स*द्वारा आफ्नो डिजिटल स्पेसलाई व्यवस्थित गर्नुका फायदा यि हुन् कि -

1. **यसबाट ध्यान र प्रोडक्टिभिटीमा सुधार हुन्छ।** यि दुइटै फाइदा सँगसँगै चल्छन्। तपाइँ तपाइका फोल्डरमा भएका सवै जङ्कले गर्दा बिचलित बन्नुहुन्छ। जब तपाइँका फोल्डरमा एउटाभन्दा ज्यादा फाइल हुन्छन् तब तपाइँको हालत अझ बिग्रिन्छ। मैले यस्ता मान्छेहरूलाई देखेको छ जसका एउटा फोल्डरमा पाँच सयभन्दा धेरै फाइलहरू छन्।

   तपाइँ जे चाहनुहुन्छ, त्यसलाई खोज्नकालागि जब तपाईंले फाइल माथि फाइल डेटाको भरमारलाई स्क्रोल गर्नुपर्ने हुन्छ तब यो भ्रमको समुद्रमा तैरिएझैँ हो, जहाँ तपाईंलाई चाल चल्ने कुनै ठाउँ मिल्दैन। तपाइँ फाइलहरूलाई अनियमित ढङ्गले खोल्नुहुन्छ, जुन माल्टि-टस्किङतर्फ जान्छ।

   जब तपाइँ यो निर्णय लिने कोशिश गर्नुहुन्छ कि तपाइँलाई यो चाहिन्छ कि त्यो, त्यतिबेला यो निर्णय लिने क्षेत्रमा चाहिने उर्जाको कमीले तपाइँको नुकसान गर्छ। आफ्ना डिजिटल फोहोरहरूको सफाई गरेर तपाइँ आफ्नो जीवनमा मल्टी टस्किङ र बिरक्तिलाई निम्त्याउने सम्भावनालाई घटाउँदै हुनुहुन्छ।

2. **यसबाट तपाइँका कम्प्युटरको गति बढ्छ।** प्रत्येक चिजहरू आफ्नो डेक्सटपमा सेभ गर्दा तपाइँका कम्प्युटरको गति ढिलो हुन्छ। यसले तपाइँका कम्प्युटरको जीवन घटाउँछ अनि यि उपकरण आम होइनन्। यस उपरान्त, धेरैपटक तपाइँको कम्प्युटर सफाई पनि गर्नुपर्ने हुन्छ जसले गर्दा तपाइँको उत्पाद गर्ने समय बर्बाद हुनेगर्छ।

3. **क्षमता (capacity)का मुद्दाहरू थोरै हुन्छन् र पैसा र समय बाच्दछ।** ज्यादातर आवस्यकताहरूले स्टोरेज स्पेस खान्छ जसको क्षमता बढाउनुकालागि सायद तपाइँलाई धेरै पैसा खर्च गर्नुपर्ने हुन्छ।

   अनि तपाइँको कम्प्युटरमा जति ज्यादा क्षमता हुन्छ, उतिनै ज्यादा तपाइँ कम्प्युटरमा जङ्क जोडनु हुन्छ।

4. **यसले आत्मविश्वास बढ्छ।** जस्तै आफ्नो जीवनमा ज्यादातर कठिन कामहरू बन्द गर्नुभयो, त्यसको सट्टा यस बोझिलो प्रोजेक्टलाई पुरा गर्ने दिशातर्फ उदेश्यपूर्ण कार्वाही गरेर तपाइँ अघि बढ्नुभयो त धेरै राम्रो महसुस गर्नुहुन्छ जस्तै कुनै विसाल डाइनोसरसँग जुध्नु भएको छ। यसबाट जबजब तपाइँको उर्जा बढ्छ, तब तपाइँको आत्मविश्वास बढ्छ र यो आत्मविश्वासले तपाइँलाई भविष्यमा ज्यादा प्रोडक्टिभिटी जस्तो बानीतर्फ लिएर जान्छ। यि सवै तपाइँ र तपाइँका आत्मविश्वासको मिलनले भएको जित हो।

5. **तपाइँ पुराना फाइल खोज्न सक्नुहुन्छ।** सोच्नुहोस, यति तपाइँलाई आफूले धेरै वर्ष अघि लेखेको किताब मिलोस् जुन डिजिटल बाँझो खेतका जङ्गलमा हराएको थियो? यस्तो मेरा एकजना साथिको क्षेत्रमा भएको थियो। उसले एउटा शोध प्रबन्ध लेख्न निकै महिना खर्चियो। उसले सोचेको थियो कि त्यो हराएको थियो। त्यो उसको डिजिटल मरुद्यानमा गाडिसकेको थियो र महिनौं पछि, अन्त्यमा जतिबेला उनी आफ्नो डिजिटल स्पेस सफाई गर्दै थिइन् त्यतिबेला त्यो फाइल भेटियो।

असलमा उनीले यसलाई बेग्लै नाम दिएर सेभ गरेकी थिइन त्यसैले त्यत्रो खोज्दा पनि गन्धै भेटिएको थिएन। यसरी डिजिटल सफाई गरेर उनीले पुनर्लेखन गर्नुपर्ने साता भरिको समर बचाइन्। अचेलभरि, उनीका सबै बैक अप एउटै स्थानमा हुने गर्छन् जसले गर्दा केही पनि हराउन सक्तैनन्।

आफ्ना जङ्गलहरूको बारेमा आफैंलाई प्रश्न सोध्न जारी राख्नुहोस्।

आफ्ना डिजिटल फाइलहरूलाई व्यवस्थित गर्ने र यस्तो एउटा सिस्टमको निर्माण गर्नकालागि यो मेरो सरल तरिका हो जसले दबाब कम्ति गर्छ, समयको बचत गर्नु र तपाइँको जीवनमा उर्जा बढाउँछ र आत्मविश्वास ल्याउँछ:

1. **आफ्ना सबै फाइलहरू र साम्ग्रिहरूकालागि एउटा स्थान तय गर्नुहोस्।** यसकालागि गुगल डक्स, ड्रप बक्स अथवा बाहिरी हार्ड ड्राइभको उपयोग गर्न सकिन्छ। म बैंक अप गर्नकालागि एउटा ईएचडि (EHD) उपयोग गर्नूगर्छु तर छिटो गर्नकालागि म कुनै डिजिटल डिजिटल स्पेस व्यवहार गर्ने परामर्श दिन्छु।

   व्यक्तिगत रुपमा मलाई **गुगल ड्राइभ** पसन्द छ, किनभने यसमा अनलाइन र अफलाइन दुवै तरिकाले काम गर्न सक्नुहुन्छ। ठुल्ठुला फाइल जस्तै सङ्गीत, तस्बिरहरू या भिडियो आदिकोलागि मेरो दोस्रो पसन्द हो ड्रप बक्स।

2. **व्यवस्थित गर्नकालागि समय निर्धारित अथवा ब्लक गर्नुहोस्।** यस प्रकृयामा चौथो स्टेप्सको सन्दर्भ लिनुहोस् जुन निर्धारित गरिने गरिन्छ, त्यो काम पुरा हुन्छ। तपाइँ घडी हेरेर पाँच मिनटबाट सुरु गर्न सक्नुहुन्छ।

3. **तिनवोटा** बेग्लाबेग्लै फोल्डर बनाउनुहोस्:

   आफ्नो

   काम/व्यवसाय

   अन्य

फाइलको आधारमा यसलाई उपरोक्त फोल्डरहरूमा कुनै एकमा धेरैवटा अनि उपफोल्डर बनाएर त्यसमा सेभ गरिनेछ। यस किताबमा हामी यो सम्पूर्ण खिस्टमलाई कभर गर्दैनं तर तपाइँ आफ्नोलागि सबैभन्दा राम्रो सिस्टम बनाउन सक्नुहुन्छ। यदि तपाइँलाई विस्तृत जानकारीको आवस्यकता छ भने त्यसकालागि तपाइँ स्टीव र बैरीको किताब "टेन मिनट

डिजिटल डिक्लटर: द सिम्पल हेबिट टु एलिमिनेट टेक्नोलोजी आभार वर्ल्ड" को सन्दर्भ लिनुहोस्। यस प्रक्रियालाई सरल राख्नुहोस्।

जब तपाइँ आफ्ना डिजिटल फाइलहरूलाई व्यवस्थित गर्नकालागि मुश्किल कामगर्ने प्रक्रियाबाट अगि बढ्नुहुन्छ त्यतिबेला आफैलाई सोध्नकालागि प्रश्नहरूको एउटा लिस्ट यहाँ दिइएको छ–

- के म सँधै यस फाइललाई व्यवहार गर्छु?

- मैले बितेको समयमा यो फाइल कहिले खोलेको थिएँ?

- के म यसकारण यसलाई सेभ गर्दैछु किनकि म कुनैदिन यसको उपयोग गर्नसक्छु र?

- के यो फाइल अनुपयोगी/पुरानो हो?

- के यो फाइल कुनै पुरानो प्रोजेक्टको अंश हो जुन पहिल्यै पुरा भइसकेको छ?

- यस सामग्रि/फाइलको के महत्व छ? के यसलाई केवल भावनासँग जुडेको हुनाले सेभ गरिएको हो या त कुनै चलिरहेको प्रोजेक्टकालागि?

- के म आउने वर्ष यसलाई व्यवहार गर्छु? या त आउने पाँच सालमा?

आफ्ना व्यक्तिगत सम्बन्धकालागि मुश्किल कार्य गर्नुहोस्

"कसैसँग सम्बन्ध तोडेर धेरै दिनसम्म नजरबाट टाढा रहँनुले या त तपाइँको आत्मालाई सन्तुष्ट पार्छ वा यो एउटा विचलित हुने मेलो हो तर गहिरो सुझाव सँधै रहनेछ।"

—मरियम हसना

के तपाइँलाई कसैसँग कडा बोलिमा बात गर्नुपर्ने हुँदैछ तर तपाइँ त्यस कुरालाई पन्छाउँदै हुनुहुन्छ? के तपाइँ सम्बन्ध तोड्ने बिचारमा हुनुहुन्छ? तपाइँको साथिले तपाइँलाई अवहेलना गर्दैछ अनि तपाइँलाई डर लागेको छ कि यो साँचो हुनसक्छ, त्यसैले तपाइँ यो कुरा सोध्न डराउनु हुन्छ कि "समस्या के हो?" के आफ्ना बच्चाहरूसँग तपाइँको सम्बन्ध टुट्दैछ र तिनमा एउटालाई "आमा-बाबुसँग बातचीत" को खाँचो छ?

म यस्तो स्थितिमा कतिपटक परेको छु। म प्रश्न सोध्नबाट रोकिएँ अनि आफ्नो तर्फबाट बातचीतको पहल गर्न छोडेर बातचीतदेखि बाँच्न चाहने हुँदा सानोलाई नै टाढा पारेँ।

तर तपाइँ कुनै चिजलाई जति नै टाढा धकेल्नुहोस् आखिरमा त्यो घुमेर फेरि तपाइँकै सामु आउँछ। जस्तै हामीले यस किताबमा सिकेका छौं कि सच्चाईबाट पलायन सम्भव छैन, न त तपाइँ परिवर्तनसँग जोगिन सक्नुहुन्छ। साइनो सम्बन्धका समस्याहरू निपट्याउनु सबैभन्दा कठिन कार्य हो।

जब (यदि होइन जब) तपाइँ आफैलाई कुनै साइनोका बिचका समस्याहरूको अवहेलना गर्दैगरेको अवस्थामा पाउनुहुन्छ त यहाँ सातवटा यस्ता एक्सन टास्क छन् जुनलाई अपनाउन सक्नुहुनेछ। यदि सम्भव छ भने तपाइँ र तपाइँका साथि यस एक्सन आईटममा सँगेई काम गर्न सक्नुहुन्छ।

चुनौतिपूर्ण वा कठिन बिषयहरूकालागि, बातचितको अग्रिम योजना बनाउनु राम्रो हुन्छ:

"म तपाईंसँग......" को बारेमा बात गर्न चाहन्छु, अथवा "साँचै हामीले बात गर्नु जरुरी छ......"

त्यसपछि बातचितकालागि एउटा ठाउँ र समय ठिक गर्नुहोस् र मिलेर यस्तो आरामदायक ठाउँमा भेट गर्ने फैसला गर्नुहोस् कि बातचितमा अंश लिने सवै मान्छेहरूले एकअर्कालाई स्पष्ट देखुन्।

निराशा, क्रोध र अवमानना जस्ता नकारात्मक भावनाहरू लें सम्बन्धमा गहिरो रिस पैदा गर्नसक्छ। यसले सम्बन्धमा अलगाव पैदा गर्नाले संवाद अझ मुस्किल हुँदै जान्छ। यदि यस मामलामा तपाईं सिधा एक्सन लिनबाट जोगिन खोज्नुभयो भने सम्बन्ध सकिने डर हुन्छ।

तर बातचितको यो दृष्टिकोण तपाईंको तपाईंका सम्बन्धहरूका आधारमा बेग्लाबेग्लै हुन्छ। घरेलु मुद्दामा तपाईंको लिभिङ रुममा या त अन्त कतै एकान्तमा भेटगर्नमा सहमत हुन सक्नुहुन्छ। मेरा एकजना साथीले एकपटक परिवारका सदस्यहरूसँग सातामा एकचोटि भेट गर्ने ठाउँ छाने, जहाँ परिवारका सवै सदस्यहरू आइतबार तिस मिनटकालागि भेला भएर प्रत्येक बिषयमा खोलेर कुरा गर्थे। उसको भनाई थियो यसैले गर्दा उनीहरूको पारिवारिक सम्बन्ध लामो समयसम्म चलिरहेको छ अनि परिणामस्वरूप, उनीहरूका बच्चाहरू आपसमा निकै नजिकको महसुस गर्छन्।

संवाद या बातचितमा अवरोध

हामी बातचित गर्नबाट जोगिने गर्छौं, यसको एउटा प्रमुख कारण हाम्रो बातचित सञ्चालनमा आउने अड्चन हो।

यहाँ तपाईंका साइनाहरूलाई कठिनाईबाट बनाउनकालागि ती बाधा या अड्चनहरूको सूची दिइएकोछ जसले तपाईंको व्यवहारलाई प्रभाव पार्न सक्छ। बाधाहरूलाई चिन्ने तपाईंको र तपाइका साथीहरूको, परिवार या तपाईंका संगठनका मान्छेहरूकालागि धेरै लाभदायक साबित हुन्छ। ती बाधाहरूको अनुसन्धान गर्नुहोस् जुनले तपाईंलालाई बातचितको पहल गर्नमा अबेर गराइरहेछ।

- महत्वपूर्ण मुद्दामा स्पष्टताको प्रभाव।

- समाधान नहुने डर।

- धम्की

- बदलाको कार्वाहीको डरले प्रतिक्रिया दिन नसक्नु।

- तपाईंका सल्लाह या सुझावहरू अस्विकार गर्ने सम्भावना।

- विभेद या अनेकता सम्बन्धी मुद्दाहरूको चिन्ता।

- संयुक्त रुपमा सवैकालागि सर्वोत्तम जिम्मेवारी/ पद निर्धारण गर्नमा विफलता।

- असली समस्यालाई लिएर गलत धारणा।

- एकजना व्यक्ति एकदमै शान्त छ अनि त्यसका सम्मुख आफ्ना साँचा भावनाहरू व्यक्त गर्ने क्षेत्रमा संघर्ष गर्नुपर्ने स्थिति।
- बातचित गर्ने मान्छेहरूको मनोवृत्ति आक्रामक र आलोचनात्मक हुँदा।
- आलोचनाको डर।
- गुटबन्दी हावी छ।
- दोस्रो पक्ष एकदम संवेदनशील छ।
- शामिल भएका पक्षहरूद्वारा सम्माननमा कमी हुने।

डर हामीले उपेक्षा गरेका रणनीतिहरूका पछि भएको प्राथमिक अपराध हो र यसैकारण यो साइनाहरूका बिचमा बार-बार आउँछ। हामी ती परिणामदेखि डराउछौं, जुन जानिबुझि गरेका कार्वाही या एक्सन पछि निस्केर सम्मुखमा आउँनेछन्। जब तपाइँलाई यस्तो लाग्छ कि तपाइँको दिमाग परिस्थितिबाट भाग्ने मौका खोजीरहेको छ त्यतिबेला आफैलाई सोध्नुहोस्, "यदि परिस्थितिबाट बाँच्नु भयो भने कस्तो परिणाम मिल्ने सम्भावना छ?" जबसम्म तपाइँ सच्चाईसम्म पुग्नुहुन्न, तबसम्म आफैलाई बार-बार सोध्नुहोस्। आखिरमा तपाइँ यस कामबाट बाँच्न खोज्नुको कारणसम्म पुग्नु नै हुन्छ। तपाइँको सम्पत्ति तथा कुनै व्यक्तिगत प्रोजेक्टमा आधारित सम्बन्धहरूको सच्चाई पनि यही हो।

यदि तपाइँले पहिला योजना बनाउने विवरणमाथि समय निकालेर चर्चा गर्नुभयो भने चिन्ता, डर र संवेदनशिलता कम्ति हुनसक्छ।

आफ्ना सम्बन्धहरूलाई लिएर गर्ने चर्चाहरूको सफलता निर्धारण गर्नकालागि यहाँ नौवटा रणनीतिक बिन्दु छन्। पूर्व-कर्य योजना बनाएर र सहयोग र बुझाईको घडेरी निर्माण गरेर नै तपाइका साना अगि बढ्छन् र परिपक्व बन्छन्।

बरु परिणाम तपाइँले आशा गरेजस्तो नहोला, र पनि यदि तपाइँ यसलाई सफल पार्नकालागि हरसम्भव प्रयास गरिरहनुभएको छ भने तपाइँले जितिरहनु भएको छ।

1. **उत्तर दिने अघि सुनिश्चित गर्नुहोस् कि दोस्रो मान्छेले के भन्दैछन् तपाइँले बुझ्नुभएको छ।** यदि उसले जे भन्यो या उसको भनाइको मतलब के थियो, त्यो तपाइँले निश्चित रुपमा अथवा राम्ररी बुझ्नुभएन भने स्पष्टिकरण दिने अघि फेरि सोध्नुहोस् कि "के यस कुरालाई तपाइँ फेरि दोहोर्याउनु हुन्छ?" अथवा "मैले निश्चित रूपले बुझ्न सकिनँ कि तपाइँको मतलब के हो। प्लीज, के तपाइँ राम्ररी बुझ्नमा मलाई मद्दत गर्न सक्नुहुन्छ?"

2. **यो नसोच्नुहोस कि आफूलाई "सही" साबित गर्न बातचितको प्रयोजन भएको हो बरु यसलाई खुलापन र रुचिकासाथ समस्या समाधानको दृष्टिकोणले हेर्नुहोस्।** जैले पनि हामी चर्च अथवा बातचितलाई एउटा होडबाजी बनाउछौं, जहाँ हामीले "सही" हुनुपरेको छ, र यसको मतलव यो हो कि अर्कौ मान्छे "गलत" हुनुपर्यो या हाम्रो उदेश्य उसलाई गलत सावित गर्नु हो।

यस्ता कुराहरू, जस्तै- या त, फेरि, जित-हार, अथवा सही-गलत जस्ता कट्टर मानसिकताले गर्दा मनमुटावको सम्भावना एकदम ज्यादा अनि आपसमा सुझबुझको सम्भावना एकदम थोरै हुन्छ।

3. **विषयलाई आफ्नो हातमा राख्नुहोस्।** बातचितको विषयमा ध्यान दिनुहोस्। बातचितको कि समयमा अन्य मुद्दाहरू वा अरु विषयसँग सम्बन्धित आपत्ति अनि अधिका घटनाहरू सम्मुखमा ल्याईयो भने सधैं स्वच्छ बातचितमा बाधा पुग्छ। ती अन्य मुद्दाहरू कुनै अर्को समयकालागि बँचाएर राख्नुहोस्। यदि ती तपाइकालागि महत्वपूर्ण भैरहे भने तपाईंले तीनैलाई सम्झि रहनुहुन्छ।

4. **अर्को मान्छेलाई दोष लाउने सट्टा आफ्नो तरिकालाई महसुस गर्ने जिम्मेबारी आँफूमा लिनुहोस्।** कुनै अर्कोले तपाईंलाई तपाईंको खास अन्दाज महसुस गराउन सक्तैन। तपाइँ आफ्नालागि केही कथनहरूमा "म" जोडेर उपयोग गर्नुहोस् - जस्तै, "मलाई लाग्छ....." आदि। यस बारेमा स्पष्ट र विशिष्ट रहनुहोस् कि अर्को मान्छेले यस्तो के गर्यो जसलेगर्दा तपाईंलाई यस्ताखाले प्रतिक्रियाको अवसर मिल्यो। एउटा साधारण वाक्यांश, "तँ मलाई यति पागल बनाउँदैछस्" भन्ने सट्टा अर्का मान्छेको वास्तविक व्यवहारमा ध्यान केन्द्रित गर्नुहोस्।

5. **कुनै बाधा नदिनुहोस्।** जतिबेला अर्को मान्छे बोल्दै हुन्छ, होशियार भएर र पुरै ध्यान लगाएर सुन्नुहोस् उसलाई के बन्नुपर्छ। यो त्यो कुराभन्दा बेग्लै कुरा हो अर्को मान्छेले के भन्दैछ, तपाइँ कुरा नसकिउञ्ज्रेल पर्खिनु हुन्छ ताकि तपाईंले उत्तर दिने सक्नुहुन्छ। यदि तपाइँ कसैले बोल्दाबोल्दै नै यस्तो सोच्नुहुन्छ कि तपाइँ के भन्नेवाला हुनुहुन्छ भने यसको यो अर्थ हुन्छ कि तपाईंले सुनिरहनु भएको छैन।

6. **आफ्ना पूर्वधारणाहरूलाई मास्नुहोस्।** केवल यसकालागि कि तपाइँ केही समयदेखि सँगै काम गर्दै हुनुहुन्छ भने यसको मतलव यो होइन कि तपाइँ सबै जान्नुहुन्छ कि अर्को मान्छेले के महसुस गर्दैछ वा के सोचिरहेको छ। मान्छे अगि बढ्छन् अनि बदलिन्छन्। तपाईंको अरुप्रति जुन चाहना, प्रयोजनहरू र अपेक्षाहरू छन् ती बदलिने गर्छन् त्यसैले समय समयमा नयाँ तरिकाले बातचित गर्नु जरूरी हुनसक्छ।

7. **बातचितको गति र वातावरणमा ध्यान दिनुहोस्।** रिस र मर्माहतले भरिएको वातावरणमा बातचित छिटो चल्छ र असल काममा ढिलो हुन्छ अनि धेरै धेरै कामहरू बाँकी रहन्छन्। स्वाभाविक रुपले तपाइँ जति धेरै रिसलाई बिराम दिने र शान्त गर्ने तरिका खोज्न सक्नुहुन्छ, उतिनै ज्यादा स्पस्ट रहन, अरुका कुरा सुन्न, अनि समझदारीले उत्तर दिन सजिलो हुन्छ। उत्तर दिने अघि सोचबिचार गरियो भने बातचितको उत्तेजना स्वाभाविक रुपले शान्त बन्छ।

8. **सही अर्थमा बुझ्ने प्रयास गर्नुहोस्।** यो कुरा तपाईंको शरीरको हाउभाउ, तपाईंका आवाजको उच्चारण अनि गैर-मौखिक सञ्चारबाट स्पस्ट हुन्छ जुनले सद्भावना

र सहयोगको वातावरणमा सहयोग दिन्छ। जतिबेला उपयुक्त लाग्छ, त्यतिबेला आफ्ना इरादाहरू स्पष्टताकासाथ भन्नुहोस् कि "म साँच्चै बुझ्न चाहन्छु कि तपाइँ कुनै अवस्थाबाट हिँड्दै हुनुहुन्छ....."

अथवा "म यस मामलाको यसरी गर्नकालागि प्रतिबद्ध छु, जसरी गर्दा हामी दुवैकालागि सही हुन्छ।" यस्ता कुराहरूले बातचितका सबै सोर बदलिन सक्छन्।

9.   **जसको अर्थ हुन्छ त्यसमा ध्यान दिनुहोस् र आफ्नो भनाइ लचिलो पार्नुहोस्।**
"के भयो" भनेर कहानि लामो पार्न छोडेर त्यसमा ध्यान दिनुहोस् जुन तपाइहरू दुवैकालागि अर्थपूर्ण छ। यदि तपाइँ सम्मुखमा भएका मान्छेबाट उसका माँग सुन्दै हुनुहुन्छ भने आफ्नो अन्तरले तिनलाई बिनतीमा बदल्नुहोस् अनि यसरी उत्तर दिनुहोस् कि तपाइका कुराहरूले उसका जरुरतलाई सम्मान दियोस्।

यदि परिस्थिति ज्यादा जटिल छ भने एकपटक मात्र नभएर अरु-अरु दिनहरूमा पनि केही पटक बात गर्ने बिचार गर्नुहोस्। सुरुमा, तपाईं आफ्नो ध्यान केवल सहानुभूतिमा र अरुका कुरा सुन्ने कोशिसमा केन्द्रित पार्न सक्नुहुन्छ। अर्कोपाला आफ्ना पक्ष साझा गर्नुहोस् र आपसमा एकअर्कालाई बुझ्ने प्रयास गर्नुहोस्।

आफ्नो वित्तीय स्थिति सुधार्नलाई कठिन कार्य गर्नुहोस्

"म स्टक मार्केटबाट पैसा कमाउने कोशिश कहिल्यै गर्दिनँ।
म यस कारणले खरिद गर्छु कि हुन सक्छ, उनीहरूले भोलिपल्ट बजार बन्द
गरिदिन्छन् अनि यसलाई दस वर्षसम्म खोल्दैनन्।"

—वारेन बफेट

बहुत मान्छेहरूका कमजोरीका ठुल्ठुला धेरै क्षेत्रहरूमध्ये वित्त वा फाइनेन्स एउटा क्षेत्र हो जहाँ उनीहरू सही एक्सन लिन जान्दैनन्।

"आफ्ना पैसाको हेरचाह गर्नुभयो भने उसले तपाइँको हेरचाह गर्छ," यो धेरैजसोको सपना त हो तर दुर्भाग्यबस, धेरै मान्छेहरू आफ्नो बचत, निवेश र स्थिर वित्तीय प्लेटफर्म निर्माणको सिस्टम बनाउनकालागि समय निकाल्नमा व्यर्थ हुन्छन्।

यस सेक्समा, म तपाइलाई तपाइँको वित्तकोलागि मुस्किल काम गर्नुपर्ने मुल कुराहरूको बारेमा बताउँछु तर वास्तवमा तपाइँ यस कामका तरिकाहरूको गहिराईसम्म पुग्न चाहनुहुन्छ भने म यी चारवटा किताब पढ्ने सल्लाह दिन्छुः-

मनी मास्टर द गेमः 7 सिम्पल स्टेप्स टु फाइनेनसिएल फ्रिडम।

(वित्तीय स्वतन्त्रताकोलागि 7 सरल कदम) टोनी रबिन्सद्वारा लिखित।

द 4 आवर वर्कविक

(4 घन्टाको कार्य साता) टिम फ्रेरिसद्वारा लिखित।

थिङ्क एन्ड ग्रो रिच

(सोच्नुहोस् अनि आमिर बन्नुहोस्) नेपोलियन हिलद्वारा लिखित।

द साइन्स अफ डेटिङ रिच वालेस डी . वाटल्सद्वारा लिखित।

आफ्नो धनसम्पत्ति नियन्त्रण गर्न तपाईंलाई वित्तिय गुरु वा बेङ्कर हुनुपर्छभन्ने छैन। तपाईंले केवल ढिलाई बन्द गर्ने र यसको बारेमा केही गर्ने फैसला लिनुपर्ने छ। यदि तपाईं इच्छा गर्नुहुन्छ भने ब्लकचेन निवेशहरू (क्रिप्टो आदि) र निवेशका अन्य स्रोतहरूको जानकारी लिएपछि यस क्षेत्रमा निवेश गर्नुपर्छ।

म प्रत्येक महिना चारवटा काम बराबर गर्छु जसले म वित्तीय ट्रेकमा बनीरहन्छु। म यहाँ तपाईंलाई वित्तिय सल्लाह दिइरहेको छुइनँ, बस, भविष्यमा नगदमा विस्वास राखेर तपाईंको कठिन कार्य गर्ने बानी बनाइदिन छ।

1. आफ्नो मानसिक खर्चमा नज़र राख्नुहोस्

यो कठिन कार्य हो, तर आफ्नो मासिक खर्चलाई ट्रेक गर्नुको निरन्तरताले भविष्यमा तपाईंलाई धेरै फाइदा फर्काइदिन्छ। तपाईं तपाईंका नगद पैसा कहाँ खर्च गर्दैहुनुहुन्छ, यो कुरा बुझ्नुको अर्थ यो हो कि तपाईं तपाईंको खर्चमा कटौती गर्न सक्नुहुन्छ अनि धेरै बचत गर्न सक्नुहुन्छ। कुनै ठाउँमा तपाईं पैसा बर्बाद गर्दै हुनुहुन्छ? तपाईं कुन-कुन पालेर राखेका सदस्यता (subscription) रद्द गर्न सक्नुहुन्छ?

म खर्चलाई नियन्त्रित गर्ने बजट निर्धारण गर्न अनि आफ्ना भविष्य वित्तिय योजनाहरूको लक्ष बनाउनकोलागि बक्सफर (Buxfer) एपको उपयोग गर्छु।

अर्को एउटा विकल्प यो हो कि आफ्ना सवै चर्चहरू एउटा हिसाबको डायरमा लेखियोस्, तर तपाईं सङ्ख्याहरूको गन्ति गर्नमा अलिक कमजोर हुनुहुन्छ भने यो काम भारि लाग्नेछ।

2. पहिला आफ्नालागि अलग्गै पैसा राख्नुहोस् (सँधै)

मैले तिस साल अघि पैसा बचाउँने पहिलो नियम यो सिकेको थिएँ कि प्रत्येक दुइ सातामा मेरो तलबको दस प्रतिशत बेग्लै राख्नु। के गर्नुपर्ने छ यसले कुनै फरक पार्दैनथ्यो। बाँकी बिलहरूको तिरो गर्नुअघि पहिला आफ्नालागि तिरो गर्नुहोस्। बिजली बिल, तपाईंका क्रेडिट कार्ड, वा लोन, यि सवै बिल गर्ने अघि पहिला आफ्नोलागि केही बचत गर्नुहोस्। अचेल कतिपय कम्पनीहरूले यस बिषयमा प्रयास गरिरहेका छन्। ती सवै उनीहरूका तलबबाट अटोमेटिकेली पैसा काटेर आफ्नालागि पहिला तिरो गर्नमा सजिलो बनाउँछन्।

यदि तपाईं एउटा बिजनेसको मालिक वा एन्टरप्रीन्योर हुनुहुन्छ भने तपाईंलाई यस्तो गर्नकालागि अधिक अनुसासित हुनु जरुरि हुन्छ। तपाईं यस प्रक्रियालाई अटोमेटिक गर्न सक्नुहुन्छ। चाहे जेसुकै होस्, हर महिना केही राशि बचत हुन्छ।

यदि तपाईंले 10 प्रतिशत नै बचाउन सक्नुभयो भने पनि राम्रो हुन्छ। यदि तपाईं 5 प्रतिशत मात्र बचाउन सक्नुहुन्छ भने ऋणमा हुनुभन्दा यो धेरै राम्रो कुरा हो। बचतको एउटा लामो बानी निर्माण गर्नु महत्वपूर्ण हो।

3. एक साइड बिजनेस सुरु गर्नुहोस् (एयरबिएबि/ अमेजन/ एफबिए/ वर्चुअल कोचिङ)

मेरा एकजना मित्र छन् जसले गत तिन वर्षमा दुइवटा एयरबिएबि (Airbnb) स्थान स्थापित गरे। अचेल उनी एक महिनामा अतिरिक्त 5-10K कमाउँछन्। अरु पनि काम प्राप्तिको सम्भावना छ। र पनि प्रत्येक दिन केही घन्टा यस बिजनेसको हेरचाह गर्दै पुरा समय काम गर्छन्।

आम मान्छे त्यहाँ रोकिन्छन्, यस दौरान उसले बिचमा कुनैलाई साफ-सफाई गर्न काममा राख्छ। म अरु मान्छेहरूलाई जान्दछु जो अमेजन, एफबिए, अनलाइन पाठ्यक्रम वा पुस्तक प्रकासित गरेर पैसा कमाउँदैछन्। तपाइँ पनि यस्तो सेट अप् गर्न सक्नुहुन्छ, किनभने यिनमा अधिकांश व्यवसायीहरूको स्टार्ट-अपकोलागि बहुत थोरै पैसाको प्रयोजन हुन्छ। त्यसै, यो कुरा बिजनेसमा निर्भर गर्छ, तर भविष्यकालागि योजना बनाउनुको अर्थ आफ्नो मासिक आयलाई बढाउनकोलागि हरसम्भव प्रयास गर्नु हो।

तपाइँ पनि कुनै यस्तै सरल काम सुरु गर्न सक्नुहुन्छ। मेरो निवेशको पोर्टफोलियो सजिलो छ, किनभने म यही काम गर्छु।

4. अतिरिक्त आयका स्रोतहरूको खोजी गर्नुहोस्

यसकालागि तपाईंलाई एकजना उद्यमी बन्नु जरुरी छैन जसलाई आफ्नो आयको सिंह अंश अतिरिक्त राजस्वको नाममा तिर्नुपर्ने हुन्छ। आजको समयमा अतिरिक्त आय बढाउने धेरै बाटा छन्। यि बाटाहरूमा तपाईंले कुनै पनि बाटोटालाई लिन सक्नुभयो भने त्यो अर्थपूर्ण हुनेछ र त्यसको फायदा उठाउनुहोस्। कल्पना गर्नुहोस्, के हुनसक्छ यदि तपाईंले केवल $300 प्रत्येक महिना ल्याउन सक्नुहुन्छ?

हुनसक्छ तपाईंसँग सायद फुल टाइम (पूर्णकालिन) नौकरी छ, अनि तपाइँ वास्तवमा काम र परिवारका बिचमा व्यस्त हुनुहुन्छ भने सातामा एक घन्टा चाहिँ कुनै आम्दानीका खातिर काम गर्नकालागि छुट्याएर राख्नुहोस्। सँधै अगि बढ्ने वा आफ्नो कामको फैलावट गराउने तरिकाहरूको खोजि गर्नुहोस्।

स्पस्ट छ, यस किताबको त्यो एउटा छोटो सेक्सन पैसाका सवै कुरा कभर गर्नकालागि पर्याप्त छैन तर थोरै नै सही, मलाई भरोसा छ कि तपाईंले केही नं केही गर्न निश्चय सुरु गर्नु हुनेछ। यस सम्पूर्ण किताबको उदेश्य यही हो - जुन चिचहरूलाई (काम) तपाईंले सँधै रोक्नु भएको छ, तिनलाई तपाईंबाट श्रीगणेश गराउनु हो।

"डुइङ हार्ड थिङ्स् फर्स्फ"माथि अन्तिम बिचार

अब तपाइँसँग कुनैपनि रुपको ढिलाईलाई तोड्ने र काम पुरा गर्नकालागि एउटा संपूर्ण व्यवस्था छ। जुन कामहरूलाई धेरै पहिलेदेखि तपाईंले अधुरा राख्नुभयो वा जसलाई गुरुत्व नदिने कार्य जारी राख्नुभयो, अब ध्यान दिएर यिनलाई आरामले सम्हाल्न सकिन्छ। तर यात्रा यत्तिमै समाप्त हुँदैन.....

सफल हुनकोलागि, तपाईंले यि सामग्रीहरूलाई फेरि दोहोर्याउनु पर्नेछ अनि यसमा लेखिएका रणनीतिहरूलाई तबसम्म आफ्नो अभ्यास बनाउनु पर्छ, जबसम्म यि तपाईंका बानीमा परिवर्तित हुँदैनन्। दोहोर्याउनुले स्थायित्व ल्याउँछ र यो यसले यस्ता बानी बनाइदिन्छ जसलेगर्दा तपाईंलाई सवैकुरा मिल्छ, जुन तपाईंले सँधै गर्न चाहनुहुन्थ्यो। लगातार प्रयासले कठिन कार्य गर्ने बानीको विकास गराउनमा मदद पुर्‍याउँछ।

तपाईंले सँधै डरको सामना गर्नैपर्छ। सामना गर्नकालागि डर सवैसँग हुन्छ, कम्पनीका सिइओदेखि लिएर फ्रनशटलाइन बैङ्क कर्मचारी वा अर्वपति उद्यमीहरुछसम्म। फर्क सँधै एउटै कुरामा निर्भर गर्छ कि तपाइँ डरलाई कसरी हेन्डेल गर्नुहुन्छ। यदि तपाइँ कठिन कार्य गर्ने कुराको बिरोध गर्नुहुन्छ भने आफैलाई सोध्नुहोस्, "आज होइन भने म कहिले कठिन काम गर्न प्रतिबद्ध हुन्छु? अहिले हुन सकिन भने कहिल्यै हुन सक्तिनँ।

अगि बढिरहनुहोस

परिवर्तन त्यतिबेला आउँछ जब तपाइँ यसलाई ल्याउन प्रतिबद्ध बन्नुहुन्छ। यि सामग्रीहरूलाई बार-बार हेर्ने नियमित बानी बनाउनुहोस् र शिथिलताको पानीसँग जिन्न यसका स्टेपहरूलाई अभ्यास बनाउनुहोस्।

शिथिलतालाई जिन्न नदिनुहोस्। छेउछाउका चिजहरूलाई बदल्नमा तपाइँ पुरै जिम्मेवार हुनुहुन्छ अनि प्रत्येक दिन यसको सुरुआत आफुलाई एउटा त्यागी बन्ने मार्ग देखाउनमा हुन्छ।

जस्तै तपाइँले सुन्नुभएको होलाः

सफलता अन्तिम होइन, अनि विफलता घातक होइन।

तपाइँका जीवनमा राम्रा दिन पनि थिए होला अनि त्यस्ता दिन पनि छन् जतिबेला तपाइँ आफैलाई बिकामे महसुस गर्नुहुन्छ।

तर म मान्छेहरूलाई सँधै भन्ने गर्छु, यस दुनियाँमा केवल तीनै मान्छेज्हरू असफल हुन्छन् जो झुक्ने गर्छन् र हार मान्ने गर्छन्। तपाइँ हजार पटक असफल बनेको हुनसक्नु हुन्छ र पनि यस्तो हुनसक्छ कि मेरो एकजना विजेताको रुपमा नाम दर्ज गर्न सक्नुहुन्छ। आफ्ना साना-साना कुरामा जित प्राप्त गर्नुहोस् अनि आत्मविश्वासको अङ्क बढाउनुहोस्। आत्मविश्वास सँधै कार्य गरेमात्र मिल्ने गर्छ।

जस्तै टम बिलयुले आफ्नो सो इम्पेक्ट ध्योरीको माध्यमबाट एकपल्ट सिक्षा दिँदै भनेका थिएँ,

जीवनको एउटामात्र गेरेन्टि यसको मुश्किल हुनमा छ। सफलताको कहिल्यै कुनै गेरेन्टि हुँदैन, तर यस कुराको गेरेन्टि छ कि माथि पुग्नकालागि तपाइँ कठिन समय हुँदै अगि बढ्नुहुन्छ।

कठिन समयलाई अङ्गान्नुहोस्। प्रतिरोधलाई खदेडनुहोस्। आफ्नो अल्छी मनलाई हराएर यस्लाई त्यसरीनै प्रशिक्षण दिनुहोस् जस्तो हुँदा तपाइँले जे भन्नुहुन्छ उसले त्यही गर्छ। तपाइँ आफै आफ्नो मनको नियन्त्रणमा हुनुहुन्छ र यसले तपाइँलाई त्यस्तो गर्ने आदेश दिएको छैन।

आफैलाई सर्वश्रेष्ठ त्यागी बनाउने व्यक्तिगत मिसन बनाउनुहोस्। तपाइँ भविष्यमा जस्तो मान्छे बन्न चाहनुहुन्छ, त्यस्तै बिनिने कल्पना गर्नुहोस्। आफुलाई त्यही ठुलो मान्छे जस्तो बनाउने दिशामा कार्य गर्नुहोस्।

संघर्षबाटे तपाइँको जित हुनेछ। आफैलाई हिजोकोभन्दा उत्तम बनाउने तपाइँको प्रतिज्ञा छ अनि विजेताहरूका टोलितर्फ लैजाने बाटो यही हो। तपाइँ खटिएर मेहनत अनि खुब आनन्द लिएर महानताको कुर्सिहरूकौ बिचमा आफ्नो सिट सुरक्षित गर्दै हुनुहुन्छ। यदि त्यहाँयो म पहिला पुगेँ भने, म तपाइकालागि एउटा सिट बचाएर राख्नेछु।

यदि हामीले हाम्रो जीवनलाई ध्यान दिएर हेर्‍यौँ भने हामी आफुलाई परिभाषित गर्नै क्षणहरूलाई चिन्न सक्छौं। हामीजस्तै धेरै मान्छेहरूलाकालागि एउटा चुनौती यो हो कि हामी सधैँ दिशाहीन मनमा यति ब्यस्त भएर हराउछौँ कि हामी ती पल र अवसरहरूमा ध्यान दिन्नौँ। सोच्नुहोस् - यदि ध्यान दिनु भने! हाम्रो केरियर अनि ब्यक्तिगत जीवनले वाह वाहको स्तरलाई छुने छ।

—रॉबिन एस. शर्मा, द फाइव ए एम क्लब,
बेस्टसेलिंग बुक के लेखक

स्कट एलनको बारेमा

स्कट एलन एकजना ब्यक्तिगत विकास र आत्मविश्वासको क्षेत्रमा लेखिऐका 25+ किताबहरूका बेस्टसेलिङ लेखक हुन्। उनका किताबहरू सातवटा बेग्लाबेग्लै भाषामा अनुवाद र प्रकासित भइसकेका छन्। उनी **"फेल बिग", "अनडिफेटेड" र "डु द हार्ड थिङ्ग्स फस्ट"का लेखक हुन्।**

यिनी जापानका पूर्व कर्पोरेट बिजनेस ट्रेनर अनि ट्रान्सफरमेसनल माइन्डसेट (रूपान्तरित मानसिकता)का रणनीतिकार रहेका छन्। यसै बिचमा स्टकले आत्म निपुणता र नेतृत्व प्रशिक्षणको क्षेत्रमा रिचार्ज र निर्देशनात्मक कोचिङमा दस हजारभन्द धेरै घन्टा खर्चिएका छन्।

शिक्षणको क्षेत्रमा एउटा अविस्मरनीय जोस भएका स्टक एलनले, दुनियाँका मान्छेहरूको प्रमुख लाइफ स्किल निर्माण गर्न र आफ्ना जीवनका समस्याहरू आफैं सम्हाल्ने बिषयमा प्रेरित गरिरहेका छन्, साथै आत्म सुधारको निरन्तरता र कहिल्यै नटुङ्गिने बाटामा अगिबढनमा वचनवद्ध छन्।

स्टक एलनको बिस सालको अभ्यासबाट सफलताका थुप्रै रणनीतिहरू र आत्म सशक्तिकरण सामाग्रि आविष्कार भएका छन्, तिनले सन्सारभरिका मान्छेहरूमा तथा महत्वपुर्ण स्किल सिकाउने कर्पोरेट अधिकारीहरू, ब्यक्तिहरू र कति बिजनेस गर्ने मान्छेहरूको जीवनमा नयाँ परिवर्तन ल्याएका छन्।

तपाइँ यहाँबाट स्टकसँग जोडिन सक्नुहुन्छ:

scottallan@scottallanpublishing,com

भविष्यमा प्रकाशित हुने किताबका लागि Author.to/ScottAllanBooks मा जानुहोस्।